불교와 기독교의 허구와 진실

글 · 道岩 | 시 · 李明子

진리의 샘터 의증서원

불교와 기독교의 허구와 진실

목 차

머리글

부처님의 가르침을 따르는 불교와 예수님을 믿고 따르는 기독교는 이 어두운 세상을 밝게 비춰주는 등불이 되어 지금까지 불자들과 기독교인들의 마음에 큰 소망과 기쁨을 주고 있습니다. 그런데 이렇게 소중한 부처님과 예수님의 말씀이 언제 부터인가 사람들에 의해서 변질이 되고 퇴색되어 불자들과 기독교인들이 진리의 빛을 잃고 어둠을 향해 달려가고 있는 것입니다.

왜냐하면 오늘날 불교와 기독교는 영혼을 구원한다는 명목하에 불자들과 기독교인들을 기복으로 미혹하여 금품을 강요하고 있기 때문입니다. 따라서 불자들은 부처님의 가르침인 해탈과 성불에는 관심이 없고 오직 만사형통(萬事亨通)과 운수대통(運數大通)의 복을 받기위하여 열심히 시주를 하며 기독교인들은 구원과 영생보다 십일조를 드리면 하나님께서 하늘 문을 열고 창고가 넘치도록 부어준다는 복을 받기 위해 열심히 헌금을 드리고 있는 것입니다.

오늘날 절이나 교회가 진리를 떠나 점점 사업화 되어가며 기업화 되어가고 있는 것은 불교나 기독교가 한결같이 삼독인 탐, 진, 치(貪, 瞋, 癡)로 인해 부패되어 가고 있다는 것을 말해주는 것입니다. 이 모두가 불자들을 인도하는 스님들과 교인들을 인도하는 목사님들이 진리를 외면하고 자신의 욕심을 채우려는 탐욕 때문에 일어나는 일들입니다. 그러나 부처님은 삼독인 탐, 진, 치(貪, 瞋, 癡)를 버려야만 마음이 청정하게 되어 해탈을 할 수 있다고 말씀하시며 예수님은 욕심이 잉태하면 죄를 낳고 죄가 장성하면 사망하게 된다고 말씀하고 있습니다.

그러므로 오늘날 불자들이나 기독교인들은 오늘날 부패한 영적지도자들을 올바로 직시(直視)하고 오직 부처님과 예수님의 가르침에 따라 올바른 신앙생활을 해야 합니다. 저자는 오늘날 부패한 불교와 기독교를 바라보면서 부처님과 예수님의 말씀을 통해서 진실과 거짓을 밝히 드러내어 불자들과 기독교인들의 신앙생활에 도움이 될까 하여 이글을 기록하게 된 것입니다.

저자는 이글을 통해서 불자들은 잘못된 신행생활을 참회하고 기독교인들은 지은 죄를 회개하면서 부처님과 예수님의 말씀에 따라 올바른 신앙생활을 하여 모두가 해탈(解脫)이 되고 부활(復活)이 되기를 간절히 소망하는 바입니다. 이 글을 읽으시는 모든 분들이 성불(成佛)하시고 부활되시기를 간절히 기원합니다.

도암(道岩)

서론

어둠을 밝혀주는 태양이
지구의 모든 곳을 고루 비춰주듯이
예수님의 사랑이나 부처님의 자비는
무명 가운데서 죽어 가는 영혼들을 구원하기 위한
하나님의 빛이며 생명입니다.

부처님의 자비(慈悲)가 불교의 소유물이 아니듯이 예수님의 사랑도 기독교의 독점물(獨占物)이 아닙니다. 어둠을 밝혀주는 태양이 지구의 모든 곳을 고루 비춰주듯이 예수님의 사랑이나 부처님의 자비는 무명 가운데서 죽어 가는 영혼들을 구원하기 위한 하나님의 빛이며 생명입니다. 하나님께서 인간들을 사랑하는 마음은 바다보다 크고 하늘보다 넓고 하나님의 사랑이나 자비도 모두의 것이며 어느 특정한 종교나 특별히 한정된 사람의 것이 아닙니다. 그런데 오늘날 하나님의 사랑은 기독교의 독점물이 되어 버렸고, 또한 하나님의 사랑이 자비라는 이름으로 불교의 소유물(所有物)이 되어 버린 것입니다. 그런데 사랑이라는 기독교 안에는 진정한 사랑이 없고, 자비라는 불교 안에는 자비가 없다는 것입니다. 왜냐하면 진정한 사랑은 예수님 안에 있고 자비는 부처님 안에만 있는데 오늘날 기독교 안에는 살아 계신 예수가 없고 불교 안에는 산부처님이 없기 때문입니다. 그것은 기독교인들이 지금도 구름을 타고 다시 오시는 재림 예수를 기다리고 있고 불교인들은 다시 오실 미륵불을 지금도 기다리고 있기 때문입니다. 만일 오늘날 기독교 안에 살아계신 예수님이 계신다면 재림예수를 기다릴 필요가 없고, 불교 안에 살아있는 부처, 즉 생불이 계신다면 불자들이 미륵불을 기다릴 필요가 없는 것입니다.

오늘날 기독교는 예수님이나 마리아의 형상(形狀)을 만들어

놓고 불교는 부처님의 각종형상을 만들어 놓고 섬기는 것은 오늘날 산 예수가 없고 산부처가 없기 때문입니다. 그런데 오늘날 살아있는 예수나 생불이 없다면 어느 누가 구원을 시킨단 말입니까? 오늘날 기독교인들은 목사님이 구원을 시키고 불자들은 스님이 구원을 시킨단 말인가요? 분명한 것은 죽은 영혼(靈魂)을 살릴 수 있는 분은 하나님의 생명을 소유하고 계신 예수님과 부처님이시며, 목사나 스님들은 죽은 영혼을 살릴 수 없다는 것입니다. 그러면 오늘날 기독교인들이나 불자들은 어느 누가 구원을 시킨단 말입니까?그러나 조금도 염려할 것 없습니다. 왜냐하면 예수님이나 부처님이 기독교나 불교를 믿는 자들의 교리의 틀 속에는 계시지 않지만 기독교나 불교 밖에는 언제나 변함없이 항상 계셨으며 지금도 존재하고 있다는 사실입니다. 단지 사람들이 기독교와 불교의 전통과 교리의 틀 속에 묶여 있고, 또한 사람 속에 들어있는 욕심과 교만 때문에 오늘날 살아 계신 예수나 부처를 볼 수 있는 눈이 가려져 보지 못하고 있을 뿐입니다. 그러므로 오늘날 기독교나 불교가 진리를 추구하는 진정한 종교라면 하루속히 탐, 진, 치(貪, 瞋, 癡)와 교리의 틀에서 벗어나 진리로 돌아가야 합니다. 그것이 바로 오늘날 살아 계신 예수님과 부처님을 찾아가는 지름길인 것입니다.

이렇게 진리를 찾는 자들은 오늘날 살아 계신 예수님이나 부처님을 만나서 그들이 주시는 진리의 말씀으로 새롭게 거듭나서 예수가 되고 부처가 되어야 합니다. 이런 과정을 통해서 거듭난 오늘날의 예수와 부처들은 지금 종교와 교리의 틀 속에 갇혀 수없이 죽어가는 영혼(靈魂)들을 구원해야 합니다. 만일 죽어가는 영혼들을 살릴 수 있다면 예수면 어떻고 부처면 어떻습니까? 죽어가는 영혼들을 구원하여 살리는 것이 진정한 예수님의 사랑이며 부처님의 자비(慈悲)가 아닌가요? 그런데 기독교의 목사님들이나 불교의 스님들이 죽어가는 영혼을 살리지 못한다면 기독교가 사랑의 종교이며 불교는 자비의 종교라 말해서는 안 됩니다. 왜냐하면 죽어 가는 영혼을 살리는 것이 진정한 사랑이며 자비이기 때문입니다.

오늘날의 예수님과 부처님만이 죽은 영혼들을 살릴 수 있는 것은 그 안에 하나님의 생명이 존재하기 때문인 것입니다. 오늘날 종교인들이 신앙생활을 통해서 반드시 하나님의 생명으로 거듭나야 하는 것은 인간들에게는 하나님의 생명이 없기 때문입니다. 이렇게 하나님의 생명으로 거듭나는 것을 기독교에서는 부활이라 말하고 불교에서는 해탈(解脫)이라 말하는 것입니다. 결국 부활(復活)이나 해탈은 영원한 하나님의 생명으로 거듭나는 것을 말합니다. 이렇게 예수님의 사랑과 부처님의 자비는 모두 하나님의 생명에 의해서 나타나는 동일한 생명인 것입니다. 하나님께서 이러한 하나님의 생명을 주시기 위해서 오늘도 기독교인들에게는 예수님을 보내주시는 것이며 불자들에게는 부처님을 보내주시는 것입니다. 이렇게 하나님의 생명을 소유한 자들만이 예수님의 사랑도 부처님의 자비도 행할 수가 있는 것입니다. 그러므로 사람들이 예수님의 사랑이나 부처님의 자비를 행하려면 먼저 하나님의 생명으로 거듭나야 합니다. 만일 하나님의 생명으로 거듭난다면 이들이 바로 오늘날의 재림하신 예수이며 다시 오신 미륵불이 되는 것입니다. 왜냐하면 하나님의 생명을 소유한 자들은 예수님과 같은 사랑을 할 수 있고 부처님과 같이 자비를 행할 수 있기 때문입니다.

예수님이 행하신 사랑과 부처님의 자비 행은 모두 동일한 것으로 죄와 어둠 가운데서 죽어가는 영혼들을 구원하여 하나님의 생명으로 거듭나게 하는 것이었습니다. 그러므로 사람들이 이제 교리와 기복신앙에 매여 종 노릇하지 말고 하나님의 생명으로 거듭나기 위해서 힘써야 합니다. 만일 하나님의 생명으로 거듭나기 위해서 혼신(渾身)을 다해 구하고 찾고 두드린다면 하나님께서 도와주실 것이며 이런 자들에게 오늘날의 구원자를 반드시 보내주실 것입니다.

오늘날 기독교인들은 기독교가 사랑의 종교라 말하며, 불교인들은 불교가 자비의 종교라 말합니다. 그러나 오늘날 기독교는 예수님의 사랑을 찾아 볼 수 없고 불교는 부처님의 자비가 메말라

버린지 이미 오래입니다. 그것은 사람들 안에 자리잡고 있는 욕심(慾心)과 탐심(貪心) 때문에 기독교는 예수님의 사랑을 매도해 버렸고, 불교는 부처님의 자비를 외면하고 있기 때문입니다. 그렇다면 예수님의 사랑과 부처님의 자비는 지금 어디에 있습니까? 사람들이 사랑은 성경 속에 있고 자비는 불경 속에 있다는 생각으로 기독교인들은 성경을 보고 불교인들은 불경을 날마다 독경(讀經)을 하지만 예수님의 사랑과 부처님의 자비는 경 속에서도 찾지 못하고 있습니다. 왜 그럴까? 그것은 사람들의 욕심으로 말미암아 진리를 볼 수 있는 눈은 가려져 있고 마음은 화인(火印) 맞아 모두 굳어있기 때문입니다. 이 때문에 기독교인들 속에서 예수님의 사랑을 찾아볼 수 없고 불교인들 중에는 부처님의 자비를 찾을 수 없는 것입니다. 이렇게 기독교 안에 사랑이 없고 불교 안에 자비가 없다는 것은 곧 생명이 없다는 말이며 생명이 없다는 것은 곧 죽은 종교라는 말입니다.

오늘날 부활의 종교라 자부하는 기독교에 죽은 자의 부활이 일어나지 않으며, 해탈의 종교라는 불교에 해탈되는 불자들이 없는 것은 바로 생명(生命)이 없다는 것을 말해주고 있는 것입니다. 이 때문에 오늘날 기독교인들은 예수님의 사랑이 무엇인지도 모르는 상태에서 사랑을 실천하고 있으며 불교인들은 부처님의 자비가 무엇을 말하고 있는지도 모르면서 자비를 행(行)하고 있는 것입니다. 그러면 예수님이 행하신 사랑과 부처님이 행하신 자비는 진정 무엇을 말하며 어떻게 다르다는 말입니까? 그 보다 예수님은 어느 곳에서 오셨으며, 부처님은 어느 곳으로부터 오신 것일까? 예수님은 하늘에서 구름을 타고 내려오셨고, 부처님은 땅에서 용암처럼 솟아올라 오셨단 말입니까? 그리고 기독교인들이 들어간다는 천국(天國)과 불교인들이 들어가는 극락(極樂)은 어느 곳에 있으며 어떻게 다르다는 것입니까? 이 세상은 하나님의 창조에 의한 것인가 아니면 자연적 진화에 의해서 나타난 것입니까? 또한 사람들이 온 곳은 어디며 가는 곳은 어디입니까? 그리고 인간들이 이 세상에서 해야 할 일은 진정 무엇입니까? 또한 사람들이 생로병사(生老病死)의 윤회(輪廻) 속에서 타고나는 사주팔자(四柱八字)와 각 사람들에게 주어지는 운명은 우연적일까 아니면 필연적일까? 그리고 지금까지 논란이 되어오고 있는 귀신(鬼神)들은 실제 존재하는 것일까? 만일 존재한다면 그 실체는 과연 무엇일까? 이러한 문제들이 바로 오늘날 기독교나 불교가 해결해야 할 문제들입니다. 그런데 오늘날 종교가 이러한 문제들을 지금까지 해결하지 못하여 기독교인들이나 불자들은 지금도 막연히 믿고만 있는 것입니다.

그러면 지금까지 기독교가 추구하는 신앙의 목적은 무엇이었으며 불교가 추구하는 목적은 진정 무엇이었습니까? 기독교인들은 예수를 통해서 창고가 넘치는 복을 받고 불자들은 부처를 통해서 만사형통(萬事亨通)의 복을 받아 이 세상에서 행복하게 살다가 죽는 것이 신앙의 전부란 말입니까? 오늘날 기독교와 불교가 진정한 종교라면 교인들에게 이러한 문제들을 명확하게 해결해 주어야 합니다. 그런데 오늘날 종교가 이러한 근본 문제들을 아직도 해결하지 못하고 있는 실정입니다. 그것은 영적 지도자들이 진리나 영혼 구원에는 관심이 없고 모두 자기욕심을 채우는데 혈안이 되어 있기 때문입니다.

그러므로 오늘날 종교인들은 길 잃은 양처럼 갈 바를 알지 못하고 지금도 끝없이 방황하고 있는 것입니다. 그런데 이번에 출간되는 불교와 기독교의 허구와 진실이 불자들과 기독교인들의 빛과 소금이 되어 진리의 길을 밝혀 주고 있습니다. 그러므로 독자들이 이 글을 읽어보신다면 지금까지 궁금하고 의문시되어 왔던 모든 문제들이 시원하게 풀려질 것이며 올바른 신앙생활도 할 수 있으리라 생각합니다. 단 독자들 중 지금까지 가지고 있던 고정관념(固定觀念)을 모두 내려놓고 보는 자들에 한해서 말입니다.

저자는 이 글을 통해서 불자들과 기독교인들이 외식된 삶과 교리로 의식화 된 신앙생활에서 벗어나 보다 진실 된 삶과 올바른 신앙생활을 하여 모두가 새롭게 거듭나서 부처가 되고 예수가 되기를 바라는 바입니다.

1

인생무상

인생이 진정
일장춘몽(一場春夢)과 같이 무상한 것이며
인간들은
잠시 보이다 사라지는
안개와 같은 존재란 말인가?

인생무상

인생은 과연 무상한 것인가? 라는 질문에 인생의 황혼길에 들어선 사람이나 죽음을 눈앞에 둔 사람들은 긍정을 하지만 아직 젊은 청춘들은 모두 부정을 합니다. 왜냐하면 아직 젊음과 꿈과 그리고 희망에 찬 내일이 보장 되어있기 때문인 것입니다. 그러나 지금 부정을 하고 있는 젊은이들도 이 세상에서 산전수전(山戰水戰)을 겪으며 나이가 들어 늙게 되면 인생이 무상(無常)하다는 것을 어느 누구나 긍정하게 될 것입니다.

옛말에 풍전등화라는 말이 있는데 이 말의 뜻은 바람 앞에 등불이라는 의미로서 사람의 목숨이 경각(頃刻)에 처해 있을 때 사용하는 말입니다. 세찬 바람 앞에서 연약한 등불이 꺼지지 않고 버틸 수 있는 확률은 0.1%도 없습니다. 그러면 이런 말은 어떤 경우에, 어떤 사람에게 해당되는 말일까? 사람들이 이 세상을 살아가는 동안에 풍전등화(風前燈火)와 같은 급박한 상황을 당하거나 몸소 느끼는 경우는 그리 많지는 않습니다.

그러므로 인생이 풍전등화라고 말할 수 있는 사람은 마

치 자신이 파리채를 들고 있는 사람 앞에서 죽을 줄 모르고 태평스럽게 앉아 있는 파리의 목숨과 같다는 것을 스스로 체험한 사람이나 진리를 통해 인간의 존재가 무상하다는 것을 마음으로 깨달은 사람만이 할 수 있는 말입니다. 그런데 이 세상을 살아가면서 이러한 경우를 한번도 느껴보지 못하고 살아가는 사람이 있는가 하면 사람의 목숨이 풍전등화(風前燈火)와 같다는 것을 항상 느끼고 살아가는 사람이 있습니다.

인간이 이렇게 나약한 존재라는 것을 항상 느끼며 살아가는 사람들은 대부분이 신앙인들 중에 있는데 이러한 사람들은 신앙생활을 통해서 자신의 존재가 보잘 것 없는 미물(微物)이라는 것과 자신은 절대적 존재에 의하여 생존하고 있다는 것을 깨달은 사람들입니다. 이런 사람들만이 인간은 연약한 등불과 같은 존재들이며 절대자인 하나님(반야)은 태풍이나 우주보다 더 크신 분이심을 알고 살아가는 것입니다. 이렇게 인간들의 생사화복(生死禍福)은 물론이려니와 우주 삼라만상(森羅萬象) 모두를 하나님(반야)께서 주관하고 계시는 것입니다.

사람이 몹쓸 병에 걸리거나 사고를 당하여 갑자기 죽으면 누구나 이구동성(異口同聲)으로 인명(人命)은 재천(在

天)이라 말을 합니다. 이 말은 사람의 운명이 하늘에 있다는 말인데 이 말의 뜻은 사람이 죽고 사는 것은 바로 하늘이신 부처님(하나님)의 손에 달려 있다는 말입니다. 그러므로 이러한 사실을 알고 깨닫게 된 사람들은 자신의 생명을 항상 풍전등화처럼 생각할 수 밖에 없고 자연히 생사화복(生死禍福)을 주관하고 계신 부처님(하나님)을 믿고 의지하며 살아갈 수 밖에 없는 것입니다. 그런데 이러한 사실들을 전혀 모르거나 알고 나서도 까맣게 잊어버리고 살아가는 사람들은 이 세상을 천년 만년 살 것같이 꿈에 부풀어 살아가고 있지만 나이가 칠 · 팔십이 넘어 몸이 늙고 병들어 아무 것도 할 수 없는 처지가 되면 그때 비로소 인생의 무상(無常)함과 이 세상의 모든 부귀영화(富貴榮華)가 일장춘몽(一場春夢)과 같다는 것을 이구동성(異口同聲)으로 고백하게 되는 것입니다.

사람들이 공수래(空手來) 공수거(空手去)라는 말을 하는데 이 말은 사람들이 이 세상에 올 때 빈손으로 왔다가 이 세상을 떠날 때도 아무 것도 가지고 가지 못하고 빈손으로 떠나간다는 말입니다.

이 세상에 돈 많은 재벌이나 권력을 쥐고 있는 정치인도 그리고 천하를 호령하던 대통령도 이 세상을 떠날 때는 모두 빈손으로 떠나가는 것입니다. 그러므로 죽음을 눈앞에 두고 있는 사람들은 어느 누구나 허탈해 하며 인생이 무상하다 말하는 것입니다. 그러면 인생이 진정 일장춘몽과 같이 무상한 것이며 인간들은 잠시 보이다 사라지는 안개와 같은 존재란 말입니까?. 그 해답은 사람들이 이 세상을 어떻게 살았느냐에 따라서 모두가 각기 다릅니다. 즉 진리에 대한 무지(無知)로 이 세상에 사로잡혀 자기 욕심대로 살아간 사람들은 인생이 일장춘몽 같이 허무하고 무상하겠지만 이 세상을 부처님(하나님)의 뜻에 따라 살면서 내세를 열심히 준비한 사람들은 인생이 가장 귀하고 보람된 것이라 말합니다. 그러므로 이런 사람들의 죽음은 괴로움과 슬픔이 아니라 오히려 영원한 세계가 다시 펼쳐지는 찬란한 영광의 기쁨이 되는 것입니다.

사람들이 이 세상에 온 것은 어느 누구나 자의로 온 것이 아니라 부처님(하나님)의 뜻과 섭리(攝理)에 따라 오게 된 것입니다. 그러므로 이 세상을 떠날 때도 부처님(하나님)의 섭리에 따라 떠나는 것이며 사후(死後)에 가는 곳도 각기 이 세상의 삶과 신앙의 결과에 따라 부처님(하나님)에 의해서 결정되어지는 것입니다.

그러나 불행하게도 대부분의 사람들은 이 세상을 살아

가면서 자신이 온 곳은 어디인지, 또한 이 세상에서 해야 할 일은 진정 무엇인지 그리고 사후에는 어느 곳으로 가는지 조차도 모르고 살아가고 있습니다. 그런데 더욱 안타까운 것은 부처님(하나님)을 믿는 신자들도 이러한 문제들을 확실하게 알지 못하여 막연히 믿고 있으며 이들을 인도하고 있는 스님(목사)들도 말로는 이런 문제들을 해결해 줄 수 있다고 큰소리 치지만 실제로는 자기 자신의 문제 하나도 해결하지 못하고 있는 실정입니다. 그 이유는 부처님(하나님)의 말씀보다 전통신앙(傳統信仰)과 교리신앙(敎理信仰)에 사로잡혀 있어서 부처님(하나님)의 진정한 뜻을 모르고 있기 때문입니다.

부처님(하나님)께서는 이러한 모든 문제들을 인간들에게 알려주시기 위해서 수많은 각자와 성자들을 이 땅에 보내 주셨고 또한 부처님(하나님)의 모든 뜻을 경(經)에 자세히 기록해 놓으신 것입니다. 부처님(하나님)의 말씀이 기록되어 있는 불경(성경) 안에는 우리가 온 곳과 가는 곳 그리고 이 세상에서 인간들이 해야 할 일들을 명확하게 가르쳐 주고 있습니다. 그러므로 불경(성경)을 자세히 살펴보면 부처님(하나님)의 진정한 뜻이나 인간들이 이 세상에서 해야 할 일들을 분명하게 알 수가 있는 것입니다. 또한 불경(성경)에는 인간들이 사후에 가는 극락(천국)과 지옥(地獄)을 말씀하고 있는데 극락(천국)과 지옥을 가는 것은 부처님(하나님)을 믿고 있는 신자들이 이 세상의 삶과 신앙생활(神仰生活)의 결과에 따라 결정되어진다고 말씀하고 있습니다. 즉 부처님(하나님)을 믿고 신앙생활(信仰生活)을 한다고 해서 무조건 극락(천국)에 가는 것이 아니라 이 세상에서 신앙생활을 어떻게 하였느냐의 결과에 따라서 극락(천국)과 지옥이 결정된다는 것입니다. 그러므로 부처님(하나님)께서 허락하신 이 세상의 삶을 소중하게 생각하며 부처님(하나님)의 뜻에 따라 부처님(하나님)의 원하시는 삶을 열심히 준비하며 살아야 하는 것입니다.

사람들이 이 세상에 지(智)·정(情)·의(義)를 가진 인간으로 태어난 것만으로도 부처님(하나님)께 엄청난 축복을 받았다는 것을 알아야 하며 항상 감사하는 마음으로 살아야 합니다. 또한 인간들이 만물의 영장(靈長)이라는 자부심을 가지고 잘난척하며 이 세상을 살아가지만 부처님(하나님) 앞에서는 하나의 미물(微物)과 같은 존재라는 것을 잊어서는 안되는 것입니다.

부처님(하나님)께서 인간들을 이 세상에 보내주신 이유는 미물과 같은 존재들을 부처님(하나님)의 진리로 해탈시키고 부활시켜 영원한 존재를 만드시기 위함이기 때문입니다. 즉 부처님(하나님)께서는 탐(貪) · 진(瞋) · 치(癡)로 인한 번뇌망상(煩惱妄想)의 고통 속에 있는 무명(無明)의 중생들을 부처님(하나님)의 진리로 해탈(解脫)시키고 부활 시켜 부처를 만들고 예수를 만드시겠다는 것입니다. 이것이 곧 불경(성경)에 기록되어 있는 부처님(하나님)의 뜻이며 육바라밀(六波羅蜜)의 수행과 십지가의 도를 통해서 이루어지는 부처님(하나님)의 생명입니다. 이렇게 인간들이 이 세상 사는 동안에 부처님(하나님)의 말씀을 통하여 해탈되고 부활된다면 부처님(하나님)과 같은 생명이 되어 극락(천국)에 들어가 영원히 살게 되는 것입니다. 결국 이런 사람들은 이 세상에 빈손으로 왔지만 이 세상을 떠날 때에는 영원한 부처님(하나님)의 생명을 가지고 극락(천국)으로 들어가는 것입니다.

그러므로 이 세상에 태어난 인간들은 어느 누구나 이러한 부처님(하나님)의 뜻을 알아야 하며 이 세상 사는 동안에 반드시 부처님(하나님)의 뜻을 이루어야 합니다. 그런데 불행하게도 부처님(하나님)을 믿고 있는 신자들도 이러한 부처님(하나님)의 뜻이나 자신의 존재조차도 모르면서 안개와 같이 잠깐 보이다 사라질 이 세상의 욕심에 사로잡혀 기복신앙(祈福信仰) 생활만 하다가 허무하게 마치고 있는 것입니다. 이렇게 무지한 인간들은 이 세상을 살아가면서 부처님(하나님)께서 허락해 주신 인생이 얼마나 귀중하며 자신이 소유하고 있는 생명이 얼마나 소중한지도 모르면서 살아가고 있는 것입니다. 그러므로 이렇게 세상 욕심을 따라 살다가 무의미하게 죽어가는 사람들의 한결같은 고백은 인생이 무상하다는 것입니다. 그러나 부처님(하나님)의 뜻을 올바르게 알고 이 세상 살아가는 동안에 부처님(하나님)의 뜻을 준비한 사람들은 인생처럼 소중하고 가치있는 것은 없다고 말합니다.

결국 인생의 가치와 무가치는 사람들이 이 세상을 어떻게 살았느냐에 따라서 달라지는 것입니다. 그러므로 부처님(하나님)께서 우리에게 주신 생명과 시간들을 소중하게 생각하고 이 세상을 가장 가치있고 보람되게 내생(來生)을 준비하며 살아가야 합니다. 그것은 곧 이 세상을 내 욕심대로 사는 것이 아니라 부처님(하나님)의 뜻에 따라 살면서 부처님(하나님)의 뜻을 이루는 것입니다.

이렇게 부처님(하나님)의 뜻에 따라 신행생활을 올바르게 하여 해탈이 되고 부활이 된다면 천하보다 귀한 존재가 되어 영원한 극락(천국)에 들어가 부처님(하나님)과 함께 영원히 살게 되는 것입니다.

결국 하루살이와 같은 무상한 인간들이 이 세상사는 동안에 신앙생활을 통하여 영원한 존재로 거듭나는 것이 부처님(하나님)의 진정한 뜻이며 신자들이 이 세상에서 반드시 이루어야 할 의무요 사명인 것입니다.

그러므로 신자들은 이 세상사는 동안 부처님(하나님)의 올바른 가르침에 따라서 올바르고 진실된 신앙생활을 하여 모두가 해탈이 되고 부활이 되어야 합니다.

이것이 곧 일장춘몽(一場春夢)과 같이 무상(無常)한 인생을 천하(天下)보다 귀한 절대 가치로 바꾸는 것입니다.

2
불교의 역사적 배경

아리안족이 베다(創造神)를 믿고 섬기며
베다경(바라문교의 성전)을 중심으로
신앙생활을 하는 목적은
생로병사(生老病死)의 윤회(輪廻)에서 벗어나
영원한 세계(天國)로 들어갈 수 있다는
신념(信念) 때문이었습니다.

불교의 역사적 배경

불자들이 반드시 알아야 할 것은 부처님이 탄생(誕生)하기 이전(以前) 인도의 종교와 외지(外地)로부터 인도로 이주(移住)해온 아리안족의 역사적 배경입니다. 왜냐하면 싯달타 태자가 왕의 권좌를 버리고 출가하여 찾아간 곳이 바로 그 당시에 베다(Veda)를 믿으며 영생을 추구하는 아리안(aryan)족이었기 때문입니다. 베다(Veda)는 문헌(文獻)을 찾아보면 우주보다 영원한 존재로 기록되어 있는데 우주보다 영원한 존재는 바로 우주만물을 창조(創造)한 창조의 신 곧 시대신(是大神)을 말하고 있습니다.

베다 신(神)을 믿고 있는 아리안족은 자국인(自國人)이 아니라 기원전 2000~500년을 전후하여 서방에서 인도(서인도)로 이주해 온 이방인(異邦人)들이며 이들이 믿고 섬기는 신(神)은 창조신(創造神)이었습니다. 그리고 이들이 소지하고 있는 경전(經典)은 "베다경"이었습니다. 이렇게 아리안족이 믿고 섬기는 베다(Veda)는 창조의 신으로 베다는 모든 만물(萬物)을 창조(創造)하고 주관(主管)하는 절대 신(神)을 말하고 있습니다. 그런데 아리안족 이전에 존재하던 이스라엘 백성들이나 유대인들은 베다를 "여호와" 혹은

"야훼(하나님)"라 부르고 있었습니다.

아리안족이 소지하고 있는 베다경에 기록된 말씀들은 서방의 유대인들이 소유하고 있는 구약성경(舊約聖經)의 율법서와 선지서(先知書)에 기록된 말씀과 많은 부분이 동일한 것입니다. 왜냐하면 베다경에는 모세 오경(五經)에 기록된 만물창조와 각종 제사의식과 신(神, 여호와)을 찬양하는 말씀들이 기록되어 있기 때문입니다. 이로 보건대 서방에서 인도로 이주해온 아리안족들은 유다의 후손인 유대인들이며 이들이 믿고 섬기는 베다는 야훼(하나님)라 추정하는 것입니다.

아리안족이 베다(創造神)를 믿고 섬기며 베다경(바라문교의 성전)을 중심으로 신앙생활을 하는 목적은 생로병사(生老病死)의 윤회(輪廻)에서 벗어나 영원한 세계(天國)로 들어갈 수 있다는 신념(信念) 때문이었습니다. 그들의 신앙생활은 요가(yoga) 수행(修行)을 하면서 종교의식에 따라 제사를 지내는 것인데 그 의식은 양을 잡아서 창조신(創造神)에게 제물로 드리는 것입니다.

이렇게 아리안족은 창조신 곧 하나님을 믿고 섬기며 영생에 이르기 위해서 신앙생활을 하고 있었습니다. 아리안(aryan)이라는 뜻은 "고귀한, 성스러운, 거룩하다"는 의미로 아리안 족은 신으로부터 선택된 거룩한 백성이라는 뜻입니다. 이 때문에 초기 불교에서는 부처님이 가르쳐주신 사성제(四聖諦)를 "네 가지 아리안의 진리"(Four Aryan truths)라고 하였습니다. 이렇게 베다종교를 믿는 아리안족은 인도인들에게 고귀한 존재로 추앙을 받았으며 인도인들 중에는 아리안족을 따라 베다종교를 믿는 자들이 생겨나게 된 것입니다.

베다(Veda)종교는 점차 브라만 계급의 인도인들에게 계승되어 바라문(婆羅門)교가 발생하게 되었고 바라문교는 후에 인도의 민족종교인 힌두교로 전개(展開)된 것입니다. 바라문교는 베다(Veda)를 신(神)으로 믿고 섬기는 인도의 종교로 베다(Veda)는 창조신(創造神)인 하나님(야훼)을 말하는 것입니다. 싯달타 태자가 어린시절부터 생로병사(生老病死) 때문에 고민을 하다가 출가(出家)를 하게 된 동기가 바로 바라문교도들로부터 영생의 길이 있다는 소문을 들었기 때문입니다.

영생의 길이 있다는 소문을 들은 태자는 생로병사(生老病死)의 윤회(輪廻)에서 벗어나기 위해 29세에 출가(出家)를 하여 여러 스승들을 찾아다니며 그들의 가르침을 받으면서 온갖 고행을 참아가며 열심히 수행을 하였습니다. 그런데 스승의 가르침이나 고행을 겸한 수행도 태자(太子)에게 영생이나 해탈을 주지 못했습니다. 태자는 할 수 없이 우루빌바 숲 속으로 홀로 들어가 모진 고통을 참아가며 수행을 해보았지만 아무런 깨달음을 얻지 못한 것입니다.

태자(太子)는 이러한 가르침이나 수행이 아무런 소용이 없다는 것을 깨닫고 네란자라강으로 가서 더러워진 몸을 깨끗이 씻고 보리수나무 아래 좌정을 하시고 참선(參禪)을 하시게 되었습니다. 이때 "우르비라" 촌에서 내려온 수자타 여인이 태자에게 공양(供養)하는 우유죽(乳米)을 먹은 후에 태자는 정각(正覺)을 이루어 부처가 되신 것입니다. 태자(太子)가 해탈하여 부처가 되신 근원이 바로 네란자라강(갠지스강)과 보리수나무와 수자타 여인이 준 유미(乳米) 속에 모두 숨겨져 있습니다. 그러면 태자가 몸을 깨끗이 씻은 네란자라 강물과 태자가 앉아 있었던 보리수나무와 수자타 여인이 태자에게 공양을 한 유미(乳米) 속에는 과연 어떠한 비밀이 숨겨져 있을까요? 태자의 해탈과 성불은 화두(話頭) 중의 화두(話頭)이며 금강석보다 더 소중한 보물이라 할 수 있습니다. (해탈의 비밀은 부처님의 생애에 자세히 기록되어 있음)

오늘날 불자들은 석가모니(釋迦牟尼) 부처님이 생로병

사(生老病死)의 윤회(輪廻)에서 벗어나 영원한 생명을 얻게 되신 것은 자각(自覺)에 의한 것이 아니라 반야(是大神)에 의해서 되셨다는 것을 알아야 합니다. 왜냐하면 부처님께서 사리자에게 반야심경(般若心經)을 통해서 "행심반야바라밀다시(行深般若波羅蜜多時) 조견오온개공(照見五蘊皆空)하여 도일체고액(度一切苦厄)"을 하였다고 말씀하고 있기 때문입니다. 이 말씀은 석가모니 부처님께서 반야(Veda)를 향해 육바라밀을 열심히 정진하고 있을 때 자신이 무상한 존재라는 것을 깨닫고 생로병사(生老病死)의 윤회(輪廻)에서 벗어나 해탈(解脫)이 되었다는 뜻입니다. 때문에 석가모니 부처님은 반야를 시대신(是大神)이라 말씀하시면서 반야는 능제일체고(能除一切苦)라 말씀하신 것입니다.

즉 반야는 시대신(是大神)으로 유일하신 참 신(神)이시며 반야(般若)만이 중생들의 모든 고통과 재액(災厄)을 제거(除去)해 주실 수 있다는 말씀입니다. 이렇게 석가모니(釋迦牟尼) 부처님은 반야(般若)를 신(神)이라 말씀하시면서 반야는 인간들의 생명의 근원이시며 생사화복(生死禍福)을 주관하시는 신(神)으로 말씀하고 있습니다. 그러므로 오늘날 불자들은 불교를 접하기 전에 이러한 근본문제들을 찾고 아는 것이 더 시급하고 중요하다고 생각합니다.

왜냐하면 이러한 근원적인 문제들을 알지 못한다면 아무리 부처님의 가르침을 듣고 열심히 수행을 한다 해도 진리를 깨닫거나 해탈하여 부처가 될 수 없기 때문입니다. 이 때문에 불자들은 부처님께서 출가(出家)하여 성불(成佛)하기까지의 과정과 부처님의 생애(生涯)에 대하여 자세히 아는 것이 무엇보다 중요하다고 생각합니다.

촛불

자신을
태우지 않고는
불을 밝힐 수 없고
자신의
희생과 죽음이 없이는
어둠을 밝힐 수 없어라
희생하기 싫어도
어둠을 밝히기 위해
사라져 가며
그대의
온 몸을 태워 가는 날
그대의
어둠을 밝혀 주리라

3
기독교에서 전생과 윤회가 사라진 배경

기독교인들이 지금까지
전생이나 윤회를 부정하고 있는 이유는
기독교회는 하나님의 창조론을 믿고 있다는 것과
또한 기독교의 교리가
전생이나 윤회를
전적으로 부정하고
있기 때문입니다.

기독교에서 전생과 윤회가 사라진 배경

인간들은 어디로부터 왔으며 무엇 때문에 살다가 어디로 가는 것일까? 인간들이 온 곳은 진정 어미의 태이며, 가는 곳은 한 평 남짓한 무덤 속이나 화장터에서 타다 남은 한줌의 재가 되어 들어가는 납골묘가 전부란 말인가? 그렇지 않으면 불교인들의 주장과 같이 인간들이 온 곳은 전생이며 죽어서 가는 곳은 현생의 과업에 따라 환생(還生)하게 된다는 내생일까? 그러면 전생(前生)이 존재한다는 불교인들의 주장과 전생은 존재하지 않는다는 기독교인들의 주장은 어느 편이 진실일까?

사람들이 이 세상을 살아가다가 환란을 당해 심한 고통을 받게 되면 "내가 전생(前生)에 무슨 죄를 지었기 때문에 이런 고통을 받는단 말인가?" 하며 자신을 한탄합니다. 그런데 기독교인들은 재앙(災殃)이나 고통을 받을 때 하나님이 주신 시련이라 말하며 참고 견디면서 오히려 감사를 하는 사람도 있습니다. 그러나 기독교인들도 심한 고통을 당해 사면초가(四面楚歌)가 되면 대부분 하나님을 원망하거나 하나님의 존재여부를 의심하게 됩니다.

이렇게 불교인들은 생사화복의 원인이 전생에 자신이

지은 업에 있다고 인과응보(因果應報)를 주장하지만, 기독교인들은 인간들의 생사화복이 모두 하나님에 의해서 정해진다고 말합니다. 그러면 불교인들과 기독교인들의 이러한 주장들은 어느 편이 진실이고 어느 편이 거짓일까? 이러한 문제들은 사람들이 이 세상을 살아가면서 반드시 알아야 하며 해결해야 할 문제들이라 생각합니다.

지금 신앙생활을 하고 있는 신앙인이라면 더욱 그러합니다. 그런데 대부분의 신앙인들이 이러한 문제의 근원을 알려는 것이 아니라, 오직 화복(禍福)에 매여 신앙생활을 하다가 인생을 허무하게 마치고 있는 것입니다. 그러므로 신앙인 중에도 사람들이 왔다는 전생이나 사후에 들어가는 내생도 막연히 믿고 있을 뿐 확실하게 알고 있는 사람은 그리 많지 않습니다.

왜냐하면 신앙인들이 평생 동안 신앙생활을 하면서도 사후에 들어간다는 천국이나 극락, 그리고 지옥이 어느 곳에 있으며 그곳은 어떤 사람들이 들어가는지 또한 그곳은 구체적으로 어떤 곳인지를 확실하게 아는 사람이 없기 때문입니다. 이렇게 불교인들은 사람이 태어나서 오는 전생(前生)이나 죽어서 가는 내생(來生)도 믿고 있으나, 기독교인들은 사람이 죽어서 가는 내생만을 믿으며 사람이 온 전생은 모두 부정을 하고 있습니다. 그러면 인생들이 왔다는 전생은 과연 존재하는 것일까? 아니면 존재하지 않는 것일까?

오늘날 기독교인들에게 이러한 문제들을 명확하게 답해 줄 수 있는 것은 오직 하나님의 말씀이 기록되어 있는 성경밖에 없습니다. 그러면 하나님의 말씀이 기록되어 있는 성경은 인간들의 전생(前生)이나 윤회(輪廻)에 대해서 어떻게 말씀하고 있을까?

문제는 하나님께서 성경을 통해서 전생이나 윤회에 대하여 말씀을 하고 있다 해도 기독교의 교리가 전생과 윤회를 부정한다든가 아니면 목회자들이 인정하지 않는다면 아무런 소용이 없다는 것입니다. 기독교인들이 지금까지 전생이나 윤회를 부정하고 있는 이유는 기독교회는 하나님의 창조론을 믿고 있다는 것과 또한 기독교의 교리가 전생(前生)이나 윤회(輪廻)를 전적으로 부정하고 있기 때문입니다. 그러나 하나님께서는 인간의 전생이나 윤회가 존재한다는 것을 성경을 통해서 분명하게 말씀하고 있습니다. 그러면 언제 어느 누가 전생을 부정을 하며 기독교회에서 전생을 말살해 버렸을까? 오늘날 하나님과 성경에 기록된 말씀을 믿는 기독교인들이라면 이러한 문제에 대해서 분명하게 알아야 합니다.

이제 기독교회에서 전생(前生)과 윤회(輪廻)가 사라진 동기와 역사적 배경에 대해서 알아보기로 하겠습니다.

예수님의 부활승천 이후 초기 기독교회에서 윤회와 환생은 정식으로 인정되었으며 교회신학의 일부였습니다. 서기 2세기경 로마 최초의 기독교학교를 설립했던 순교자 유스티누스와 성아우구티누스 그리고 알렉산드리아의 클레멘스는 환생설(還生說)을 가르쳤으며 당시의 가장 크고 강력했던 기독교 종파인 그노시스파(영지주의)와 마니교도들도 윤회설을 가르쳤습니다. 이처럼 초기 기독교역사의 약 400년간은 환생설(還生說)이 기독교의 보편적 가르침이었습니다. 그런데 종교와 왕권이 결탁하면서 영혼의 구원이 개인적인 노력과 전생의 업에 의해서 이루어진다면 교회와 황제의 권위가 약화된다는 우려 때문에 영혼의 선재론(전생과 윤회)을 교회신학에서 삭제해 버린 것입니다.

서기 4세기에 로마의 황제 콘스탄티누스대제는 기독교를 공인하면서 성경에 기록되어 있던 윤회에 대한 말씀들을 없애기로 결정하여 서기 325년 니케아 공의회 이후 모든 복음서에서 환생(還生)을 암시하는 구절들을 모두 삭제해 버렸습니다. 그 후 6세기경 동로마제국의 폭군인 유스

티니아누스 황제는 단독으로 윤회설을 이단이라 결정하고 553년에 콘스탄틴노플 공의회를 소집하여 환생사상을 가르쳤던 오리게네스와 그의 지지자들을 이단으로 규정하였습니다. 이렇게 황제와 그의 아내는 윤회사상이 왕권에 대한 도전으로 간주하였는데 이는 윤회설(輪廻說)이 자신들을 신격화하는데 방해가 된다고 생각했기 때문입니다.

당시 서로마제국에서는 오리게네스의 윤회설이 인정받고 있었습니다. 그런데 황제가 환생설을 신봉하는 교파에 대한 무자비한 학살(虐殺)과 탄압(彈壓)을 하면서 기독교 환생설이 자취를 감추게 된 것입니다. 그럼에도 불구하고 환생설은 완전히 소멸되지 않았으며 이단으로 몰렸던 교파들의 신앙 속에서 면면히 이어져 온 것입니다. 그 후 환생설은 르네상스 시대에 잠깐 지성인들의 관심을 끌었다가 곧 잊혀진 뒤, 19세기 말경에 이르러 다시 신지학(神智學, theosophy)운동이 일어나면서 기존의 기독교 교리에 도전하게 되었습니다.

신지학자들은 불교와 힌두교의 윤회사상을 연구하여 서양의 기독교적 전통과 조화를 시키는데 힘을 기울였습니다. 현대의 성직자들 중에도 초기 기독교의 성인들처럼 윤회에 대해 긍정적인 시각을 가진 사람들이 더러 있었습니다. 벨기에 가톨릭 교구의 메르시 추기경은 “개인적으로 윤회사상을 믿지는 않지만 윤회론이 가톨릭교회의 본질적인 가르침과 모순되지는 않는다”고 선언했고, 영국 런던 성바울교회의 잉그 감독은 “윤회론(輪廻論)과 근대 감리교 교리 사이에는 아무런 모순이 없다”고 말했으며, 감리교 목사인 레슬리 웨더헤드도 윤회론의 지지자였습니다. 이렇게 서양의 대표적 지성인들 가운데에는 자신이 윤회론을 믿는다는 사실을 공공연히 밝혔던 인물들이 의외로 많이 있습니다.

고대 그리스의 플라톤, 피타고라스, 플루타크 등과 로마의 대 문호였던 버질, 에니우스를 비롯해 근세에는 쇼펜하우어, 헤겔, 볼테르, 에머슨, 발자크, 위고, 베토벤, 나폴레옹, 톨스토이, 블레이크, 브라우닝, 휘트먼, 벤저민 프랭클린, 헨리 포드 등이 윤회론을 믿었다는 사실이 알려져 있습니다. 오늘날 기독교를 이렇게 발전하도록 크게 공헌한 사람은 콘스탄티누스 대제이지만 하나님에게는 대역 죄인이라는 것을 알아야 합니다.

이렇게 콘스탄틴 황제는 기독교의 교리를 만들어 오늘날 기독교인들에게 큰 공헌(貢獻)을 하였지만 하나님 앞에서는 하나님의 말씀을 자기 마음대로 가감하여 왜곡한 대 죄인입니다. 이 한사람의 대 죄인 때문에 기독교에 전생과 윤회는 자취를 감추게 되었고 이 때문에 오늘날 기독교회도 전생과 윤회를 부정하고 있는 것이며 누가 전생과 윤회에 대해서 말하면 무조건 이단(異端)으로 매도하고 있습니다. 그러나 거짓과 진실은 반드시 밝혀져야 하며 성경에서 삭제된 말씀들은 다시 복원(復原)되어야 합니다.

오늘날 하나님의 말씀을 진리로 믿고 올바른 신앙생활을 하려는 기독교인들이라면 하루속히 기독교의 교리에서 벗어나 하나님의 말씀대로 신앙생활을 해야 합니다. 왜냐하면 거짓으로 왜곡(歪曲)된 말씀을 진실로 믿고 신앙생활을 한다면 천국으로 가는 것이 아니라 지옥으로 들어가게 되기 때문입니다. 이러한 이유로 오늘날 기독교인들은 사후세계(死後世界)에 천국과 지옥이 있다는 것과 내생이 있다는 것은 의심 없이 믿고 있으나 전생이 있다는 것은 모두 부정을 하고 있는 것입니다. 그러나 이 세상 모든 만사(萬事)에는 원인 없는 결과가 없고 뿌리 없는 나무도 없듯이 전생이 있기 때문에 현생이 있고 현생이 있기 때문에 내생도 존재하는 것입니다. 이 말은 내가 어제 존재했기 때문에 오늘 존재하고 있는 것이며 오늘 존재하고 있기 때문에 내일도 존재 할 수 있는 것입니다.

이렇게 지극히 당연한 사실을 기독교인들은 기독교의

교리 때문에 전생을 모두 외면을 하고 있습니다. 더욱 놀라운 사실은 전생을 부정하고 있는 것은 기독교회들이며 하나님께서는 성경을 통하여 전생에 대해 분명하게 말씀하고 있습니다.

비록 콘스탄티누스 대제가 전생과 윤회의 말씀들을 성경에서 모두 삭제하였다하나 하나님께서는 오늘날 기독교인들을 위해서 전생과 윤회의 말씀들을 부분적으로 성경 속에 감추어 놓으신 것입니다. 그러므로 오늘날 기독교인들이 여기에 기록된 전생과 윤회에 대한 하나님의 말씀들을 의심하지 않고 받아들인다면 신앙생활에 많은 도움이 될 것입니다.

인생무상

욕망으로 사로잡혔던
허수아비 인생
시절을 쫓아 끌려다니며
만족하지 못한 생의 바퀴속에서
늘어진 불평과 불만의 불꽃을 튕기며
불꽃놀이 하던 때가 엊그제

타다만 잿더미 속에
이리저리 뒹굴며 발 끝에 채이다가
작은 불씨 하나 만나서
모두 태워버리고
이제야 잿가루되어
불어오는 바람에 흩날리고
욕정의 자취도 그림자도 사라져버리고
텅빈 자리에 다가온
소리없는 그대 고요하여라.

4

불교와 기독교의 근본사상

불교의 근본사상은 해탈이요
기독교의 근본사상은 부활이라 말합니다.
즉 불교의 중심사상은
중생들이 해탈하여 부처가 되는 것이며
기독교는 교인들이 부활하여
예수가 되는 것입니다.

불교와 기독교의 근본사상

불교의 근본사상은 해탈(解脫)이요 기독교의 근본사상은 부활(復活)이라 말합니다. 즉 불교의 중심사상은 중생들이 해탈하여 부처가 되는 것이며 기독교는 교인들이 부활하여 예수가 되는 것입니다. 그러나 해탈이나 부활은 같은 의미로 무명의 중생, 곧 죽은 영혼들이 영원한 생명으로 거듭나는 것을 말하고 있습니다.

계란 속에서 부화되어 나오는 병아리를 보고 불교인은 해탈(解脫)이라 말하고 기독교인은 부활(復活)이라 주장을 한다하여 그 의미가 달라지거나 변하는 것이 아닙니다. 이렇게 부활과 해탈은 같은 의미로 윤회되는 혼적 생명에서 벗어나 영원한 하나님의 생명으로 거듭나는 것을 말합니다. 그런데 영생에 이르는 길을 불교인들은 해탈(解脫)이라 말하며 기독교인들은 부활(復活)이라 주장을 하고 있습니다. 문제는 이들의 말과 같이 불교가 해탈의 종교라면 지금도 불자들이 해탈(解脫)이 되어야 하며 또한 기독교가 진정한 부활(復活)의 종교라면 기독교인들이 지금도 부활(復活)이 되어야 하는 것입니다.

그런데 지금 해탈(解脫)이나 부활이 실제 일어나지 않

는다면 불교나 기독교는 해탈(解脫)이나 부활(復活)의 종교라 말해서는 안 되는 것입니다. 왜냐하면 신앙인들에게 해탈이나 부활이 실제 일어나지 않는다면 생명이 없는 죽은 종교이기 때문입니다.

불자들이 해탈(解脫)이 되려면 오늘날 해탈하신 부처님이 계셔야 하고 기독교는 부활(復活)하신 오늘날의 예수님이 계셔야 합니다. 그런데 불교에는 지금 살아계신 부처가 없고 기독교에는 오늘날 살아계신 예수가 없는 것입니다. 이 때문에 불교인들은 지금도 다시 오실 미륵불을 기다리며 기독교인들은 구름 타고 오시는 재림 예수를 기다리고 있는 것입니다. 왜냐하면 오늘날 불자들을 해탈(解脫)시켜 부처를 만들려면 오늘날의 산부처가 계셔야 하며 기독교인들을 구원하여 하나님의 아들로 부활(復活)을 시키려면 오늘날 살아계신 예수가 계셔야 하기 때문입니다. 그런데 오늘날 살아계신 부처나 예수가 없기 때문에 스님들이나 목회자들은 궁여지책(窮餘之策)으로 과거에 오셨던 부처와 예수가 지금도 구원(救援)을 시켜준다고 말하는 것입니다.

그런데 만일 과거에 오셨던 부처나 예수가 오늘날의 불자들과 기독교인들을 지금도 구원하고 있다면 다시 오시는 미륵불이나 재림 예수는 오실 필요가 없고 기다릴 필요도 없지 않습니까? 오늘날 불자들이나 기독교인들이 아직도 해탈(解脫)이나 부활(復活)이 되지 못하고 있는 것은 결국 오늘날 살아계신 부처님과 예수님이 없기 때문입니다.

이와 같이 부처님이 말씀하시는 구원은 지금 불자들이 가지고 있는 신심(信心)이나 신념(信念)이 아니라 중생이 해탈하여 부처가 되는 것이며 예수님이 말하는 구원도 기독교인들의 관념적인 믿음이나 확신이 아니라 죽은 영혼이 실제 거듭나서 예수와 같은 하나님의 아들이 되는 것을 말하는 것입니다.

모든 만물은 인과응보(因果應報)로 되어 있고 어떠한 일에도 시작과 끝이 있듯이 믿음은 구원의 시작이며 구원의 완성은 부처가 되고 예수가 되는 것입니다.

5

부처님께서 말씀하시는 반야의 실존

부처님은 반야심경을 통해서
반야는 시대신주(是大神呪),
시대명주(是大明呪), 시무상주(是無上呪)라고
말씀하시면서 신의 존재를
밝히 드러내고 계십니다.

부처님께서 말씀하시는 반야의 실존

부처님은 반야심경을 통해서 반야는 시대신주(是大神呪), 시대명주(是大明呪), 시무상주(是無上呪)라고 말씀하시면서 신의 존재를 밝히 드러내고 계십니다. 부처님은 반야를 천하만물(天下萬物) 가운데 제일 크고 제일 밝고 그보다 더 높은 위가 없는 신으로 말씀하시면서 반야심경은 바로 그 분의 진언(眞言)이라 말씀하고 있습니다.

부처님은 이렇게 반야를 신의 존재로 말씀하시면서 중생(衆生)들이 해탈(解脫)하여 관자재보살(觀自在菩薩)이나 보리살타(菩提薩陀) 부처님이나 삼세제불(三世諸佛)이 되는 것은 오직 반야에 의해서 되는 것이라 말씀하고 있습니다. 그러므로 부처님은 중생들이 해탈을 하려면 반드시 상구보리(上求菩提), 즉 위로 보리(반야)를 구해야 한다고 말씀하고 있는 것입니다. 또한 이렇게 보리에 의해서 성불한 부처들은 반드시 하화중생(下化衆生), 즉 무명(無明)의 중생(衆生)들을 깨우쳐 부처를 만들라고 말씀하고 있습니다.

만일 불교의 주장대로 해탈과 성불이 자각(自覺)에 의해서 스스로 되어 진다면 부처님께서 무엇 때문에 불자들에게 상구보리(上求菩提), 하화중생(下化衆生)을 하라고 말씀하셨단 말입니까?

부처님께서 이렇게 말씀하신 이유는 부처님도 보리수나무 아래서 상구보리(上求菩提)를 하여 부처가 되셨고 부처가 되신 후에는 모든 여생을 하화중생(下化衆生)의 삶을 사셨기 때문입니다. 부처님은 해탈하기 전에 수많은 스승들의 가르침과 견디기 힘든 온갖 고행(苦行)을 수도 없이 해보았지만 깨달음을 얻지 못하였는데 보리수나무 아래서 정진(精進)을 할 때 정각(正覺)을 이루어 성불을 하게 되셨다고 말씀하고 있습니다. 그런데 부처님께서 앉아 계셨던 보리수나무를 불자들은 단순히 나무의 한 종류로만 생각을 하고 있습니다. 그러나 부처님은 반야의 존재를 화두(話頭)로 보리수, 즉 지혜의 나무라고 말씀하신 것입니다. 결국 부처님의 성불은 자각(自覺)에 의한 것이 아니라 반야(보리)에 의해서 성불이 되셨다는 것입니다. 이렇게 부처님이 말씀하시는 반야(般若)는 시대신주(是大神呪), 시대명주(是大明呪), 시무상주(是無上呪)로 곧 유일신인 하나님을 가리키는 말입니다.

부처님이 말씀하신 상구보리(上求菩提)와 하화중생(下化衆生)은 예수님께서 말씀하신 새 계명, 즉 네 마음을 다하고 목숨을 다하고 뜻을 다하여 주 하나님을 사랑하고 이웃을 네 몸과 같이 사랑하라는 말씀과 같은 뜻입니다. 예수님께서 말씀하신 첫 계명은 주 너의 하나님을 사랑하여 구원(救援)을 받아 영원한 생명을 얻으라는 것이고 둘째 계명은 하나님으로부터 영원한 생명을 받아 하나님의 아들이 된 자들은 이웃에 죽어있는 영혼들을 구원시켜 하나님의 생명으로 거듭나게 하라는 뜻입니다. 이와 같이 부처님께서 말씀하신 상구보리(上求菩提)와 하화중생(下化衆生)은 예수님께서 말씀하신 새 계명과 같은 뜻이며 부처님과 예수님께서 하신 일도 모두 무명의 중생들, 즉 죽어 있는 영혼들을 구원하신 일들입니다.

그런데 스님들과 목사들은 자신 안에 들어 있는 욕심 때문에 편 가르기를 하면서 자신의 종교 안에만 구원과 생명이 있다고 사람들을 미혹(迷惑)하고 있는 것입니다. 이렇게 부처님의 뜻이나 예수님의 뜻도 모르고 천국과 극락도 모르는 자들이 어떻게 해탈(解脫)이 되며 또한 부활(復活)은 어떻게 된단 말입니까? 오늘날 종교인들의 관심사는 진리나 영생 혹은 천국이 아니라 어떻게 하면 이 세상에서 복을 많이 받아 행복하게 잘 살 수 있느냐 하는 것이며 어떻게 하면 모든 일이 만사형통(萬事亨通) 운수대통(運數大通)하느냐 하는 것입니다. 그러므로 영생이나 천국은 하나의 명색일 뿐 절에 가도 복이요 교회 가도 복이요, 만신 집에 가도 복 뿐입니다.

불자들이 때마다 절에 가서 시주를 하고 기독교인들은 주일마다 교회에 나가 헌금(獻金)을 열심히 내는 것은 모두 복을 받기 위한 욕심 때문입니다. 이렇게 신자들이 복을 받기 위해서 시주와 헌금(獻金)을 하면서 때로는 절이나 교회에서 봉사도 열심히 하지만 진리나 하나님의 뜻에 대해서는 별 관심이 없는 것입니다. 이 때문에 신앙생활을 오래한 사람들도 하나님의 뜻이나 진리에 대해서는 잘 모르고 있는 것입니다.

극락과 지옥

칠흑 같은 어둠에 덮여
한치 앞도 못 볼 때
면전에 계신 부처님도 모르더니
반야의 광명이 비춰 오니
삼라만상 모두가 부처라네
무명속에 있으면 극락도 지옥이요
깨달으면 지옥도 극락이라네
모든 중생 부처님께 귀의하여
하루속히 불국정토를 이루세

6
부처님과 예수님의 실체

불자들이
부처님은 진리의 화신(化身)이라 말합니다.
예수님 역시
하나님의 말씀이 육신 된
진리의 화신(化身)입니다.

부처님과 예수님의 실체

불자들이 부처님은 진리의 화신(化身)이라 말합니다. 왜냐하면 부처님의 본체가 진리이시며 부처님 안에 반야의 영원한 생명이 있기 때문입니다. 만일 부처님 안에 반야의 생명이 없다면 부처님의 말씀은 진리라 할 수 없습니다. 왜냐하면 진리는 그 안에 영원한 생명이 존재할 때만이 진리라 하기 때문입니다. 그러면 예수님의 실체는 무엇으로 되어 있을까요? 예수님 역시 하나님의 말씀이 육신 된 진리의 화신(化身)입니다.

예수님이 진리이신 것은 그의 입에서 나오는 말씀이 모두 영이요 생명이기 때문입니다. 예수님이 죽은 영혼들을 구원하고 살릴 수 있었던 것은 그 안에 하나님의 생명이 있었기 때문입니다. 성경은 예수님에 대해서 이렇게 말씀하고 있습니다.

[요한복음 1장 1절-5절] 태초에 말씀이 계시니라 이 말씀이 하나님과 함께 계셨으니 이 말씀은 곧 하나님이시니라 그가 태초에 하나님과 함께 계셨고 만물이 그로 말미암아 지은바 되었으니 지은 것이 하나도 그가 없이는 된 것이 없느니라 그 안에

생명이 있었으니 이 생명은 사람들의 빛이라 빛이 어두움에 비취되 어두움이 깨닫지 못하더라

상기의 말씀에 태초는 원문에 "엔 아르케"로 기록되어 있으며 태초라는 시제의 뜻도 있지만 주된 의미는 "머리, 우두머리, 근원, 근본"이라는 뜻입니다. 그러므로 태초는 시제를 가리키는 것이 아니라 성부하나님을 비유하여 말씀하신 것입니다. 따라서 태초에 말씀이 계셨다는 것은 태초 안에 말씀이 계셨다는 뜻이 아니라 우두머리 하나님, 즉 성부하나님 안에 말씀, 곧 성령하나님이 계셨다는 뜻입니다.

이와 같이 하나님 안에 계신 말씀이 예수님 안에 임하셔서 예수님은 말씀이 육신 되신 것입니다. 말씀 안에 생명이 있다는 것은 곧 예수님 안에 생명이 있다는 말이며 따라서 예수님의 입에서 나오는 모든 말씀이 영이요 생명이라는 뜻입니다. 그런데 안타깝게도 생명이신 예수님이 이 땅에 영혼들을 구원하기 위하여 빛으로 오셨지만 어둠들이 영접하지 않았다는 말씀입니다. 여기서 말하는 어둠은 아직 거듭나지 못한 하나님의 백성들을 말하며 "깨닫지 못하다"라는 단어 "우 카테라벤"은 원문에 "영접하지 않았다"는 뜻입니다.

하나님의 백성들이 빛이요 생명이신 예수를 영접하지 않는 이유는 빛보다 어둠을 더 사랑하기 때문이라 말씀하고 있습니다.

[요한복음3장 16절-21절] 하나님이 세상을 이처럼 사랑하사 독생자를 주셨으니 이는 저를 믿는 자마다 멸망치 않고 영생을 얻게 하려 하심이니라 하나님이 그 아들을 세상에 보내신 것은 세상을 심판하려 하심이 아니요 저로 말미암아 세상이 구원을 받게 하려 하심이라 저를 믿는 자는 심판을 받지 아니하는 것이요 믿지 아니하는 자는 하나님의 독생자의 이름을 믿지 아니하므로 벌써 심판을 받은 것이니라 그 정죄는 이것이니 곧 빛이 세상에 왔으되 사람들이 자기 행위가 악하므로 빛보다 어두움을 더 사랑한 것이니라 악을 행하는 자마다 빛을 미워하여 빛으로 오지 아니하나니 이는 그 행위가 드러날까 함이요 진리를 좇는 자는 빛으로 오나니 이는 그 행위가 하나님 안에서 행한 것임을 나타내려 함이라

상기의 말씀에 영생을 얻게 하여 주신다는 믿음의 기준과 심판의 기준은 18절의 말씀, 즉 독생자의 이름을 믿는 자는 구원을 하시며 독생자의 이름을 믿지 않는 자는 심판

을 하신다는 말씀입니다. 그런데 독생자의 이름은 예수라는 이름 두 글자를 말하는 것이 아니라 예수님의 입에서 나오는 모든 말씀을 말하고 있습니다. 즉 예수님께서 하시는 말씀을 믿고 영접하는 자가 곧 예수를 믿는 자라는 것이며 예수님이 하시는 말씀을 불신(不信)하거나 배척(排斥)하는 자는 예수를 믿는 자가 아니라는 말씀입니다.

하나님이 하시는 심판의 기준을 19절 이하에서 더 구체적으로 말씀을 하고 있는데, 빛보다 어둠을 더 사랑하는 자들이 바로 심판의 대상이라 말하고 있습니다. 사람들이 빛(예수님)보다 어둠(목회자)을 더 사랑하며 악을 행하는 것은 자신 안에 들어있는 욕심 때문입니다. 결국 하나님의 백성들은 자기 욕심 때문에 예수님이 주시는 생명의 말씀보다 삯꾼목자들이 주는 축복의 말씀을 더 좋아한다는 것입니다. 왜냐하면 악을 행하는 자들은 빛이 오면 자기의 존재와 욕심이 모두 드러나기 때문에 빛을 피하고 미워하는 것이며 선을 행하며 진리를 좇는 자들은 자신들이 행한 것들이 모두 진실이라는 것이 하나님 안에서 나타나기 때문에 빛으로 나온다는 것입니다.

이와 같이 오늘날 기독교인들이나 불교인들은 신앙생활을 하는 목적이 진리를 찾아 하나님의 생명으로 거듭나려는 것이 아니라 이 세상에서 채워지지 않는 욕심을 채우기 위해서 하는 것입니다. 이런 자들은 부처님이나 예수님을 아무리 열심히 믿고 신앙생활을 한다해도 천국이나 극락을 가는 것이 아니라 모두 지옥으로 가게 되는 것입니다. 그러므로 부처님께서 중생(衆生)들이 가지고 있는 욕심을 탐. 진. 치(貪, 瞋, 癡) 곧 삼독(三毒)이라 말씀하고 있으며 예수님은 욕심이 곧 죄이며 죄가 장성하여 사망하게 된다고 말씀하고 있습니다. 그런데도 불구하고 사람들이 추구하는 신앙의 목적은 구원이나 영생(永生)이 아니라 육신의 복을 많이 받아 잘 살기 위한 욕심으로 하고 있는 것입니다. 그러나 이렇게 자기 욕심을 채우기 위하여 신앙생활을 하는 사람들은 결국 지옥(地獄)으로 들어가 많은 고통을 받게 되는 것입니다.

이와 같이 부처님이나 예수님은 육신 안에 진리가 오셔서 말씀이 육신 되신 진리의 화신(化身)으로서 죄 가운데 죽어가는 중생들을 구원하여 영원한 생명을 주시기 위해서 오신 분입니다.

7

불교의 개안식과 기독교의 안수식

불교에는 새로 만든 부처님의 형상에게 행하는
개안식이 있고
기독교에는 목사나 장로를 세울 때 행하는
안수식이 있습니다.

불교의 개안식과 기독교의 안수식

불교에는 새로 만든 부처님의 형상에게 행하는 개안식(開眼式)이 있고 기독교에는 목사나 장로를 세울 때 행하는 안수식(按手式)이 있습니다. 그런데 개안식과 안수식은 모두 죽은 생명을 의식을 통해서 살린다는 의미에서 유사하다고 생각합니다. 불교에서 부처님께 행하는 의식은 개안식 뿐만 아니라 점안식이 있는데 개안식(開眼式)은 새로 만든 불상에 눈을 열어 주는 의식이며 점안식은 부처님의 형상을 그림으로 그린 후 마지막에 부처님의 얼굴에 눈을 그려 넣을 때 행하는 의식을 말합니다. 그런데 새로 만든 부처님의 형상은 생명자체가 없기 때문에 개안식을 하기 보다는 영혼을 불어넣는 점혼식(點魂式)을 해야 한다고 생각합니다.

그런데 스님들이나 불자들은 이렇게 사람이 만든 불상에 큰 스님들이 개안식(開眼式)을 올려야 죽은 부처가 살아나서 산부처가 되는 것이며 또한 부처님의 그림도 부처님의 얼굴에 점안식(點眼式)을 올려야 산부처님이 된다는 것입니다. 때문에 사람들이 불상을 아무리 공들여서 아름답게 만들어 놓고 부처님의 그림을 잘 그렸다 해도 스님들이 개안식이나 점안식을 올리지 않으면 그 부처는 생명이 없는 죽은 부처라 생각하는 것입니다. 그러면 사람들이 만든 부처님이나 그림을 살리고 죽이는 분들이 바로 스님들이라는 것입니다. 과연 그럴까요? 문제는 부처님이 살아계실 때는 사람들이 부처님의 형상(形象)을 만들지도 않았고 부처님께서 개안식을 하시지도 않았다는 것입니다. 부처님은 단지 무명의 중생들을 진리를 가르치고 깨우쳐서 혜안(慧眼)을 열어주시는 일을 하신 것입니다. 이렇게 부처님은 죽은 중생들을 살려서 부처로 만들 수 있지만 아직 부처님의 생명이 없는 스님들은 부처를 만들 수 없다는 것입니다.

그럼에도 불구하고 아직 부처님의 생명이 없는 스님들이 지금도 죽은 부처를 살려서 법당(法堂)에 모셔놓은 것입니다. 그러나 새로 제작한 부처님의 형상에 큰 스님들이 개안식을 하여 법당에 모셔놓았다 해도 그 부처는 사람들이 만든 조각품일 뿐 산부처가 아니라는 것입니다. 그런데 불자들은 사람의 손으로 만든 부처의 형상에 스님들이 개안식을 행하면 산부처님으로 믿고 절을 하며 공양(供養)을 올리고 있는 것입니다. 그러므로 오늘날 불자들은 사찰(寺刹)에 모셔놓은 부처님은 모두 살아계신 부처님이며 법당에 그려놓은 부처님들도 모두 살아계신 부처님으로 믿고 지극

정성으로 모시고 있는 것입니다.

그런데 이렇게 사람들이 만들어 모셔놓은 불상들이 불자들에게 길흉화복(吉凶禍福)을 주관할 수 있으며 운수대통과 만사형통의 복을 줄 수 있느냐 하는 것입니다. 불자들 중에 법당에 들어가 부처님께 백팔배가 아니라 천배를 올려도 외눈 하나 깜짝이지 않더라는 말을 하는 사람이 있습니다. 그것은 당연지사(當然之事)라 생각합니다. 왜냐하면 사람이 만든 불상은 부처님이 아니라 사람이 만들어놓은 조각품에 지나지 않기 때문입니다. 왜냐하면 부처님의 실체에서도 말씀드렸듯이 부처님의 실체는 부처님의 몸이 아니라 부처님 안에 계신 말씀, 곧 진리이기 때문입니다.

그러면 기독교에서 행하는 안수식은 무엇을 어떻게 하는 의식일까요? 이제 기독교에서 행하고 있는 안수식을 살펴보도록 하겠습니다. 기독교에서 행하는 안수식은 장로나 목사님을 세울 때 행하는 의식으로 목사님들이 안수자의 머리위에 성부와 성자와 성령의 이름으로 안수를 하는 것입니다. 성경에 선지자를 세울 때 행하는 안수는 세례자의 머리위에 기름을 붓는 것인데 오늘날은 기름을 붓는 것이 아니라 흰 장갑을 낀 손에 물을 조금 찍어서 머리위에 올려놓는 의식입니다.

목사님들이 안수자에게 안수식을 마치면 죽은 영혼이 살아나서 하나님의 생명을 소유하게 되어 목사나 장로가 되는 것입니다. 이렇게 목사님들이 성부와 성자와 성령의 이름으로 안수식을 하는 것은 사람들이 만든 교회의 법이나 교리에 따라 행하는 것입니다. 때문에 목사님들이 교리나 교회의 법에 따라 행하는 안수식은 교회가 만든 의식이며 진정한 안수식이 아닙니다. 성경을 보면 하나님께서 선지자를 세울 때는 여호와 하나님께서 직접 기름을 붓거나 기름부은 선지자를 통해서 선지자를 세우는 것을 볼 수 있습니다. 그런데 기름은 곧 성령, 즉 생명의 말씀을 말하고 있는 것입니다. 즉 진정한 안수는 하나님의 아들이나 사도들 그리고 하나님께서 기름부어 세운 선지자들만이 행할 수 있는 것입니다. 왜냐하면 기름은 성령이며 성령은 곧 생명의 말씀인데 생명의 말씀은 하나님의 생명으로 거듭난 하나님의 아들이나 선지자들 안에만 존재하기 때문입니다.

이렇게 하나님의 아들인 예수님이나 사도들이 행하는 진정한 안수는 부처님이 중생들의 눈, 즉 혜안(慧眼)을 열어주신 것과 같이 죽은 영혼들에게 하나님의 말씀을 먹이고 입혀서 영안을 열어주신 것입니다. 그런데 오늘날 기독교회가 죽은 영혼들을 구원하고 살려서 영안을 열어주지 못하는 것은 오늘날 기독교 안에 하나님의 생명으로 거듭난 참목자가 없기 때문입니다.

그러나 기독교 밖에는 지금도 하나님이 기름부어 세운 하나님의 아들과 사도들이 존재하고 있습니다. 그런데 문제는 기독교회의 목사님들이나 교인들은 오늘날 하나님이 기름부어 보내주시는 하나님의 아들을 인정하지 않고 오히려 이단자로 배척(排斥)을 하고 있다는 것입니다. 그러므로 기독교인들이 하나님의 생명으로 거듭나려면 하나님께서 기름부어 보내주시는 오늘날의 참목자를 믿고 영접해야 합니다. 그러면 참목자의 입에서 나오는 말씀을 통해서 죽은 영혼이 살아서 하나님의 아들로 거듭나게 되는 것입니다.

이와 같이 불교에서 행하는 개안식(開眼式)이나 기독교에서 행하는 안수식(按手式)은 의식만 다르지 동일하다고 생각합니다. 그러므로 오늘날 불자들이 해탈하여 부처가 되려면 오늘날 살아계신 생불을 만나야 하며 기독교인들은 하나님이 기름부어 보내주시는 하나님의 아들을 만나야 하는 것입니다. 그러면 불자들은 오늘날 생불을 통해서 혜안(慧眼)이 열려 부처가 될 것이며 기독교인들은 하나님의 아들을 통해서 영안(靈眼)이 열려 하나님의 아들로 거듭나게 될 것입니다.

8

불교의 십계(十戒)와 기독교의 십계명

불교의 십계는
불자들이 해탈하여
부처가 되라는 계율이며
기독교의 십계명은
하나님의 백성들이 부활하여
하나님의 아들로 거듭나라는
계명입니다.

불교의 십계(十戒)와 기독교의 십계명

부처님께서 불자들에게 가르쳐주신 십계는 수행자들이나 신행생활을 하는 불자들이 반드시 지켜야할 부처님의 계율입니다. 왜냐하면 성불을 위해 정진하는 불자들이 부처님의 계율인 십계를 지키지 않는다면 해탈이 될 수 없기 때문입니다. 그러므로 수행불자들은 물론 불자들이 신행생활을 올바로 하려면 반드시 부처님께서 지키라고 가르쳐주신 십계를 지켜야 합니다. 부처님께서 가르쳐주신 십계를 지키려면 먼저 십계에 감추어진 화두(話頭)의 올바른 뜻을 알아야 합니다. 그런데 불자들이 십계 속에 감추어져 있는 화두의 비밀을 모르기 때문에 십계를 윤리도덕 정도로 알고 지키고 있는 것입니다.

그러므로 수행불자들은 반드시 십계 속에 감추어져있는 화두의 비밀을 알아야 합니다. 십계는 부처님께서 약 이천육백년 전에 불자들에게 지키라고 주신 계율입니다. 그런데 부처님께서 화두로 주신 십계는 하나님께서 약 삼천육백년 전에 모세를 통해서 하나님의 백성들에게 지키라고 주신 십계명과 유사하다는 것입니다. 그러므로 부처님께서 주신 십계와 하나님께서 주신 십계명을 비교 분석해 보면 십계를 이해하는데 많은 도움이 될 것이라 생각합니다. 이제 부처님께서 말씀하신 십계와 하나님께서 말씀하신 십계명에 대해서 알아보기로 하겠습니다.

부처님께서 불자들에게 지키라고 주신 십계

첫 째 : 불살생계(不殺生戒) – 산목숨을 죽이지 말라.

둘 째 : 불투도계(不偷盜戒) – 훔치거나 도둑질 하지 말라.

셋 째 : 불음계(不淫戒) – 음행을 하지 말라.

넷 째 : 불망어계(不妄語戒) – 거짓말을 하지 말라.

다섯째 : 불음주계(不飮酒戒) – 술을 마시지 말라.

여섯째 : 불도식향만계(不塗飾香鬘戒) – 치장을 하거나 향을 바르지 말라.

일곱째 : 불가무관청계(不歌舞觀聽戒) – 노래하는 것이나 춤추는 것을 보거나 듣지 말라.

여덟째 : 불좌고광대상계(不坐高廣大牀戒) – 높고 넓고 큰 평상에 앉지 말라.

아홉째 : 불비시식계(不非時食戒) : 때가 아니면 먹지 말라

열 째 : 불축금은보계(不蓄金銀寶戒) – 금, 은, 보석을 모으지 말라.

십계(十戒)

첫째, 불살생계(不殺生戒) : 산목숨을 죽이지 말라

부처님께서 산목숨을 죽이지 말라는 말씀은 살아있는 생물은 모두 죽이지 말라는 뜻입니다. 이 말은 동물이나 곤충들에게 국한된 것이 아니라 생명을 가진 식물도 죽이지 말라는 뜻으로 생각할 수 있습니다. 왜냐하면 식물도 살아있는 생명체이기 때문입니다. 이 때문에 스님들이나 수행불자들은 이 계율(戒律)을 지키기 위해 살아 있는 짐승들은 물론 파리나 모기 한 마리도 죽이지 않고 있습니다. 그런데 스님들이 살아있는 채소나 나물들은 마음대로 채취하여 먹고 있습니다. 이러한 행위는 부처님의 계율(戒律)을 반쪽만 지키는 것이라 생각할 수 있습니다.

그러나 부처님께서 산목숨을 죽이지 말라는 진정한 뜻은 생명을 가진 곤충이나 짐승 혹은 식물들을 죽이지 말라는 뜻이 아니라 사람의 영혼을 죽이지 말라는 뜻으로 하신 말씀입니다. 이 때문에 성경에 기록된 십계명(十誡命)에는 "살생(殺生)하지 말라"가 아니라 "살인(殺人)하지 말라"로 기록되어 있는 것입니다. 그러므로 이 계율(戒律)에 숨겨진 화두(話頭)의 비밀은 사람들의 영혼을 죽이지 말고 구원하고 살려서 모두 부처를 만들라는 뜻입니다.

둘째, 불투도계(不偷盜戒) : 훔치거나 도둑질하지 말라

오늘날 스님들이나 불자들은 부처님께서 훔치거나 도둑질하지 말라는 둘째 계율(戒律)의 뜻을 단순히 세상에 있는 다른 사람의 물건이나 돈을 도둑질 하지 말라는 의미로 알고 있습니다. 그러나 부처님께서 남의 것을 훔치지 말라는 진정한 뜻은 세상에 속한 물건이나 재물을 훔치지 말라는 것이 아니라 부처님의 말씀을 도둑질하여 자기 것으로 만들지 말라는 뜻입니다. 그런데 어떤 몰지각한 스님들은 부처님의 말씀을 도둑질 하여 자기의 것으로 만들어놓고 도둑질한 말씀을 가지고 불자들의 재물을 탈취하고 영혼까지 죽이고 있는 것입니다. 이 때문에 부처님은 지금도 너희는 나의 것을 도둑질 하지 말라고 명하고 계신 것입니다.

성경 십계명(十誡命)에는 이 계율이 "도둑질 하지 말라"로 기록되어 있는데 이는 "훔치지 말라"는 말씀과 동일한 것입니다.

셋째, 불음계(不淫戒): 음행(淫行)을 하지 말라

부처님께서 음행(淫行)을 하지 말라는 뜻은 "간음을 하지 말라"는 의미입니다. 부처님의 이 계율(戒律)을 지키기 위해 신실(信實)한 스님들이나 수행을 하는 불자들은 끓어오르는 정욕도 참아가며 음행(淫行)을 하지 않으려고 많은 노력을 하고 있습니다. 그러나 부처님이 불자들에게 음행을 하지 말라는 진정한 뜻은 여자를 취하여 간음(姦淫)을 하지 말라는 뜻이 아니라 부처님의 말씀을 취하여 자기 사리사욕(私利私慾)을 채우지 말라는 뜻입니다. 그럼에도 불구하고 오늘날 일부의 패역한 스님들은 부처님의 말씀을 취하여 자신의 사리사욕을 취하려고 얼마나 애를 쓰고 있습니까?

오늘날 부패한 스님들이 영혼을 구제한다는 명목으로 사찰(寺刹)이나 선원(禪院) 혹은 포교당(布敎堂)들을 세워 놓고 자기 욕심을 채우기 위해 부처님의 말씀을 팔아서 사찰(寺刹)을 대형화(大型化)해가며 심지어 기업화(企業化)해가고 있는 것을 볼 수 있습니다. 이러한 스님들이 바로 음행(淫行)을 하는 자들입니다. 이 때문에 부처님께서 음행을 하지 말라는 뜻은 부처님의 말씀을 취하여 자기 욕심을 채우지 말라는 뜻입니다. 성경에 기록된 십계명(十誡命)에는 이 계율(戒律)이 "너희는 간음하지 말라"고 기록되어 있습니다.

넷째, 불망어계(不妄語戒) : 거짓말을 하지 말라

오늘날 불자들은 부처님께서 "거짓말하지 말라"는 계율(戒律)을 단순히 사람들 간에 거짓말을 하지 말라는 정도로 알고 있습니다. 그러나 부처님께서 거짓말을 하지 말라는 진정한 의미는 부처님의 말씀을 더하고 감하여 만든 비진리, 즉 왜곡(歪曲)된 교리나 계율(戒律)을 가지고 거짓증거를 하거나 불자들을 가르치지 말라는 뜻입니다. 이 말씀의 진정한 뜻은 부처님의 말씀으로 죽어가는 영혼들을 구제하고 살려서 생로병사(生老病死)의 윤회(輪廻)에서 벗어나게 하여 모두 부처를 만들라는 것인데 이러한 부처님의 뜻을 망각하고 부처님의 말씀을 모두 기복으로 바꾸어 불자들에게 오히려 욕심을 불어넣고 있는 것입니다.

오늘날 스님들이 신도들에게 부처님을 잘 믿고 시주(施主)를 많이 하면 부처님으로부터 많은 복을 받아 잘 살 수 있고 모든 일도 잘 된다고 미혹하며 운수대통(運數大通) 만사형통(萬事亨通)의 복을 빌어주는 것이 바로 부처님의 말씀을 왜곡(歪曲)하여 거짓증거를 하는 행위입니다. 부처님은 이러한 행위를 하는 자들에게 "거짓말을 하지 말라"고 엄히 명하시는 것입니다. 성경에는 이 계율을 "너희는 거짓증거 하지 말라"로 기록되어있는데 이는 동일한 말씀입니다. 하나님께서 하나님의 백성들에게 거짓증거를 하지 말라고 명하시는 것은 오늘날 목회자들도 거짓증거를 하고 있기 때문에 하시는 말씀입니다.

다섯째, 불음주계(不飮酒戒) : 술을 마시지 말라

다섯째 계율(戒律)은 부처님께서 불자들에게 "술 마시지 말라"는 말씀입니다. 이 때문에 스님들은 술을 마시지 않는데 어떤 스님은 술은 마시지 않아도 곡차(곡주)는 마시는 분들이 있습니다. 그런데 부처님께서 마시지 말라는 술은 세인들이 즐겨 마시는 술을 말씀하신 것이 아닙니다. 부처님이 말씀하시는 술은 누룩이 섞여 있는 말씀, 즉 부처님의 정확무오(正確無誤)한 말씀을 가감(加減)시켜 만들어 놓은 오염(汚染)된 비진리를 받아먹지 말라는 뜻입니다. 왜냐하면 수행불자들이 오염된 비진리를 먹으면 비진리에 의식화(意識化)되어 부처님의 말씀을 받아들일 수 없고 해탈(解脫)에도 이를 수 없기 때문입니다.

이 때문에 마시는 술은 먹어도 큰 문제가 없지만 가감된 비진리를 먹으면 영원히 구제(救濟)받지 못하고 멸망하게 되는 것입니다. 이렇게 부처님께서 "술을 마시지 말라"는 뜻은 오염된 비진리를 받아먹지 말라는 뜻입니다. 이렇게 부처님께서 말씀하시는 술은 부처님의 말씀을 가감시켜 만든 비진리, 즉 사람들이 영리를 취하기 위해서 부처님의 말씀을 가감시켜 만들어놓은 각종 교리(教理)나 규범(規範) 혹은 제도(制度)나 각종 의식(儀式)들을 말합니다. 그러므로 오늘날 불자들은 오직 부처님의 말씀과 계율(戒律)만을 받아 마음속에 간직하고 부처님의 말씀에 따라서 신앙생활(信仰生活)을 해야 합니다.

여섯째, 불도식향만계(不塗飾香鬘戒) : 치장을 하거나 향을 바르지 말라

여섯째 계율(戒律)은 "치장을 하거나 향을 바르지 말라"는 말씀입니다. 이 말씀은 수행불자에게 화려한 옷을 입거나 장신구를 달아 몸을 꾸미지 말며 얼굴이나 머리에 향이나 기름을 바르지 말라는 뜻으로 생각할 수 있습니다. 그러면 비구니(比丘尼)나 불자들은 절대로 얼굴에 화장을 하거나 향을 바를 수도 없는 것입니다. 그러나 부처님은 그러한 뜻으로 말씀하신 것이 아니라는 것입니다.

불자들이 반드시 알아야 할 것은 부처님이 하신 모든 말씀들은 세상에서 일어나는 일들을 말씀하신 것이 아니라 모두 해탈(解脫)이나 진리와 관계되는 말씀을 하고 있다는 것을 알아야 합니다. 왜냐하면 부처님은 진리이시고 또한 부처님은 오직 시대신(是大神)이신 반야(般若)의 뜻을 행하고 이루시는 분이시기 때문입니다. 그러므로 부처님께서 치장을 하거나 향을 바르지 말라는 것은 스님이나 불자들의 몸을 치장을 하거나 얼굴과 머리에 향을 바르지 말라는 뜻이 아니라 부처님의 몸이나 얼굴에 치장을 하거나 향을 바르지 말라는 뜻입니다. 그런데 부처님은 진리이시기 때문에 부처님의 몸을 치장하거나 얼굴에 향을 바르지 말라는 진정한 뜻은 곧 부처님의 말씀을 가감(加減)하여 미화(美化)시키지 말라는 뜻입니다. 그럼에도 불구하고 불교를 통해서 스님들이 부처님의 말씀을 가감(加減)하여 불교의 교리(敎理)를 만들고 제도(制度)를 만들어 놓고 수행자나 불자들에게 각종교리(各種敎理)와 전통의식(傳統儀式)을 가르치고 있는 것입니다. 그뿐만 아니라 오늘날 스님들은 부처님의 각종 형상까지 만들어 놓고 부처님의 몸과 얼굴을 금과 보석으로 장식하여 아름답게 꾸미고 있는 것입니다. 이렇게 부처님의 말씀을 가감(加減)하거나 부처님의 형상(形狀)을 만들어놓고 치장을 하는 행위들은 모두 부처님의 계율(戒律)을 범하고 있는 행위들입니다.

일곱째, 불가무관청계(不歌舞觀聽戒) : 노래하는 것이나 춤추는 것을 보거나 듣지 말라

부처님께서 "노래하는 것이나 춤을 추는 것은 보지도 말고 듣지도 말라"고 말씀하십니다. 왜 그럴까요? 오늘날 사람들의 세상사는 즐거움은 음악회나 가요 등을 통해서 노래를 듣는 것이며 텔레비전이나 극장을 통해 무희들의 춤추는 것을 보고 즐거워하는 것입니다. 그러면 이 계율은 수행불자들에게만 국한해서 하시는 말씀이라 생각할 수 있습니다.

그러나 부처님께서 노래하는 것이나 춤추는 것을 보거나 듣지 말라는 뜻은 세상 사람들이 하는 노래나 춤을 보거나 듣지 말라는 뜻이 아니라 부처님이 가르쳐주신 말씀의 의미나 뜻도 모르고 제멋대로 설법을 하거나 그 잘못된 설법을 듣고 즐겁다고 춤을 추는 사람들을 보지 말고 그들이 전하는 말도 절대로 듣지 말라는 뜻입니다. 왜냐하면 잘못된 설법을 듣거나 그들이 행하는 의식에 따라 신앙생활을 하면 영혼이 병들어 멸망하게 되기 때문입니다.

여덟째, 불좌고광대상계(不坐高廣大牀戒) : 높고 넓고 큰 평상에 앉지 말라

부처님은 여덟째 계율을 통해서 “높고 넓고 큰 평상에 앉지 말라”고 하십니다. 부처님이 말씀하시는 큰 평상은 사람이 앉기도 하고 누워 잠을 잘 수도 있는 평상을 말하고 있습니다. 그러면 부처님께서 말씀하시는 높고 넓고 큰 평상은 어떤 상을 말하는 것일까요? 높은 것은 교만을 나타내고 넓은 것은 욕심을 말하며 평평한 큰상은 안일함이나 안주하는 것을 말하고 있습니다. 그러므로 부처님께서 높고 넓은 큰 평상에 앉지 말라는 진정한 뜻은 해탈을 위해 수행을 하는 불자들은 교만하지 말고, 욕심을 내지 말고, 지금 머물고 있는 곳에서 편안히 안주하지 말라는 뜻으로 하신 말씀입니다.

왜냐하면 수행불자들이 마음이 교만해지거나 탐심을 가진다면 지옥으로 떨어지게 되고 마음이 편안하면 나태하게 되어 수행의 길을 갈 수가 없기 때문입니다. 수행 불자들이 마음을 닦는다는 것은 곧 부처님의 말씀이나 법을 통해서 날마다 교만하고 강팍한 마음을 깨고 부수어 겸손하게 만드는 것입니다. 이 때문에 성경에도 마음이 교만한 자는 패망의 선봉에 있는 자라 말씀하고 있습니다.

아홉째, 불비시식계(不非時食戒) : 때가 아니면 먹지 말라

부처님은 "때가 아니면 밥을 먹지 말라"고 말씀하고 있습니다. 불자들은 이 말씀을 단순히 식사는 정해진 시간에 맞추어 하라는 뜻으로 알고 있습니다. 왜냐하면 식사를 제시간에 하지 않으면 소화불량이 생길 수 있고 식사를 준비하는 사람도 힘들어지기 때문입니다. 그런데 부처님께서 과연 식사를 제 시간에 맞추어 하라는 것을 계율로 말씀을 하셨을까 하는 것입니다.

왜냐하면 식사를 제때에 하라는 말은 자라면서 부모님으로부터 항상 들어온 말이며 병원의 의사들도 위장병이 있는 환자에게 자주 하는 말이기 때문에 부처님께서 때가 아니면 식사를 하지 말라는 말씀은 그러한 의미가 아니라 화두로 말씀하셨다는 것을 알아야 합니다. 왜냐하면 무명의 중생들이 먹는 양식은 밥이지만 수행불자들이 먹는 양식은 밥이 아니라 부처님의 말씀이기 때문입니다. 이 때문에 성경에도 하나님의 백성들이 먹고 사는 양식은 떡이 아니라 하나님의 입에서 나오는 말씀으로 사는 것이라 말씀하고 있습니다. 이와 같이 부처님께서 먹지 말라는 양식은 밥이 아니라 부처님의 입에서 나오는 말씀을 뜻하고 있는 것입니다.

그러므로 부처님께서 때가 아니면 먹지 말라는 말씀의 진정한 뜻은 부처님의 말씀이나 법이 아닌 비진리는 먹지 말라는 것입니다. 수행불자들이 만일 가감된 비 진리, 즉 오염(汚染)된 말씀을 먹으면 멸망을 받아 지옥(地獄)으로 들어가게 됩니다. 이 때문에 부처님은 아홉째 계율을 통해서 부처님의 말씀이 아닌 것, 즉 오염(汚染)된 부처님의 말씀이나 변질된 말씀은 절대로 먹지 말라는 뜻으로 말씀하신 것입니다.

열 째, 불축금은보계(不蓄金銀寶戒) : 금, 은, 보석을 모으지 말라

부처님께서 수행불자들에게 마지막으로 지키라고 주신 계율(戒律)은 "금이나, 은이나, 보화(寶貨)를 모으거나 쌓지 말라"는 것입니다. 부처님께서 금, 은, 보화를 쌓지 말라는 것은 불자들이나 스님들은 물론 수행자들의 마음속에도 금은보화(金銀寶貨)를 쌓으려는 욕심이 있기 때문입니다. 그러므로 수행자들은 절대로 금은보화에 탐(貪)을 내거나 축적(蓄積)을 하지 말라는 것입니다. 그런데 부처님께서 말씀하신 금이나 은이나 보화는 실제 금은보화를 말씀하신 것이 아니라 부처님의 말씀과 계율(戒律)을 화두(話頭)로 말씀하신 것입니다.

그러므로 수행자나 스님들은 그 말씀과 계율을 받아서 쌓아만 둘 것이 아니라 진리에 비추어 자신의 상을 깨고 부수면서, 또한 무지에서 벗어나지 못하는 무명의 중생들에게 부처님의 말씀과 계율을 나누어 주어 죽어가는 영혼들을 구제(救濟)하는 이타행(利他行)을 해야 하는 것입니다. 다시말해서 법보시를 행할 때 공덕이 쌓여 자신의 업을 상쇄 시킬 수있기 때문입니다.

그런데 부처님의 말씀과 법을 가감하여 만든 불교의 교

리와 각종 제도를 머리에 쌓아 상을 만들어 가지고 있는 스님이나 불자들은 부처님의 뜻에 따라 해탈(解脫)하여 부처가 되려는 마음보다 부처님의 말씀을 이용하여 재물을 쌓아 세상에서 부귀영화(富貴榮華)를 누리려는 마음이 더 크기 때문입니다.

오늘날 사찰들이 점차 세속화(世俗化)되고 기업화(企業化)되어 가고 있는 것은 스님들 안에 욕심이 자리잡고 있다는 것을 말해주는 것입니다. 때문에 옛 말에 스님이 염불에는 생각이 없고 잿밥에 가있다는 말이 있는 것입니다. 그러므로 부처님께서 마지막 계율을 통해서 수행불자들에게 금은보화를 쌓지 말라고 명하시는 것은 세속의 금은보화는 물론 부처님의 말씀으로 만들어 놓은 각종교리나 제도(制度)들을 쌓아 자기 안에 상을 만들지 말라는 것입니다.

이상과 같이 부처님께서 수행불자들에게 말씀하신 십계는 세상의 윤리도덕이나 세상의 법을 잘 지키라는 것이 아니라 부처님의 진리를 올바로 알고 올바로 지키며 수행을 하라는 뜻입니다. 오늘날 아귀계(餓鬼界)의 상태에서 수행을 하고 있는 스님들이나 수행불자들은 부처님의 계율(戒律)을 지키기 위해서 많은 노력을 하고 있습니다. 이렇게 부처님의 계율에 따라 수행을 하고 있는 자들은 살생하지 말라는 계명 때문에 파리나 모기 한 마리도 죽이지 않으며 남의 물건을 훔치지 말라는 계명을 지키기 위해 땅에 떨어져 있는 동전 하나도 취하지 않습니다. 또한 음행하지 말라는 계명을 지키기 위해 끓어오르는 정욕도 참고 살아가는데 어떤 수행자들은 여자들의 얼굴을 보지 않으려고 아예 땅만 보고 걷는 사람도 있습니다.

그럼에도 불구하고 일부 패역한 스님들은 거짓말을 수시로 하며 육류도 거침없이 먹고 또 어떤 스님들은 술은 물론 간음도 불사하는 분들도 있습니다. 왜냐하면 이들은 부처님의 뜻을 이루려는 것이 아니라 자신의 욕심과 탐심(貪心)을 채우기 위해서 스님 노릇을 하는 자들이기 때문입니다. 오늘날 스님들이 점점 부패해가는 것은 부처님의 가르침에 따라 욕심을 버리려는 것이 아니라 오히려 욕심을 채우려 하기 때문입니다. 이런 자들은 부처님이 말씀하신 인과응보(因果應報)나 부처님의 계율(戒律)을 범한 죄의 형벌이 얼마나 무섭고 크다는 것을 모르기 때문입니다.

이들은 부처님께서 가르쳐 주신 계율(戒律)을 세상의 법이나 윤리도덕(倫理道德) 정도로 생각하고 있습니다. 그러나 부처님께서 말씀하시는 계율은 위에 설명한 바와 같이 모두 화두(話頭)로 되어 있는 것입니다.

이상과 같이 부처님께서 말씀하신 십계의 말씀들은 표면에 나타난 문자 그대로 본다면 누구나가 쉽게 알 수 있는 평범한 말씀 같으나 모두“화두(話頭)”로 되어있기 때문에 말씀 속에 감추어져 있는 비밀들은 무명의 중생들이 알 수가 없는 것입니다. 이 때문에 오늘날 스님들이나 불자들은 혜안(慧眼)이 없어 부처님께서 하신 말씀들을 문자적으로 해석하여 지킬 수밖에 없는 것입니다.

이렇게 오늘날 불자들은 부처님의 계율(戒律)을 세상의 법이나 윤리도덕(倫理道德) 차원의 교리로 지키고 있기 때문에 평생 동안 수행을 해도 해탈이 되지 않는 것입니다. 그러므로 불자들이 성불하여 부처가 되려면 반드시 오늘날 살아계신 부처님을 찾아 그의 가르침에 따라 수행을 해야 합니다. 왜냐하면 부처님의 말씀은 모두 화두(話頭)로 되어 있기 때문에 혜안(慧眼)이 없는 스님들은 부처님의 뜻이나 천상으로 가는 길을 알지 못하기 때문입니다.

그러나 소수의 무리지만 지금도 깨달으신 부처님을 모시고 그의 가르침에 따라 올바른 수행을 하는 자들도 있습니다.

이제 하나님께서 하나님의 백성들에게 지키라고 주신 십계명에 대해서 알아보기로 하겠습니다.

하나님께서 하나님의 백성들에게 지키라고 주신 십계명

성경에 기록되어 있는 하나님의 계명

1. 너는 나 외에 다른 신들을 네게 있게 말지니라.
2. 너를 위하여 새긴 우상을 만들지 말고 또 위로 하늘에 있는 것이나 아래로 땅에 있는 것이나 땅 아래 물 속에 있는 것의 아무 형상이든지 만들지 말며 그것들에게 절하지 말며 그것들을 섬기지 말라.
3. 너는 너의 하나님 여호와의 이름을 망령되이 일컫지 말라.
4. 안식일을 기억하여 거룩히 지키라.
5. 네 부모를 공경하라.
6. 살인하지 말지니라.
7. 간음하지 말지니라.
8. 도적질하지 말지니라.
9. 네 이웃에 대하여 거짓 증거하지 말지니라.
10. 네 이웃의 집을 탐내지 말지니라. 네 이웃의 아내나 그의 남종이나 그의 여종이나 그의 소나 그의 나귀나 무릇 네 이웃의 소유를 탐내지 말지니라.

제 1계명 : 너는 나 외에는 다른 신들을 네게 있게 말지니라.

하나님께서 하나님의 백성들에게 지키라고 주신 첫 계명은 "너는 나 외에는 다른 신들을 네게 있게 말라"는 것입니다. 하나님께서 나외에 다른 신을 섬기지 말라는 것은 하나님의 백성들이 다른 신, 즉 다른 하나님을 믿고 섬기고 있기 때문입니다. 그런데 하나님의 백성들이 하나님을 버리고 다른 하나님을 섬긴다면 천국은 물론 가나안땅에도 들어가지 못하고 광야에서 죽게 되는 것입니다.

다른 하나님이란 하나님의 말씀을 가감하여 만든 각종 교리와 법과 유전들을 말합니다. 오늘날 기독교인들은 자기 교단이나 교파에서 하나님의 말씀을 가감하여 교리나 규범으로 만든 신관, 교회관, 구원관을 지키고 있는데 이렇게 사람들이 만들어 지키고 있는 교리와 유전들을 다른 하나님이라 말씀하고 있는 것입니다. 그러므로 하나님께서 1계명을 통해서 다른 하나님을 섬기지 말라는 것입니다.

제 2계명 : 너를 위하여 새긴 우상을 만들지 말고 또 위로 하늘에 있는 것이나 아래로 땅에 있는 것이나 땅아래 물속에 있는 것의 아무 형상이든지 만들지 말며 그것들에게 절하지 말

며 그것들을 섬기지 말라. 나 여호와 너의 하나님은 질투하는 하나님인즉 나를 미워하는 자의 죄를 갚되 아비로부터 아들에게로 삼 사대까지 이르게 하거니와 나를 사랑하고 내 계명을 지키는 자에게는 천대까지 은혜를 베푸느니라.

제 2계명은 너를 위하여 우상을 만들지 말고 또 위로 하늘에 있는 것이나 아래로 땅에 있는 것이나 땅 아래 물속에 있는 것의 아무 형상이든지 만들지 말며 그것들에게 절하지 말며 그것들을 섬기지 말라는 하나님의 명령입니다.

구약성경에 기록된 이스라엘백성들을 살펴보면 이들이 하나님을 믿고 신앙생활을 열심히 하였음에도 불구하고 안식의 땅에 들어가지 못하고 멸망당하게 된 것은 하나님의 말씀에 불순종한 것과 우상 하나님을 만들어 섬겼기 때문입니다. 일반적으로 우상숭배란 사람들이 신앙의 대상으로 목석이나 금속으로 만들어 놓은 각종 형상들을 신처럼 모셔놓고 하나님과 같이 믿고 섬기는 것을 말합니다.

그러나 하나님께서는 외적으로 나타난 우상보다 사람 내면에 자리 잡고 있는 하나님, 즉 교리와 기복으로 의식화된 고정관념(固定觀念)들을 우상이라 말하고 있습니다.

제 3계명 : 너는 너의 하나님 여호와의 이름을 망령되이 일컫지 말라. 나 여호와는 나의 이름을 망령되이 일컫는 자를 죄 없다 하지 아니하리라.

만유의 주인이시며 인간들의 생사화복을 주관하시는 하나님의 이름은 여호와이십니다. 또한 하나님은 사랑의 본체로서 영원 전부터 영원까지 무소부재하시며 전지전능하신 여호와이십니다. 그러므로 여호와 하나님은 죄 가운데서 태어나서 죽을 수밖에 없는 인간들을 구원하셔서 영원한 생명을 주시는 사랑의 하나님이라 굳게 믿고 있는 것입니다. 그런데 피조물인 하나님의 백성들이 여호와 하나님의 이름을 함부로 망령되이 부르고 있는 것입니다.

때문에 하나님의 택한 백성인 이스라엘 민족들은 지금도 여호와 하나님의 이름을 함부로 부르지 않으며 하나님을 주 혹은 주님(아도나이 אֲדֹנָי)이라 부르고 있습니다.

세상에서도 머슴이나 종들은 자기 주인의 이름을 함부로 부르지 못하며 회사나 직장에서도 상관을 모시고 있는 부하직원들은 자기상관을 부를 때 직명의 존칭을 사용하며 상관의 이름을 함부로 부르지 않는 것이 상례로 되어 있는 것입니다. 그러므로 하나님을 절대자로 믿고 섬기는 종들은 당연히 만유의 주인이신 여호와의 이름을 함부로 부르면 안 되는 것입니다. 그런데 오늘날 기독교인들은 아직 죄인이며 종의 신분임에도 불구하고 하나님을 함부로 아버지라고 망령되이 부르고 있는 것입니다.

제 4 계명 : 안식일을 기억하여 거룩히 지키라.

십계명의 제 4계명은 하나님께서 하나님의 백성들에게 안식일을 기억하여 거룩하게 지키라는 말씀입니다. 하나님을 믿고 섬기는 하나님의 백성들에게 안식일은 그 어느 날보다도 중요한 날입니다. 왜냐하면 안식일은 하나님의 백성들이 정성껏 준비한 예물을 가지고 성전에 들어가서 하나님께 제사를 드리는 날이기 때문입니다.

하나님의 백성들이 안식일을 거룩히 지켜야만 하는 이유는 하나님이 안식하시는 안식일이 하나님의 백성들에 의해서 더럽혀지면 절대로 안 되기 때문입니다.

문제는 안식일을 어떤 날 어떻게 지키느냐 보다 하나님께서 거룩하게 지키라는 안식일의 실체가 무엇인지 그리고 안식일이 영적으로 무엇을 말씀하고 있는지를 아는 것이 더 중요합니다. 왜냐하면 안식일은 날이 아니라 존재를 말하는 것이며 하나님의 생명으로 거듭난 하나님의 아들들을 말하는 것이기 때문입니다.

그러므로 하나님께서 하나님의 백성들에게 안식일을 기억하여 거룩히 지키라는 영적인 말씀은 안식일, 즉 하나님의 아들이 주는 말씀을 잘 듣고 받아서 마음속에 거룩히 간직하라는 말씀입니다.

제 5 계명 : 네 부모를 공경하라. 그리하면 여호와가 네게 준 땅에서 네 생명이 길리라

제 5계명은 네 부모를 공경하라는 말씀입니다. 그런데 하나님께서 네 부모를 공경하라는 말씀은 네 육신의 부모를 공경하라는 말씀이 아니라 영적인 부모, 즉 여호와 하나님을 잘 공경하라는 말씀입니다.

그러므로 네 부모를 잘 공경하라는 말씀은 4계명인 안식일을 거룩하게 지켜 하나님의 생명으로 거듭난 하나님의 아들들에게 하시는 말씀입니다. 즉 하나님의 아들이신 예수님이나 사도들 그리고 오늘날 하나님의 생명으로 거듭난 하나님의 아들들에게 해당이 되는 계명입니다.

왜냐하면 아직 하나님의 아들로 거듭나지 못한 애굽의

미물들은 물론 광야의 축생들이나 종들에게는 하나님께서 주인이시지 자기를 낳은 부모가 아니기 때문입니다. 그러므로 네 부모를 공경하라는 5계명은 지금 애굽교회의 교인들이나 광야에서 훈련받고 있는 종들에게는 해당이 되지 않는 것입니다. 이렇게 네 부모를 공경하라는 말씀은 출애굽을 하여 광야의 훈련을 마치고 가나안 땅에 들어가 하나님의 아들로 거듭난 자들에게 하시는 말씀입니다.

그러므로 하나님께서 네 부모를 공경하라는 말씀은 하나님의 백성들이 하루속히 하나님의 아들로 거듭나 하나님을 부모로 공경하라는 뜻입니다.

제 6 계명 : 살인하지 말지니라.

인간사에서 절대로 허용될 수 없고 도저히 용서 받을 수 없는 것은 사람이 사람을 죽이는 살인행위입니다. 그런데도 불구하고 인간들의 삶 속에서 살인사건은 끊임없이 일어나고 있으며 앞으로도 계속될 것입니다. 그러므로 하나님께서 하나님의 백성들에게 십계명을 통하여 살인하지 말라고 엄히 명하시는 것이라 생각할 수도 있습니다.

그런데 하나님께서 십계명을 통하여 하나님의 백성들

에게 살인하지 말라는 말씀은 사람의 영혼을 죽이지 말라는 뜻입니다. 왜냐하면 오늘날이나 예전이나 목회자들이 영혼을 살리지 못하고 죽이고 있기 때문입니다.

제 7 계명 : 간음하지 말지니라

제 7계명은 하나님께서 하나님의 백성들에게 간음하지 말라는 말씀입니다. 인간들의 타락과 가정의 파탄은 간음으로부터 시작된다 해도 과언이 아니라 생각합니다. 남녀간에 일어나는 간음은 예나 지금이나 어느 시대를 막론하고 인간이 존재하는 곳에는 항상 있는 일들입니다. 그런데 제 7계명에 기록된 간음이란 단어는 원어로 나압(נָאַף)이라는 단어를 쓰고 있으며 뜻은 "간음을 범하다, 배교하다, 혼인이 파기된 여자"등의 의미입니다.

이렇게 육신적인 간음이란 혼외정사를 말하며 간음하는 행위는 세상의 법으로도 중죄로 다스리고 있습니다. 그런데 하나님께서 하지 말라는 간음은 한 사람이 두 남편을 번갈아 섬기듯이 두 주인, 즉 하나님과 재물을 겸하여 섬기지 말라는 뜻으로 말씀하고 있는 것입니다.

제 8 계명 : 도적질하지 말지니라.

동서고금을 막론하고 남의 물건을 도적질해서 먹고사는 도적들은 어느 시대 어느 곳에나 항상 존재하고 있습니다. 그런데 도적질하는 것은 신앙인들도 모양이 좀 다를 뿐 예외가 아니라 생각합니다.

도적질이란 정당하게 노력을 하여 재물을 얻는 것이 아니라 남의 물건이나 재산을 훔치거나 사기를 쳐서 소유하는 것을 말합니다. 도적은 세상에서 흔히 볼 수 있는 육신적인 도적과 신앙인들 가운데서 일어나고 있는 영적인 도적이 있습니다.

그런데 하나님께서 도적질하지 말라고 하는 것은 육신적인 도적질 보다 하나님 백성들 가운데서 행해지고 있는 영적인 도적질을 말씀하고 있습니다. 즉 하나님께서 도적질 하지 말라는 것은 세상의 물질이 아니라 하나님의 말씀을 도적질하지 말라는 것입니다.

왜냐하면 목회자들이 하나님의 말씀을 이용하여 영혼들과 더불어 재물을 착취하고 있기 때문입니다.

제 9 계명 : 네 이웃에 대하여 거짓증거하지 말지니라.

제 9계명은 하나님께서 하나님의 백성들에게 너는 네 이웃에 대하여 거짓 증거를 하지 말라고 명하시는 것인데 거짓 증거는 곧 위증을 하지 말라는 것입니다. 하나님께서 네 이웃에 대하여 거짓 증거 하지 말라고 하시는 이유는 하나님의 백성들이 이웃에 대하여 이미 거짓 증거를 하고 있기 때문입니다.

이웃에 대한 거짓증거는 곧 하나님의 아들이신 예수님에 대해서 거짓증거하지 말라는 뜻입니다. 왜냐하면 오늘날 목회자들이 자기 욕심을 채우기 위해서 하나님의 백성들을 구원하려고 오신 예수님을 기복의 예수님으로 바꾸어 거짓증거를 하고 있기 때문입니다.

제 10계명 : 네 이웃의 집을 탐내지 말지니라. 네 이웃의 아내나 그의 남종이나 그의 여종이나 그의 소나 그의 나귀나 무릇 네 이웃의 소유를 탐내지 말지니라.

하나님은 제 10계명을 통해서 네 이웃의 집을 탐내지 말라고 하시면서 네 이웃의 아내나 그의 남종이나 그의 여종이나 그의 소나 그의 나귀나 무릇 네 이웃의 소유를 탐내지 말라고 명하고 있습니다. 그런데 네 이웃의 집은 곧 주님의 집으로 하나님의 성전인 하나님의 교회를 말하고 있습니다. 그러므로 네 이웃의 집을 탐내지 말라는 것은 곧 하나님의 교회를 탐내거나 욕심을 내지 말라는 말씀입니다. 왜냐하면 예나 지금이나 목회자들이 하나님의 교회를 이용하여 사리사욕을 채우고 있기 때문입니다.

오늘날 목회자들 중에는 교회를 이용하여 사업을 하고 하나님의 말씀과 예수님의 말씀을 팔아서 헌금을 치부하는 삯꾼목자들이 있습니다. 때문에 예수님께서도 내 아버지의 집으로 장사하는 집을 만들지 말라고 진노하신 것입니다.

그런데 오늘날 삯꾼목자들은 하나님의 계명이나 진리에는 전혀 관심이 없고 교인들을 통해서 자기 욕심을 채우기에 혈안이 되어 있는 것입니다. 그러므로 하나님은 지금도 이런 삯꾼목자들에게 네 이웃의 집이나 아내나 남종이나 여종이나 소나 나귀나 모든 소유물들을 탐내지 말라고 명하시는 것입니다.

이상과 같이 부처님이 말씀하신 십계는 불자들이 해탈하여 부처가 되라고 가르쳐주신 계율이며 하나님께서 말씀하신 십계명도 하나님의 백성들이 십계명을 잘 지켜서 부활하여 하나님의 아들로 거듭나라고 가르쳐주신 계명입니다.

그러므로 오늘날 불자들은 부처님이 가르쳐 주신 십계를 올바로 알고 잘 지켜서 모두 해탈하여 부처가 되어야 하며 하나님의 백성들은 하나님께서 주신 십계명을 올바로 간직하고 잘 지켜서 모두가 하나님의 아들로 거듭나야 하는 것입니다.

9

전생과 윤회로 이어지는 생로병사

인간들은
이러한 생로병사(生老病死)의 문제들을
근본적으로 해결해 보려고
끊임없이 연구를 하고 있지만
아직도 해결하지 못한 상태에서
사람들은 지금도
죽어가고 있는 것입니다.

전생과 윤회로 이어지는 생로병사

인간들은 창세 이후 지금까지 생로병사(生老病死)의 윤회 속에서 태어나 늙고 병들어 고통하며 죽어가고 있습니다. 그런데 인간들은 어떻게 이 세상에 태어나서 무엇 때문에 살며 왜 늙고 병들어 고통하면서 허무하게 죽어야만 하는가? 태어난 인간들이 병들지 않고 늙지 않고 죽지 않는 길이나 방법은 없을까? 이러한 문제는 인간들이 끊임없이 생각하고 고민하며 해결해 보려고 연구하고 있는 일들입니다. 인간들은 이러한 문제들을 근본적으로 해결해 보려고 끊임없이 연구를 하고 있지만 아직도 해결하지 못한 상태에서 사람들은 지금도 죽어가고 있는 것입니다.

그러면 인간들이 죽지 않고 영원히 사는 길은 진정 없단 말인가? 이것은 비단 오늘 어제의 일만이 아니라 우리의 선조들도 끊임없이 생각하고 고민하면서 해결하려고 몸부림쳤던 일들입니다.

생로병사 때문에 고민하였던 대표적인 인물은 바로 인도 카필라(네팔) 왕국의 태자로 태어난 고타마 싯달타입니다. 싯달타는 왕궁에서 왕자로 태어나 세상의 부귀영화(富貴榮華)를 마음껏 누리며 행복하게 살아갈 수 있는 조건과 환경이었지만 인간들이 태어나 병들어 늙고 죽는 다면 인생이 너무나 무상하다는 것을 깨닫고 고민하게 된 것입니다. 싯달타는 자신이 비록 태자의 신분으로 태어났지만 자신도 생로병사 때문에 결국 허무하게 죽을 수밖에 없다는 것을 알고 좌절하게 된 것입니다. 그런데 주변 사람들에게 생로병사(生老病死)를 초월하여 영원히 살 수 있는 길이 있다는 소문을 듣고 출가를 결심하게 된 것입니다. 그러나 왕의 대를 이어 나라를 상속받아야 할 태자가 부왕의 허락을 받고 출가를 한다는 것은 쉬운 일이 아니었습니다.

부왕 숫도다나는 싯달타가 출가하려는 것을 알고 아들의 출가를 막으려 애를 썼지만 싯달타는 결국 29세가 되던 해에 출가를 하게 된 것입니다.이렇게 출가를 한 싯달타는 수많은 스승을 찾아다니며 그들의 가르침과 고행 속에서 인내하며 수행을 한 결과 35세가 되던 해 네란자라 강가 보리수나무 밑에서 마침내 해탈하게 되어 부처님이 되셨고 그때 생로병사의 윤회 속에서 완전히 벗어나게 된 것입니다. 그러나 이러한 일들은 석가모니 부처님이 태어나기 전에도 이미 있었던 일들입니다.

하나님의 말씀이 기록된 성경을 보면 석가모니가 태어나기 천년 전에 애굽(이집트)에서 태어난 모세는 애굽의 왕이 되어 세상의 모든 부귀영화(富貴榮華)를 마음껏 누릴 수 있는 위치에 있었는데도 불구하고 생로병사(生老病死)가 계속되는 이 세상은 아무런 의미가 없다는 것을 깨닫고 영원한 생명을 찾아 광야로 출애굽(출가)을 한 것입니다. 하나님을 찾아 광야로 나아가 사십 년이란 기나긴 세월동안 수행정진(修行精進)을 한 모세는 결국 영생의 길을 깨닫게 된 것입니다.

영생의 길을 알게 된 모세는 하나님의 명령에 따라 애굽에서 생로병사(生老病死)로 죽어가는 자기 백성들을 구원하기 위하여 애굽으로 돌아가 육십만이나 되는 자기 백성들을 광야로 출애굽 시킨 것입니다. 또한 이천년 전에 오셨던 예수님은 오실 때 비록 초라한 마구간으로 오셨지만 삼십세가 되던 해에 요단강으로 나아가 세례를 받으시고 하나님의 아들로 거듭나셔서 세상의 구원자로 오신 것입니다.

구원자가 되어 이 세상에 오신 예수님은 삼년 반 동안 고난의 십자가를 지고 험난한 좁은 길을 걸어가시면서 생로병사로 죽어가는 영혼들을 구원하여 영원한 생명을 주신 것입니다. 이렇게 이 세상에 살고 있는 사람들 가운데는 생로병사 때문에 고민하며 살아가는 사람들이나 이러한 문제들을 이미 해결한 사람들도 극소수이긴 하지만 있었던 것입니다. 오늘날도 이러한 생로병사는 변함없이 계속되고 있는 가운데 인간들은 이 순간에도 수없이 태어나고 또 죽어가고 있습니다. 그러나 사람들은 이 세상을 오고 싶어서 온 것도 아니며 떠나가고 싶어서 떠나는 것도 아닌 것입니다. 인간들이 이렇게 속절없이 이 세상을 왔다가 모두 허무하게 떠나가지만, 자신이 어디서 왔으며 어디로 가는지 그리고 이 세상을 무엇 때문에 살고 있는지 생각조차 하지 않고 살아가는 사람들이 대부분입니다.

인간들을 만물(萬物)의 영장(靈長)이라고 합니다. 이 말은 만물 중에서 인간이 가장 위대하고 뛰어난 영적 존재라는 말입니다. 인간들이 만물의 영장이라고 말하는 것은 인간들만이 지. 정. 의(知, 情, 義)를 갖고 있기 때문이라 생각합니다. 이렇게 인간들이 자연만물 가운데서 가장 우월한 존재라는 자부심을 갖고있는 것은 인간들만이 생각하고 느끼고 깨달을 수 있는 기능을 갖고 있기 때문입니다.

그러므로 사람들이 이 세상을 살아가면서 다른 것은 모른다 해도 자신의 존재에 대해서는 깊이 생각하고 깨달아서 분명히 알아야 하는 것입니다. 자신의 존재가 온 곳은 어디며 가는 곳은 어디일까? 그리고 인간이 이 세상에 태어나서 할 일은 진정 무엇일까? 하는 문제들입니다. 사람이 온 곳은 진정 어미의 태속이며 가는 곳은 한 평 남짓한 무덤 속이나 화장터에서 타다 남은 재가 되어 들어가는 납골당이 전부란 말입니까? 그리고 인생의 의미는 이 세상을 건강한 몸을 유지하면서 출세를 하여 남들보다 더 행복하게 잘 살다가 죽는 것이 전부란 말인가? 사람들은 이 세상을 나름대로 자신의 삶에 보람을 느끼면서 행복하게 살아가지만 죽음을 눈앞에 둔 사람들은 한결같이 인생은 무상하다 혹은 허무하다고 말합니다.

이것은 사람들이 이 세상을 자신의 욕망에 이끌려 살다가 자신의 존재나 인생의 의미에 대해서 전혀 생각하지 않고 또 내생도 준비하지 못했기 때문입니다. 이렇게 인생을 생각없이 무상하게 살아간 사람들은 인생이 무상하고 허무할 수밖에 없는 것입니다. 이 세상을 이렇게 무상하게 살고 있는 사람들은 자신이 만물(萬物)의 영장(靈長)이라는 생각을 하거나 말을 해서도 안 된다고 생각합니다. 왜냐하면 만물(萬物)의 영장(靈長)이라 말할 수 있는 사람들은 석가모니 부처님이나 예수님과 같이 생로병사의 문제를 완전히 해결하여 영원히 죽지 않는 생명을 소유한 자들이기 때문입니다. 그러면 생로병사는 무엇 때문에 나타나며 생로병사를 통해서 인간들에게 교훈하고 있는 의미는 진정 무엇일까요?

불교에서는 인간의 모든 만사가 모두 인과(원인과 결과)나 혹은 연기에 따라 나타나는 것이라 말하고 있습니다. 즉 모든 일들은 원인이 있기 때문에 결과로 나타나지는 것이라는 말입니다. 즉 노. 병. 사(老, 病, 死)는 생(生)이 있기 때문에 발생되는 것입니다. 그것은 옳고 지당한 말이라 생각합니다. 왜냐하면 태어남이 없으면 늙고 병들고 죽는 존재 자체가 없기 때문입니다. 그렇다면 생(生)의 원인은 무엇인가요? 연기의 법칙에 따르면 궁극적으로 생(生)의 원인은 노. 병. 사(老, 病, 死)라고 할 수 밖에 없습니다. 사실이 그럴까요? 이 문제는 결국 닭이 먼저냐 계란이 먼저냐 하는 해결할 수 없는 논쟁에 봉착할 수밖에 없습니다. 그런데 닭과 계란을 하나로 본다면 이것들은 처음에 과연 어디에서 왔단 말입니까? 즉 생로병사(生老病死)는 모두 무엇에 의해서 시작되었으며 그 근원지는 어디인가 하는 것입니다.

불교나 철학은 이러한 근원적인 문제들을 인과나 연기에 국한시킬 뿐 명쾌한 답을 주지 못하고 있습니다. 왜냐하면 종교나 철학은 한계가 있고 인간의 생각이나 노력도 한계가 있기 때문입니다. 결국 인간 너머에서 일어나는 일들은 인간의 생각이나 지혜로는 절대로 알 수가 없다는 것입니다. 그러면 인간들 너머에 있는 알 수도 볼 수도 없는 그곳은 과연 어떤 세계일까? 그곳은 석가모니 부처님께서 생로병사를 초월하여 들어가신 곳이며 하나님께서 예수님을 통해서 오신 바로 그 곳입니다. 그곳은 바로 인간들이 알 수 없고 볼 수도 없는 신들의 세계입니다. 결국 인간들의 생로병사나 인과응보(因果應報)는 신들의 섭리 속에서 창조된 일들이며 지금도 신들이 주관하고 있는 일들입니다. 인간들은 신에 의해서 창조된 피조물(被造物)이며 피조물인 인간들은 지금도 신들의 섭리 속에서 살아가고 있는 나약한 존재들인 것입니다.

그러면 신은 어떤 존재입니까? 성경이 말하고 있는 신은 전지전능(全知全能)하시며 무소부재(無所不在)하시며 시작도 끝도 없는 더없이 높고 더없이 위대한 분으로 소개하고 있습니다. 이 분이 바로 모든 만물을 주관하시는 유일신으로 기독교에서는 하나님이라 부르며 불교에서는 부처님이라 부르고 있습니다. 이 하나님을 힌두교 에서는 "브라흐만"이라 부르고 이슬람 인들은 "알라" 라고 부르지만 부르는 이름만 각기 다를 뿐 만물을 창조하고 주관하는 신은 오직 한 분이십니다. 이렇게 유일하신 하나님을 인간들이 자기 나름대로 각기 이름을 붙여 다르게 부르고 있지만 만물을 주관하시는 분은 오직 창조주 하나님 한 분 뿐이십니다.

결국 천지 만물은 모두 창조주 하나님에 의해 창조되었고, 지금 이 순간도 다스려지고 있는 것입니다.

이 말은 하나님이 없으면 인간이나 자연만물도 존재할 수 없었다는 뜻입니다. 결국 인간들의 생로병사나 인과응보(因果應報)도 하나님으로부터 나타난 것이며 하나님은 지금도 이것들을 통해서 인간들을 주관하며 다스리고 계시는 것입니다. 성경에는 하나님께서 인간들을 창조하시는 과정과 그 목적을 분명하게 말씀하고 있습니다. 하나님께서 처음에 첫 사람(아담)을 흙으로 육신적인 존재를 만드신 것은 하나님의 말씀으로 영적인 존재, 즉 영원히 죽지 않는 하나님의 아들로 창조하기 위함이십니다. 그러므로 인간들에게 나타나는 생로병사나 하나님께서 주관하시는 생사화복은 모두 인간들을 하나님의 아들로 창조하기 위해서 동원되는 도구이며 방편(方便)인 것입니다. 하나님은 생로병사가 계속되는 윤회 속에서 인간들을 구원하여 하나님의 아들로 창조(創造)하기 위해서 지금도 역사하고 계신다는 것을 알아야 하는 것입니다.

이와 같이 하나님께서 인간들을 전생과 현생과 내생을 오고 가게 하며 윤회하게 하는 까닭은 모두 하나님의 아들로 창조하기 위함인 것입니다. 결국 인간들이 현생에 태어난 것은 전생에서 하나님의 아들로 창조되지 못했기 때문이며 만일 이생에서도 하나님의 아들로 거듭나지 못하면 다시 내생으로 떠나가게 되는 것입니다. 이렇게 영원한 생명으로 창조되기까지 전생과 현생과 내생을 오고 가며 돌게 되는데, 사람들은 이러한 현상을 윤회라 말하는 것입니다. 그러나 기독교에서는 윤회나 전생을 철저히 부정하고 있습니다. 이것은 하나님께서 성경을 통해서 말씀하고 계신 윤회와 전생을 부정하고 있는 것입니다. 이것은 결국 하나님의 말씀을 부정하는 것이며 또한 하나님을 부정하고 있는 것입니다. 이 세상에 뿌리 없는 나무가 없고 나무 없는 열매도 없듯이 전생 없는 현생이 어떻게 존재하며 현생 없는 내생이 어떻게 존재한단 말입니까? 이것은 기독교인들이 영적인 말씀의 무지와 욕심 때문이며, 또한 기독교의 교리와 거짓 목자들의 거짓증거 때문입니다.

기독교회와 기독교인들이 전생이나 윤회를 아무리 부정하고 배척해도 지금까지 하나님께서 만든 윤회의 틀 속에서 살아왔고 앞으로도 윤회하며 살아간다는 것을 알아야 합니다. 기독교인들이 전생과 윤회를 계속 부정한다면 하나님의 공의와 사랑도 부정되거나 무너질 수밖에 없다는 것입니다. 왜냐하면 인간들이 태어나는 조건이나 환경 그리고 빈부(貧富)나 귀천(貴賤)이 태어나는 사람마다 각기 다르기 때문입니다. 이렇게 태어나는 사람마다 사주팔자가 다르고 성품이 다르고 외모가 다르고 운명이 각기 다른 것입니다.

이러한 현실들은 윤회를 부정하는 기독교인들에게 하나님의 공의를 무너지게 하고 편견의 하나님으로 추락하게 만드는 것입니다. 그럼에도 불구하고 기독교인들은 하나님께서 말씀하시는 전생과 윤회를 부정하고 있는 것입니다. 하나님의 공의는 사람들이 선과 악을 각기 심은 대로 혹은 행한 대로 공정하게 보응하시는 것입니다. 그러면 사람들이 이 세상에 태어날 때 타고나는 운명이나 사주팔자(四柱八字)는 무엇으로 어떻게 주어지는 것입니까? 우연적인 발생인가 아니면 어떤 존재에 의한 필연적인 주어짐인가요? 즉 하나님께서 임의로 정해주시는 것인가 아니면 사람들의 전생의 업보에 따라 나타나는 것인가요? 성경에 하나님은 공의의 하나님으로 사람들이 무엇으로 심든지 심은 대로 거두게 하시는 분으로 말씀하고 있습니다.

그러므로 사람들의 운명(運命)이나 사주팔자(四柱八字)는 전생에 자신이 지은 업보에 따라 현생에 나타나는 것이지 우발적으로 발생되는 것이 아니라는 것입니다. 결국 전생에 지은 업보가 현생으로 이어지는 것인데, 전생의 업보가 곧 자신의 사주팔자(四柱八字)나 운명으로 나타나는 것입니다. 인간들이 현생을 살아가면서 받는 화와 복은 결국 전생에 자신이 지은 업에 따라 받게 되는 것입니다. 이렇게 사람들이 전생에 지은 업을 이생에서 받는 것이며 이생에서 지은 업은 내생에서 받는 것입니다. 결국 화도 복도 자신이 심은 대로 받는 것이지 하나님께서 임의로 주시는 것이 아니라는 것입니다. 하나님은 단지 사람들의 행함과 삶을 보시고 행한 대로 심판(審判)하시고 보응(報應)하시는 것입니다.

그러므로 현생에서 받는 복이나 저주는 모두 전생에 자신이 지은 업보에 의한 것으로 모두 자기 탓이지 남의 탓이나 하나님의 탓이 아니라는 것입니다. 이와 같이 전생의 삶이 현생의 삶으로 이어진 것이며 현생의 삶은 내생으로 이어지면서 계속 윤회하고 있는 것입니다. 이렇게 돌고 도는 인간의 윤회는 땅들이 하늘로 거듭날 때까지, 즉 땅에 속한 육신의 존재들이 하늘에 속한 영적인 존재로 창조될 때까지 계속되는 것입니다. 이렇게 돌고 있는 인간들의 윤회는 이 세상에서 하나님의 아들로 거듭날 때 윤회(輪廻)에서 벗어나 하늘나라인 천국으로 들어가게 되는 것입니다. 하나님의 아들로 거듭나는 것을 불교에서는 해탈이라 말하며 기독교인들은 부활이라 말하는데, 이렇게 거듭난 분들을 예수님 혹은 부처님이라 말하는 것입니다.

결국 하나님의 뜻은 이 세상에 있는 육신의 존재들을 하나님의 말씀으로 창조하여 하나님의 아들을 만드시려는 것입니다. 이에 따라 인간들이 인생을 살아가는 의미나 목적도 반드시 하나님의 아들로 창조 받는 것이어야 합니다. 왜냐하면 종들은 자신의 뜻대로 살 수 없고 모두 주인의 뜻대로 살아야 하는 것과 같이 피조물들도 반드시 창조주의 뜻에 따라 절대 순종하며 살아가야 하는 것입니다. 만일 창조주의 뜻대로 살지 않고 자기 뜻이나 욕심대로 살아간다면 그것이 바로 하나님에 대한 죄가 되는 것입니다. 이렇게 하나님의 뜻에 불순종하고 자기 뜻대로 살아가는 자들은 윤회의 사슬에서 영원히 벗어나지 못하고 고통(苦痛)과 번뇌(煩惱)가 계속되는 지옥에서 고통을 받게 되는 것입니다. 하나님께서 부처님과 예수님을 계속해서 이 땅에 보내주시는 이유는 무지와 욕심 때문에 윤회(輪廻)의 사슬에 매여 고통 받고 있는 자들을 구원하여 하나님의 영원한 생명을 주시기 위함인 것입니다.

그러므로 죄인들을 구원하기 위해서 육신을 입고 오신 하나님의 아들들은 지금도 우리 앞에서 회개하라고 외치며 나를 믿고 내가 하는 말을 청종하라고 하시는 것입니다. 그런데도 불구하고 오늘날 기독교인들이나 불교인들은 한결같이 무명의 중생들을 구원하려고 오신 오늘날의 구원자들을 믿지 않고 오히려 배척하고 있는 것입니다. 오늘날 종교인들에게 가장 심각한 문제는 예수를 믿고 있는 기독교인들이 예수를 모르고 부처를 믿고 있는 불교인들이 부처를 모르고 있다는 것입니다.

이 말은 이천년 전에 오셨던 예수님이나 예전에 오셨던 석가모니 부처님은 잘 알고 있으나 오늘날 우리 앞에 와서 계신 예수님이나 부처님은 전혀 모르고 있다는 뜻입니다. 하나님께서 성경을 통해서 말씀하시는 예수는 말씀이 육신된 자를 말하며 부처님 역시 진리와 한 몸이 되신 법신을 말하는 것입니다. 결국 예수나 부처는 모두 진리가 육신화된 진리(眞理)의 화신(化身)을 말하는 것입니다.

이러한 진리의 화신들은 지금도 우리 주변 가까이 계시

건만 불교인들은 다시 오신다는 미륵불만을 기다리고 있으며 기독교에서는 손오공처럼 구름 타고 나타날 재림 예수만을 기다리고 있는 것입니다. 무엇 때문에, 왜 그럴까? 그 이유는 기독교인들이 기다리는 예수나 불교인들이 기다리고 있는 미륵불은 외모가 거룩하고 장엄한 모습의 엄청난 초능력을 가지신 분으로 생각하고 있기 때문입니다. 그러나 불경이나 성경은 부처나 예수는 외모가 지극히 평범한 보통사람과 같은 모습으로 오신다고 말씀하고 있습니다. 왜냐하면 진정한 부처나 예수는 하늘에서 구름을 타고 오거나 날개를 달고 오는 천사가 아니라 세상에 있는 평범한 사람들이 진리를 깨닫고 거듭나서 오시는 분들이기 때문입니다.

석가모니 부처님은 그의 모친 마야의 몸에서 태자의 신분으로 태어나 29세에 출가하여 육년 동안 수행정진을 한 끝에 네란자라 강가 보리수나무 아래서 깨달음을 얻어 부처님이 되어 오신 것이며, 예수님은 그의 모친 마리아의 몸에서 태어나 삼십 년이란 세월을 지나 요단강에서 세례요한으로부터 세례를 받고 하나님의 아들로 거듭나셔서 구원자로 오신 것입니다. 이렇게 예수님이나 부처님은 하늘에서 구름을 타고 내려오는 특별한 존재가 아니라 평범한 사람이 하나님의 생명으로 거듭나서 오시는 것입니다. 그러나 예수와 부처가 성자로서 우리와 전혀 다른 것은 그 안에는 진리가 있고 생명의 말씀이 있다는 것이며, 그들은 그의 입에서 나오는 말씀으로 병든 영혼을 치료하고 악한 귀신을 쫓아내며, 죄인들의 죄를 사해주고 죽은 영혼을 살릴 수 있다는 것입니다.

그런데 자신이 부처나 예수라고 말하면서 이러한 것들을 실제로 행하지 못한다면 이러한 자들이 바로 사람들을 미혹(迷惑)하는 거짓 부처요, 거짓 예수이며, 자신의 욕심을 채우려는 마귀며 사탄인 것입니다.

그러므로 오늘날 기독교인들이나 불교인들이 생로병사가 계속되는 윤회 속에서 벗어나려면 하나님의 생명으로 거듭나서 지금 오시는 분이나 이미 와 계신 오늘날의 구원자를 믿고 영접해야 하는 것입니다. 그렇지 않으면 신앙생활을 십년, 이십년 혹은 수백 년, 수천 년을 해도 생로병사의 윤회 속에서 벗어날 수 없고 영원한 생명으로 거듭나 예수나 부처가 될 수 없는 것입니다.

하나님은 지금 이 순간에도 무명의 중생들과 죄인들이 하루속히 생로병사의 윤회 속에서 벗어나 하나님의 아들이 되어 천국으로 들어오기를 기다리고 계십니다.

10

생로병사의 윤회에서 벗어나는 길

인간들이 생로병사(生老病死)의
윤회(輪廻)에서 벗어난다는 것은
인간의 번뇌와 고통에서 벗어나는 것이며
생로병사(生老病死)의 윤회(輪廻)를 모두 벗고
영원한 생명으로
새롭게 탄생되는 것을 말합니다.

생로병사의 윤회에서 벗어나는 길

진리를 깨달은 성자들은 이 세상에 존재하고 있는 자연 만사는 모두 인연에 따라 왔다가 인연에 따라 간다고 말합니다. 그러면 지금 현생에 살고 있는 인간들은 과연 어떤 인연에 따라 어디로부터 왔을까? 만일 전생의 인연에 따라 윤회로 이어진 생명이라면 몇 번의 윤회 끝에 이 세상에 오게 된 것일까? 수십 번 혹은 수백 번 아니면 수천 번 혹은 수만 번일 수도 있습니다. 그보다 앞으로 몇 번의 윤회를 더 거쳐야 생로병사(生老病死)의 윤회(輪廻)에서 완전히 벗어날 수 있을까? 분명한 것은 지금 이 세상에 존재하고 있는 인간들은 모두 전생에서 생로병사의 윤회에서 벗어나지 못했기 때문에 현생에 다시 태어났다는 것입니다. 그러면 생로병사의 윤회에서 벗어난다는 말은 무슨 뜻일까?

인간들이 생로병사(生老病死)의 윤회(輪廻)에서 벗어난다는 것은 인간의 번뇌와 고통에서 벗어나는 것이며 생로병사(生老病死)의 윤회(輪廻)를 모두 벗고 영원한 생명으로 새롭게 탄생되는 것을 말합니다.

즉 윤회(輪廻) 되는 이 세상과 무명의 중생들 가운데서 벗어나 영원한 세계로 들어가는 것입니다. 이렇게 생로병사(生老病死)의 윤회(輪廻)에서 벗어나는 것을 불교에서는 해탈(解脫)이라 말하며 기독교에서는 부활(復活)이라 말하는 것입니다. 그러나 해탈이나 부활은 용어만 다를 뿐 모두 같은 뜻이며 같은 의미인 것입니다.

그러면 무명의 중생들이 무엇 때문에 윤회(輪廻)를 하는 것이며 또한 윤회에서 벗어나려면 어떻게 해야 합니까? 그리고 그 길은 과연 어디에 있으며 어떻게 가야하는 것일까요? 이 세상에 존재하고 있는 인간들은 지금까지 수도 없이 윤회하는 가운데 이 세상을 오고 갔으며 아직도 윤회(輪廻)의 틀에서 벗어나지 못하여 지금도 계속 윤회하고 있는 것입니다. 그 이유는 사람들이 윤회(輪廻)에서 벗어나는 길을 모르기 때문이며 또한 그 길을 정확히 알려주는 사람도 없었기 때문이라 생각합니다. 그보다 무명의 중생들은 이 세상의 욕심에 사로잡혀서 살아가기 때문에 생로병사(生老病死)나 윤회(輪廻)에 대해서는 관심조차 없었기 때문이라 생각합니다.

사람들이 생로병사(生老病死)의 윤회(輪廻)에서 벗어나려면 무엇보다 먼저 자신의 존재에 대해서 알아야 하는 것입니다. 나는 전생에 무엇을 하다가 왔으며 지금은 어떻게 살고 있으며 또한 무엇에 관심을 두고 살아가고 있는가?

그보다 지금의 나는 본래 어떠한 존재이며 나의 근본 실체는 무엇인가? 자신이 정상적인 사람이라면 이러한 문제들은 반드시 생각해야 하며 또한 이러한 문제들을 알기 위해 고민하며 노력해야 하는 것입니다.

짐승과 인간의 차이는 바로 이러한 문제들을 알기 위해 고민하며 해결하려고 노력하고 살고 있느냐, 아니면 아무 관심없이 자기 욕심만을 채우기 위해서 살아가느냐 하는데 있는 것입니다. 그런데 안타깝게도 지금 이 세상을 살아가고 있는 사람들의 대부분이 약육강식(弱肉强食)의 생존경쟁 속에서 서로 물고 뜯기면서 자기 욕심을 채우기 위해 살고 있습니다. 이들은 인생의 진정한 의미나 뜻도 모르면서 날마다 죽음을 향해 열심히 달려가고 있는 것입니다. 이렇게 살다가 가는 인간들의 마지막 종착지는 빈부나 귀천을 막론하고 모두 죽음인 것입니다.

인간들이 그토록 열심히 노력하며 아귀다툼까지 해가면서 살고 있는 목적이 결국은 모두 죽기 위해 살아가고 있다는 것입니다. 그러므로 이렇게 이 세상을 무의미하게 살아간 사람들의 마지막 고백은 인생은 무상하다 혹은 일장춘몽(一場春夢)과 같이 허무하다는 것입니다. 이것은 소중한 인생을 무의미하게 살아간 사람들의 당연한 고백(告白)

이라 생각합니다. 그러나 인생의 의미를 올바로 알고 내생을 열심히 준비하며 보람 있게 살아간 사람들의 고백은 전혀 다른 것입니다. 이렇게 모든 사람들이 세상을 살아가지만 사람에 따라 인생의 가치는 각기 다르게 나타나는 것입니다. 이 세상을 살아가는 사람들을 자세히 살펴보면 생긴 모양도 다르고 성격도 다르고 이상도 다르고 살아가는 형태도 모두 다릅니다.

왜냐하면 어떤 사람은 부유한 가정에서 태어나 나면서부터 존경을 받으며 행복하게 잘 사는 사람이 있는가 하면, 어떤 사람은 불구로 태어나거나 천민(賤民)의 자식으로 태어나 평생을 멸시천대(蔑視賤待)를 받으며 고통 속에서 살아가는 사람이 있기 때문입니다. 또한 어떤 사람은 궁궐에 왕으로 태어나 천하(天下)를 호령하며 사는 사람이 있는가 하면, 어떤 사람은 나면서부터 왕을 받드는 신하나 몸종으로 태어나 온갖 수모를 당하며 비참하게 살아가는 사람도 있습니다. 그런가 하면 어떤 사람은 나면서부터 검둥이나 난쟁이로 태어나 사람들에게 무시당하며 살아가는데, 어떤 사람은 좋은 환경 속에서 백인으로 태어나 행복하게 살아갑니다. 왜 그럴까요?

이렇게 사람들에게 일어나는 모든 일들은 모두 우연적

으로 발생하는 것이 아니라 전생에 자신이 지은 업보에 의해서 결과로 나타나게 되는 것입니다. 이와 같이 전생에서 거짓과 악을 행한 사람은 열악한 환경에서 태어나 고통을 받는 것이며 진솔하게 선을 행하며 살았던 자들은 좋은 환경에서 태어나 복을 받고 잘사는 것입니다. 이렇게 현생에서 자신이 짓는 악업(惡業)이나 선행(善行)도 반드시 이생이나 내생에서 행한 대로 모두 받게 되는 것입니다. 그런데 인간들이 선악의 업보에 의해서 받는 생사화복(生死禍福)은 모두 전지전능(全知全能)하시고 공의로우신 하나님께서 주관하신다는 사실입니다.

하나님은 악을 행한 자에게는 고통으로 선을 행한 자에게는 복으로 한치의 오차도 없이 보응(報應)하고 계십니다. 그러므로 이생에서 받고 있는 고통이나 행복도 모두 자신의 탓이지 남의 탓이나 하나님의 탓이 아니라는 것을 알아야 합니다. 그런데 하나님께서 이렇게 인간들을 생사화복(生死禍福)으로 다스리고 계신 것은 생로병사의 윤회 속에서 고통 받고 살아가는 죄인들을 하루속히 구원하여 영원한 생명을 주시기 위함인 것입니다.

그러면 하나님은 무엇 때문에 인간들을 구원하시며 또 무엇 때문에 인간들을 다시 창조(創造)하시려는 것일까요?

그 이유는 하나님께서 처음에 흙으로 만드신 사람은 완전한 인간이 아니라 다시 창조해야 할 미완성의 존재들이기 때문입니다. 그러므로 하나님은 미완성된 인간들을 하나님의 말씀으로 재창조하여 영원한 생명으로 완성시키려는 것입니다. 이것은 마치 토기장이가 처음에 고운 흙과 물을 가지고 질그릇을 만들지만 이렇게 만들어진 질그릇은 약해서 사용할 수가 없기 때문에 다시 불도가니 속에 넣어 뜨거운 불로 가열하여 돌처럼 단단하게 만든 후 유액을 발라 완성시키는 것과 같습니다.

하나님은 이렇게 흙에 속한 인간들을 하늘에 속한 하나님의 아들로 창조하시기 위하여 애굽과 광야와 가나안을 만드시고 모든 하나님의 백성들을 이 길로 걸어가게 하신 것입니다.

하나님께서 만드신 애굽은 흙으로 질그릇(하나님의 백성)들을 만드시는 곳이며, 광야는 애굽에서 만들어진 질그릇을 불로 연단시켜 옹기그릇(하나님의 종)으로 만드는 곳이며, 가나안은 불로 연단된 옹기그릇에 성령의 기름을 부어 하나님의 그릇(하나님의 아들)으로 완성시키는 곳입니다. 하나님께서 인간을 창조하시는 이러한 과정은 이미 성경 창세기의 말씀을 통해서 육일 창조라고 말씀하시며 불경을 통해서는 육바라밀(六波羅蜜)이라 말씀하고 있습니다. 즉 사람이 하나님의 아들로 창조되려면 여섯 단계의 과정을 거쳐야만 하나님의 아들로 완성된다는 것입니다. 창세기에 하나님께서 천, 지를 말씀으로 창조하신다는 뜻은 자연만물을 창조하신다는 뜻이 아니라 땅에 속한 육신의 존재들을 하나님의 말씀을 통해서 하늘에 속한 영적 존재로 만드신다는 말씀인 것입니다.

그러나 땅에 속한 자들이 하늘에 속한 하나님의 아들로 창조되는 것은 순간적으로나 단시일에 되는 것이 아니라 사람의 상태와 차원, 즉 사람의 경륜에 따라 각기 다른 것입니다. 어떤 사람은 현생에서 하나님의 아들로 완성되는 사람도 있지만 어떤 사람은 수백 년 혹은 수천 년 아니면 수만 년이 걸릴 수도 있는 것입니다. 하나님은 미완성된 인간들을 하나님의 아들로 창조하기 위해 애굽 땅에서 사백 삼십 년이란 기나긴 세월동안 육십만이나 되는 하나님의 백성들을 준비시키신 것입니다.

하나님은 이렇게 준비된 이스라엘 백성들을 하나님의 아들로 창조하기 위하여 하나님의 종 모세를 애굽으로 보내어 모두 광야로 이끌어 내신 것입니다. 하나님은 이렇게 광야로 나온 이스라엘 백성들을 불 도가니와 같은 사막에서 사십 년 동안 불기둥(불)과 구름기둥(물)속에서 율법을 통해 연단시키신 것입니다. 그러나 광야로 나온 이스라엘 백성들이 만나(율법)를 먹으며 불 시험을 통과해 가나안땅에 들어간 자들은 불과 몇 명밖에 없었던 것입니다.

이렇게 광야의 율법 속에서 시험과 연단을 모두 받고 가나안으로 들어간 자들이 결국 예수님으로부터 성령의 기름부음(삼년반)을 받고 하나님의 아들로 완성된 것입니다. 그런데 이 모든 과정을 끝까지 인내하며 하나님의 아들로 완성된 자들은 불과 열두 명(열두 사도) 밖에 없었던 것입니다. 이렇게 땅에 속한 육신의 존재들이 실제로 하나님의 아들로 완성(完成)되려면 수많은 연단의 과정과 오랜 기간이 필요한 것입니다. 그런데 어떻게 오늘날 기독교인들은 예수를 믿기만 하면 즉시 하나님의 아들이 된단 말입니까? 이런 자들 때문에 예수님은 성경을 통해서 두 길을 말씀하신 것인데 하나는 넓고 평탄한 길에서 예수를 믿기만 하면 쉽게 아들이 되어 천국으로 들어간다는 멸망(滅亡)의 길이요 또 하나는 하나님께서 정해 놓으신 창조의 모든 과정을 힘들게 통과한 자들만이 하나님의 아들이 되어 천국으로 들어가는 생명(生命)의 길인 것입니다.

이렇게 하나님께서 정해 놓으신 생명의 길을 걸어가는

자들이 하나님의 아들로 거듭나기까지 태어나고 죽고 또 태어나서 죽고 하는 것인데, 이러한 과정을 윤회(輪廻)라 말하는 것입니다. 이러한 과정을 통과하여 하나님의 생명으로 완성되면 생로병사(生老病死)의 윤회에서 완전히 벗어나게 되는데 이렇게 하나님의 아들로 완성된 자들을 가리켜 예수님 혹은 부처님이라 말하는 것입니다. 오늘날 기독교인들이 아무리 열심히 예수를 믿고 신앙생활을 해도 예수가 되지 못하고 불교인들 역시 절에 가서 아무리 지극정성으로 불공을 드려도 부처가 되지 못하는 것은 모두 하나님께서 제시하고 계신 생명의 길과 창조의 과정을 걸어가지 않기 때문입니다.

문제는 아직도 애굽을 벗어나지 못하고 애굽에서 윤회하고 있는 자들이 대부분이며, 애굽에서 벗어나(출가) 광야로 나온 자들은 소수밖에 없다는 것입니다. 그런데 이들 역시 가나안을 들어가지 못하고 아직도 광야에서 윤회하고 있다는 사실입니다.

그러므로 하나님은 이런 자들을 구원하기 위하여 지금도 애굽에는 모세를, 광야에는 세례요한을, 그리고 가나안에는 예수님을 구원자로 보내주시는 것입니다. 그러므로 윤회(輪廻)에서 벗어나 영원한 생명으로 부활(復活)되려면 반드시 하나님께서 정해 놓으신 생명의 좁은 길과 그 과정을 걸어가야 하는 것입니다. 그 길은 하나님의 말씀과 같이 육일 동안(여섯 단계) 애굽 광야 가나안을 거쳐 안식의 땅(천국)으로 들어가는 것이며, 부처님의 말씀과 같이 육바라밀(六波羅蜜)을 통하여 육계(여섯 단계)에서 벗어나 피안(극락)으로 들어가는 길입니다.

그런데 성경에서 말하는 안식이나 불경이 말하는 피안은 다른 곳이 아니라 용어만 다를 뿐 모두 같은 곳을 말하고 있습니다. 이렇게 하나님의 말씀이 기록된 성경이나 부처님의 말씀이 기록된 불경은 생로병사(生老病死)의 윤회(輪廻)에서 벗어나는 길을 분명하게 말씀하고 있습니다. 그러나 전생(前生)과 윤회(輪廻)는 주로 불교에서 사용하는 언어이기 때문에 여기서는 생로병사의 윤회에서 벗어나는 길을 부처님의 말씀을 통해서 제시하려 합니다. 부처님은 윤회(輪廻)하고 있는 이 세상을 모두 여섯으로 구분하여 육계(六界)라 말하며 중생들이 윤회에서 벗어나는 길은 육바라밀(六波羅蜜)로 말씀하고 있습니다. 그러므로 윤회에서 벗어난다는 말은 곧 육계에서 벗어난다는 말입니다. 이제 중생들이 살고있는 육계와 육계에서 벗어나는 길인 육바라밀(六波羅蜜)을 말씀드리겠습니다.

부처님께서 여섯으로 구분 지은 육계는 첫 번째가 지옥계(地獄界), 두 번째는 아귀계(餓鬼界), 세 번째는 축생계(畜生界), 네 번째는 수라계(修羅界), 다섯 번째는 인간계(人間界), 여섯 번째는 천상계(天上界)라 말씀하고 있습니다. 인간들은 지옥계에서 천상계에 이르러 부처가 되기까지 수백 혹은 수천 번의 생로병사를 거듭하며 계속해서 돌고 있는데, 이를 윤회(輪廻)라 말하는 것입니다. 부처님은 인간들이 살고있는 육계와 윤회에서 벗어나 부처가 되는 길을 분명하게 가르쳐 주셨는데 그 길이 바로 육바라밀(六波羅蜜)인 것입니다. 육바라밀(六波羅蜜)이란 인간들이 살아가는 세계가 여섯으로 나뉘어져 있기 때문에 육계에서 벗어나는 길도 여섯으로 말씀하고 있는 것입니다. 육바라밀(六波羅蜜)은 첫째 보시(布施), 둘째 지계(持戒), 셋째 인욕(忍辱), 넷째 정진(精進), 다섯째 선정(禪定), 여섯째 지혜(智慧)인 것입니다.

부처님이 말씀하신 육계와 육바라밀은 하나님께서 성경을 통해서 이미 하신 말씀인데 성경은 인간들의 상태를 여섯으로 구분하여 첫째 미생물, 둘째 기는 짐승, 셋째 들짐승, 넷째 육축, 다섯째 여자, 여섯째 남자로 분리하고 있으며, 인간들이 하나님의 아들로 창조되는 과정을 육일, 즉 여섯 과정으로 말씀하고 있습니다. 이렇게 하나님은 땅에 속한 사람들을 구원하여 하늘에 속한 하나님의 아들들을 만드는 것인데, 이를 천지창조(天地創造)라 말하는 것입니다. 그런데 아직 땅에 속한 기독교인들은 영의 말씀을 이해하지 못하여 인간창조를 만물창조(萬物創造)라 주장하는 것입니다.

그러므로 이 세상에 예수님과 부처님은 반드시 오셔야 하고 지금도 우리 곁에 항상 계셔야 하는 것입니다. 그러나 불행하게도 종교인들은 이러한 오늘날의 구원자들을 인정하지 않고 오히려 멸시천대(蔑視賤待)를 하며 배척(排斥)하고 있는 것입니다.

눈물

가슴이 무너져 내리는 눈물은
하늘이 무너져 내리는
여름 장마비 같구나
비야 비야 어서 내려라
온 세상이 더러워진 것을
깨끗이 씻어주고
가슴에 앙금처럼 가라앉은
더러운 찌끼도
주룩주룩 흐르는 눈물로
깨끗이 씻어서
눈물도 아픔도 고통도 없는
새 하늘과 새 땅이 되어라

11

오늘날 예수님의 구원의 대상에서 제외된 기독교인들

예수님께서
세상에 오시는 목적은
예전이나 지금이나 오직
죽은 영혼을 구원시키고 살려서
하나님의 아들로 창조하시기 위해
오신 것입니다.

오늘날 예수님의 구원의 대상에서 제외된 기독교인들

오늘날 기상천외할 놀라운 일이 있는데 그것은 예수를 믿는 기독교인들이 예수님의 구원의 대상에서 제외 되었다는 사실입니다. 왜냐하면 오늘날 기독교인들은 교회에 발을 들여놓는 순간부터 예수를 믿음으로 구원을 받아 이미 하나님의 아들이 되어 있기 때문입니다. 그러므로 오늘날 기독교인들은 지금 구원(救援)을 받기 위해서 예수를 믿거나 혹은 하나님의 아들이 되기 위해서 신앙생활을 하는 사람은 단 한 사람도 없는 것입니다. 때문에 예수님은 오늘날 기독교인들에게 무용지물이 되어 기독교인들을 구원시킬 수 없고 하나님의 아들로 창조할 수도 없는 것입니다.

예수님께서 세상에 오시는 목적은 예전이나 지금이나 오직 죽은 영혼을 구원시키고 살려서 하나님의 아들로 창조(創造)하시기 위해 오신 것입니다. 그런데 오늘날 기독교인들은 예수를 믿음으로 이미 구원(救援)을 받아 하나님의 아들이 되어있기 때문에 예수님을 통해서 구원을 받을 필요가 없고 하나님의 아들로 거듭날 필요도 없는 것입니다. 왜냐하면 의사는 병든 환자에게만 필요하지 건강한 자에게 아무 소용이 없듯이 예수님도 이미 구원을 받아 하나님의 아들이 되어있는 기독교인들에게는 아무런 소용이 없기 때문입니다.

그러므로 오늘날 기독교인들은 예수님의 구원의 대상에서 모두 제외된 것입니다. 그러면 오늘날 기독교인들이 믿고 섬기고 있는 예수는 어떤 예수이며 무슨 목적으로 무엇을 얻으려고 신앙생활을 하고 있는 것일까? 오늘날 기독교인들이 믿고 있는 예수는 사도바울이 말씀하시듯이 다른 예수, 즉 기독교가 교리로 만든 축복의 예수이며 기복의 예수입니다. 때문에 오늘날 기독교인들은 예수님을 통해서 자신 안에 채워지지 않는 욕심을 채우기 위해서 다른 예수를 믿는 것입니다. 이렇게 오늘날 기독교인들이 예수를 믿는 목적은 구원이나 영생이 아니라 세상에서 채울 수 없는 욕심을 그들이 만들어 놓은 다른 예수를 통해서 채우려는 신앙인 것입니다.

하나님은 "욕심이 잉태하면 죄를 낳고 죄가 장성하면 사망하게 된다"고[야고보서 1장 15절] 분명히 말씀하고 계신데 오늘날 기독교인들은 신앙생활을 통해서 욕심을 버리려는 것이 아니라 오히려 욕심을 더 채우려고 하는 것입니다. 이러한 현상은 오늘날 삯꾼목자들이 하나님의 말씀을 가감(加減)하거나 변형하여 하나님이 약속하신 신령한 복을 땅에 썩어 없어질 복(福)으로 바꾸어 교인들을 미혹하고 있기 때문입니다. 이것은 오늘날 목회자들이 말라기 3장 말씀을 인용하여 교인들에게 하나님께 헌금을 드리면 삼십배 육십배 백배로 채워주신다고 미혹하며 또한 온전한 십일조 헌금을 드리면 하나님께서 하늘 문을 열고 복을 창고가 넘치도록 부어주신다며 교인들의 욕심을 더 불어넣고 있기 때문입니다.

[말라기 3장 10절] 만군의 여호와가 이르노라 너희의 온전한 십일조를 창고에 들여 나의 집에 양식이 있게 하고 그것으로 나를 시험하여 내가 하늘 문을 열고 너희에게 복을 쌓을 곳이 없도록 붓지 아니하나 보라

오늘날 목회자들은 상기의 말씀을 가지고 온전한 십일조를 드리면 하나님께서 하늘 문을 열고 복을 쌓을 곳이 없도록 붓지 아니하나 시험까지 해보라고 하셨다면서 십일조 헌금을 강조하고 있습니다. 그러나 지금까지 십일조 헌금을 드려서 돈이나 재물(財物)을 쌓을 곳이 없도록 받은 사람은 단 한 사람도 없습니다. 왜냐하면 하나님께서 드리라는 온전한 십일조나 쌓을 곳이 없도록 부어주신다는 복은

땅의 썩어 없어질 복이 아니라 하늘의 신령한 복이기 때문입니다. 즉 온전한 십일조는 온전한 생명의 말씀을 말하며 창고나 하나님의 집은 우리의 마음을 말하며 양식은 우리가 먹어야 할 하나님의 말씀을 말하고 있습니다.

이 말씀의 뜻은 하나님께서 주시는 생명의 말씀을 우리 안에 영접하여 내 안에 말씀이 아구까지 차면 예수님과 같이 그 입에서 생수(生水), 즉 생명의 말씀이 터져 나와 주체할 수 없게 된다는 것입니다. 이렇게 온전한 십일조를 마음 창고에 들여 차고 넘치는 복을 받은 사람은 예수님을 믿고 따르며 예수님의 말씀을 마음속에 영접(迎接)한 열두 사도들입니다. 그런데 이러한 영적인 하나님의 뜻을 모르는 오늘날 목회자들은 하늘의 신령한 복을 땅의 썩어 없어질 복으로 둔갑시켜 교인들의 욕심을 부추기며 미혹하고 있는 것입니다.

때문에 오늘날 기독교인들은 구원이나 영생에는 관심조차 없고 지금도 삯꾼목자들을 따라서 자신들의 욕심을 채워주는 우상예수를 섬기고 있는 것입니다. 그러므로 오늘날 기독교인들을 구원하시기 위해서 오신 예수님은 기독교인들에게 멸시와 천대를 받아가며 기독교 주변을 맴도시면서 “여우도 굴이 있고 새도 집이 있건만 인자는 머리 둘

곳 하나 없다"[누가복음 9장 58절]고 한탄 하시는 것입니다. 때문에 사도바울도 갈라디아서 1장을 통해서 너희를 부른 것은 그리스도인데 왜 부르자마자 다른 복음을 좇아가느냐고 한탄하고 있는 것입니다.

[갈라디아서 1장6절-8절] 그리스도의 은혜로 너희를 부르신 이를 이같이 속히 떠나 다른 복음 좇는 것을 내가 이상히 여기노라 다른 복음은 없나니 다만 어떤 사람들이 너희를 요란케 하여 그리스도의 복음을 변하려 함이라 그러나 우리나 혹 하늘로부터 온 천사라도 우리가 너희에게 전한 복음 외에 다른 복음을 전하면 저주를 받을찌어다.

상기에서 말씀하고 있는 다른 복음은 하나님의 백성들을 구원하여 하나님의 아들로 창조하기 위한 하나님의 말씀을 삯꾼목자들이 가감하여 땅에 썩어 없어질 기복의 말씀으로 변형하여 전하는 말씀들을 말하고 있습니다.

예를 들면 예수를 믿기만 하면 하나님의 축복을 받아 행복하게 잘살게 되고 또한 자신이 행하는 일도 하나님의 도움으로 모두 형통하게 되며 사후(死後)에는 아무 공로가 없어도 천국을 쉽게 들어간다는 미혹(迷惑)의 말씀들을 말합니다. 때문에 오늘날 기독교인들은 예수를 믿는 목적이 오직 하나님으로부터 복을 받아서 이 세상에서 잘살려는 것이며 구원이나 영생에는 관심조차 없다는 것입니다. 이 모두가 삯꾼목자와 거짓선지자들이 전하는 다른 복음, 즉 하나님의 말씀을 가감(加減)하여 기복(祈福)으로 미혹하는 말씀 때문입니다. 사도바울은 고린도후서 11장을 통해서 이런 삯꾼목자와 교인들에 대해서 이렇게 말씀하고 있습니다.

[고린도후서 11장 3절-4절] 뱀이 그 간계로 이와를 미혹케 한 것같이 너희 마음이 그리스도를 향하는 진실함과 깨끗함에서 떠나 부패할까 두려워하노라 만일 누가 가서 우리의 전파하지 아니한 다른 예수를 전파하거나 혹 너희의 받지 아니한 다른 영을 받게 하거나 혹 너희의 받지 아니한 다른 복음을 받게 할 때에는 너희가 잘 용납 하는구나

상기의 뱀은 창세기에 아담과 하와를 하나님의 말씀으로 미혹한 간교한 뱀을 말하는데 사도바울은 이 간교한 뱀을 오늘날 삯꾼목자들이라 말하고 있는 것입니다. 그런데 사도바울은 이러한 간교한 뱀 때문에 순진한 하나님의 백

성들이 미혹(迷惑) 당하고 있기 때문에 두려워하고 있다는 것입니다. 이 간교한 뱀들은 다른 예수와 다른 영과 다른 복음을 만들어 가지고 하나님의 백성들을 기복(祈福)으로 미혹하고 있는데 하나님 백성들은 이러한 말씀들을 잘 받아들이고 있다는 것입니다.

이러한 삯꾼목자들 때문에 오늘날 기독교인들은 구원과 영생은 관심조차 없이 복만 받으려고 기복에 치우쳐 있는 것입니다. 그러므로 이러한 삯꾼목자나 교인들에게 로마서를 통해서 이렇게 말씀하고 있는 것입니다.

[로마서 3장 10절-18절] 기록한바 의인은 없나니 하나도 없으며 깨닫는 자도 없고 하나님을 찾는 자도 없고 다 치우쳐 한가지로 무익하게 되고 선을 행하는 자는 없나니 하나도 없도다 저희 목구멍은 열린 무덤이요 그 혀로는 속임을 베풀며 그 입술에는 독사의 독이 있고 그 입에는 저주와 악독이 가득하고 그 발은 피 흘리는데 빠른지라 파멸과 고생이 그 길에 있어 평강의 길을 알지 못하였고 저희 눈앞에 하나님을 두려워함이 없느니라 함과 같으니라

상기의 말씀이 너무나 충격적인 것은 이 세상에 의인이

하나도 없다는 말씀도 잘 이해가 안 가는데 하나님을 찾는 자조차도 없다고 말씀하고 있기 때문입니다.

이러한 말씀을 오늘날 기독교인들이 어떻게 이해하고 받아들일 수 있을까? 그러나 이것은 하나님의 말씀이기 때문에 믿을 수밖에 없고 받아들일 수밖에 없는 사실입니다. 그러나 이어지는 말씀을 보면 모두 이해가 갈 것이라 생각합니다. 왜냐하면 하나님의 백성들이 모두 욕심에 치우쳐 한결 같이 무익하게 되어 선을 행하는 자, 즉 모두 기복에 치우쳐 구원과 영생을 위해 신앙생활을 하는 자가 하나도 없다고 말씀하고 있기 때문입니다.

또한 저희, 즉 삯꾼목자들의 목구멍은 열린 무덤과 같아서 그의 혀로 말씀을 가감하여 기복으로 미혹하며 재물을 갈취하고 있는데 그 입술에는 독사의 독이 있고 그 입에는 저주와 악독이 가득하여 죄를 짓는데 빠르다는 것입니다. 그러므로 저들이 가는 넓고 평탄한 멸망의 길에 파멸과 고통이 놓여있는 것이며 평강의 길, 즉 생명의 길은 알지도 못한다고 말씀하고 있습니다.

그럼에도 불구하고 이들이 계속 범죄를 하는 것은 저희 눈에 하나님을 두려워함이 없기 때문이라는 것입니다. 이렇게 하나님과 예수를 구주로 믿는 목회자나 하나님의 백성들이 모두 기복신앙(祈福信仰)에 치우쳐 구원과 영생에는 관심이 없는 것입니다.

그러므로 하나님의 백성들을 구원하러 오신 예수님은 기독교회에 들어가지 못하고 기독교 밖에서 기독교회에서 진리를 찾다가 소외된 나그네, 고아, 과부들을 찾아서 돌보며 구원시키고 있는 것입니다.

12
진리를 통해서 본 자신의 운명과 사주팔자

우연이란
아무런 원인이나 근거 없이
돌발적으로 나타나는 것을 말하며
필연이란
원인이 있기 때문에
발생되는 것을 말합니다.

진리를 통해서 본 자신의 운명과 사주팔자

사람들이 이 세상에 태어날 때 누구나 자신의 운명(運命)이나 사주팔자(四柱八字)를 타고 난다고 말합니다. 그러면 자신에게 주어지는 운명이나 사주팔자는 우연적으로 주어지는 것일까? 아니면 필연에 의해 나타나는 것일까? 우연(偶然)이란 아무런 원인이나 근거 없이 돌발적으로 나타나는 것을 말하며 필연(必然)이란 원인이 있기 때문에 발생되는 것을 말합니다. 이 문제는 지금까지 주역이나 철학을 연구하는 사람과 기독교인들의 주장이 각기 다르기 때문에 아직도 분명한 결정을 내리지 못하고 있습니다.

그러나 분명한 것은 이 세상에서 일어나는 모든 일들은 모두 원인이나 근거가 있기 때문에 발생한다는 것은 부정할 수 없는 사실입니다. 이 때문에 사람이 타고나는 운명이나 사주팔자도 우연히 주어진 것이 아니라 인연(因緣)에 따라 필연적으로 주어진 것입니다. 그러므로 이러한 사실을 아는 자들은 필연이라 말하며, 이러한 사실들을 모르고 있는 자들은 우연이라 말하는 것입니다.

사람들은 이 세상을 살아가면서 어느 누구나 선업이나, 아니면 악업을 지으며 살아가고 있습니다. 선업은 선한 마음으로 행한 일들이 하나 하나 쌓여 모이는 것이며 악업(惡業)도 욕심이나 악심을 품고 저지른 일들이 하나하나 쌓여 만들어지는 것입니다. 이렇게 사람들은 각기 자기가 원하는 대로 선을 행하며 살아가거나 아니면 악을 행하며 살아가지만 후에는 반드시 자신이 행한 대로 그에 대한 값을 받게 됩니다. 옛말에 "콩을 심은 데는 콩이 나고 팥을 심은 데는 팥이 난다"는 말과 같이, 선을 행한 자는 복을 받아 행복하게 살아가지만 악을 행한 자는 반드시 고통을 받으며 불행하게 살아가게 됩니다.

그런데 아무것도 심지 않은 사람은 추수 때에 아무것도 거둘 수 없고 받을 것도 없듯이 게으르고 나태하여 아무것도 심지 않은 자는 가난과 굶주림의 고통을 받게 됩니다. 이와 같이 사람들이 전생에 지은 업은 현생에 나타나는 것이며 현생에서 지은 업은 내생에 나타나게 됩니다. 이렇게 사람이 무엇으로 심던지 심은 대로 거두며 행한 대로 받게 되는 것입니다. 이러한 사실을 모르는 무지한 중생들은 자신의 운명이나 생사화복이 모두 하나님의 탓이나 조상 탓 아니면 팔자 탓이라 오해를 하며 신세타령을 합니다. 그러나 인간들의 생사화복은 모두 하나님이 주관하시는 것인데 하나님은 사람들이 세상을 살아가면서 어떻게 살며 무엇을 심었느냐에 따라 심은 대로 보응하시는 것입니다.

즉 생사화복(生死禍福)은 하나님께서 주관하시며 인간들의 삶과 행위에 따라 공정하게 보응하신다는 것입니다. 결국 사람들이 복을 받아 잘살고 화를 당해 못살고 그리고 일찍 단명하고 장

수하는 모든 것이 모두 자신의 업(業)에 의해서 결정되어 진다는 것입니다. 그런데 역학자들의 말을 믿고 살아가는 산모들은 태속에 있는 아기를 인위적으로 좋은 사주팔자에 맞추어 출산하려고 애쓰는 사람들이 있습니다. 그러면 자연의 섭리, 즉 하나님의 섭리를 무시하고 부모가 원하는 좋은 날과 좋은 시에 맞추어 아기를 태어나게 한다 해서 정말 전생에 지은 업(業)과 관계없이 이생에서 아무런 고통 없이 행복하게 잘 살수 있단 말인가? 이런 자들은 마치 콩을 심어놓고 팥이 나오기를 바라고 팥을 심어 놓고 콩이 나오기를 바라는 사람과 같습니다. 이런 자들은 자연의 섭리와 하나님의 섭리를 모두 파괴하는 자들입니다. 하나님은 이러한 죄를 범하는 자들을 중죄로 다스리며 내생에 더 큰 벌을 받게 하신다는 것을 명심해야 합니다.

하나님의 섭리를 모르는 무지한 인간들은 하나님이 정하신 인간의 한계를 넘어 신들의 세계에 도전하거나 이미 도전한 사람들이 있습니다. 그것은 인간들이 하나님의 성역을 침범하여 줄기세포를 이용하여 양이나 소 혹은 개나 돼지를 복제하여 만들어내며 심지어 사람까지 복제하여 복제인간을 만들려고 하는 것입니다. 그러나 이러한 행위는 인간들이 창조주 하나님의 영역에 도전하는 행위들로 하나님께 엄청난 죄를 범하는 것이며 인류의 종말을 앞당기게 만드는 행위들입니다.

성경을 보면 창세기에 인간들이 타락하고 범죄 함으로 하나님이 진노하셔서 인류를 홍수로 모두 멸하시고 다시 원시시대로 돌려놓았던 일들을 볼 수 있습니다. 하나님은 범죄한 인간들을 멸하시겠다는 것을 경고(警告)하시며 회개시키기 위해 노아를 통해서 산 위에 배를 120년 동안 만들게 하셨습니다. 그런데 사람들은 하나님의 경고하심을 외면하고 산 위에 배를 만들고 있는 노아를 비웃고 조롱까지 하였습니다. 결국 이들은 홍수로 모두 멸망을 당했고 하나님의 뜻대로 살아간 노아의 가족만이 지금까지 대를 이어오고 있는 것입니다.

그런데 과학문명이 극도로 발달되어 인간들이 너무나 하나님의 섭리를 무시하며 엄청난 범죄를 하고 있습니다. 이 때문에 대기의 오존층이 파괴되고 기상이변이 일어나고 태풍과 지진이 일어나고 또한 굶주림의 기아와 경제공황 그리고 조류독감이나 신종 바이러스와 같은 각종질병을 통해서 경종을 울리고 있는 것입니다. 오늘날 인간들은 이 세상이 하나님에 의해서 창조되었다는 것과 인간들의 생사화복이 모두 하나님의 섭리에 의해서 운행되고 있다는 사실을 알아야 합니다.

그러므로 피조물(被造物)인 인간들은 하나님의 섭리를 파괴하는 행동을 하거나 하나님의 뜻을 망각해서는 절대로 안 됩니다. 왜냐하면 인간들뿐만 아니라 이 우주공간에 존재하는 모든 자연

만물들은 모두 하나님에 의해 창조된 피조물들로서 반드시 하나님의 섭리 안에서 순응하며 살아가야 하기 때문입니다. 이 때문에 인간들은 하나님의 영역을 침범하거나 하나님의 자연법칙을 위반해서는 절대로 안 됩니다.

인간들이 윤회로 이어지는 전생과 현생 그리고 내생은 모두 하나님의 섭리에 의해서 이루어지는 것이며, 또한 인간들에게 나타나는 사주팔자(四柱八字)나 생사화복(生死禍福)도 하나님의 섭리와 공의에 의해 주어지는 것입니다. 그런데 하나님과 예수를 구주로 믿고 있는 기독교인들은 전생이나 윤회 그리고 타고나는 사주팔자에 대해서 모두 부정하거나 외면을 하고 있습니다. 이렇게 기독교인들은 모두 전생이나 윤회를 부정을 하고 있지만 하나님은 성경을 통해서 분명하게 전생(前生)과 윤회(輪廻)를 말씀하고 계십니다.

인간들이 타고나는 운명이나 사주팔자는 전생에서 자신이 살았던 삶의 신상명세서나 생활기록부와 같은 것입니다. 그러므로 어떤 사람은 현생에서 좋은 환경에서 태어나 잘 살고 또 어떤 사람은 열악한 환경에서 태어나 고통 받고 사는 것은 전생에 자신이 지은 업보 때문입니다. 때문에 이생에서 잘사는 사람이나 못사는 사람은 자신에게 다가오는 현실을 모두 자신의 책임으로 받아 들여야 합니다. 그런데 이러한 사실들을 모르는 사람은 재앙(災殃)

이나 환란을 당해 고통이 올 때나 혹은 자신이 하고 있는 사업이나 하는 일들이 잘 풀리지 않으면 만신집이나 점보는 집이나 주역하는 사람을 찾아가 자기나 가족들의 사주를 보는 것입니다. 주역에서 사주는 네 기둥이라는 의미로 자신이 태어난 년, 월, 일, 시를 말합니다.

그런데 사주를 보면 자신의 성격이나 직업 혹은 운세는 대충 맞는데 정확성은 없고, 더욱 앞으로 되어질 일에 대해서는 불투명합니다. 왜 그럴까? 그 이유는 사주에 연, 월, 일, 시는 있는데 분과 초가 없기 때문입니다. 이 세상에 태어나는 사람 중에 사주가 같은 사람은 수도 없이 많이 있습니다. 그러나 분과 초까지 같은 사람은 단 한사람도 없습니다. 왜냐하면 일초도 백분의 일 혹은 천분의 일로 나누어지기 때문입니다. 올림픽에서 경기하는 자들을 보면 1초나 혹은 0.1초 차이로 금메달과 은메달이 결정되고 그보다 0.01초차로 은메달이 금메달로 바뀌는 것을 종종 봅니다.

이와 같이 사람의 운명도 태어난 해와 달과 그리고 날과 시가 모두 같다 해도 분, 초가 다르면 운세가 큰 차이로 나타난다는 말입니다. 이와 같이 사람이 태어나는 해와 달과 날과 시는 같다 해도 분이나 초는 사람마다 각기 다릅니다. 즉 같은 날 같은 시에 태어난 쌍둥이라 해도 분이나 초가 틀리면 운명에 많은 차이가 있다는 것입니다. 이렇게 사람들에게 나타나는 운명이나 모든 만사는 년, 월, 일, 시는 물론 분, 초에 따라 많은 차이가 있는 것입니다. 왜냐하면 한날한시에 한배 속에서 태어나는 쌍둥이도 팔자나 운명이 각기 다르기 때문입니다.

그런데 오늘날 역학자들은 사주(四柱)(년, 월, 일, 시)만을 가지고 보고 판단하기 때문에 사람들의 운세를 세밀하고 정확하게 볼 수가 없는 것입니다. 이 때문에 역학자들은 사람의 성품이나 직업 등 지나간 일들은 비교적 잘 맞추는데 앞으로 일어날 일에 대해서는 분명하게 제시하지 못하는 것입니다. 왜냐하면 역학자 자신도 자신에게 일어날 일에 대해서는 잘 모르기 때문입니다. 결국 인간들이 주역으로 볼 수 있는 사주(四柱)는 년, 월, 일, 시의 한계에 머물고 있어 그 이상의 일들은 모르고 있습니다. 때문에 분, 초에 숨겨있는 인간들의 운명은 역학자라해도 알 수없고 볼 수도 없는 것입니다. 그런데 타고나는 사주팔자(四柱八字)는 사람의 성품과 연관성이 있습니다.

사람이 타고나는 성품을 천성(天性)이라고도 말하는데 이 성품이 곧 전생에 형성된 자신의 존재이며 또한 현생으로 이어진 자신의 운명이요 사주팔자입니다. 그러므로 사람이 팔자대로 산다는 것은 곧 그 사람의 타고난 성품대로 살아간다는 말과 같습니다. 이 말은 전생의 존재인 자신의 성품과 지은 업들이 이생에 태어나는 사주팔자가 되는 것이며 현생의 성품과 그에 따른 업들은 내생으로 이어져 사주팔자가 정해진다는 것입니다. 이렇게 인간들의 사주팔자(四柱八字)나 생사화복(生死禍福)은 모두 이러한 과정 속에서 일어나는 일들입니다. 이 때문에 오늘날 기독교인들이 천국에는 못 들어간다 해도 내생에 좋은 곳에 태어나려면 이생에서 신앙생활을 통해서 성품을 조금씩이라도 바꾸어야 하며 또한 날마다 좋은 업을 쌓아야 하는 것입니다. 그러므로 인생의 진정한 의미와 신앙생활은 자신이 타고난 성품과 사주팔자(四柱八字)를 날마다 바꾸어 가는 것입니다. 그런데 자신의 성품과 사주팔자(四柱八字)를 바꾸려면 반드시 하나님께서 보내주시는 참 목자, 즉 오늘날의 구원자를 믿고 영접해야 합니다. 왜냐하면 오늘날의 구원자만이 죄인들의 죄를 사해줄 수 있고 욕심 많고 더러운 성품을 정결하고 진실한 하나님의 성품으로 변화시켜 하나님의 아들로 거듭나게 할 수 있기 때문입니다.

이렇게 하나님이 바라고 원하시는 신앙생활은 지금 자신이 가지고 있는 욕심과 탐심의 성품을 버리고 날마다 새롭게 변화를 받아 하나님의 진실한 성품(性品)으로 바꾸어 가는 것입니다. 즉 하나님께서는 인간들에게 신앙생활을 통해서 욕심과 탐심으로 인한 죄의 속성을 모두 버리고 진실과 의의 속성으로 바꾸어 하나님의 아들로 거듭나라는 것입니다. 이렇게 올바르고 진실한 신앙생활을 통해서 자신이 타고난 성품을 날마다 바꾸어 나아갈 때 자신의 사주팔자나 운명도 점진적으로 바꾸어지는 것입니다. 그런데 문제는 신앙생활을 십년, 이십년 혹은 평생을 한 사람들도 타고난 성품이나 사주팔자는 절대로 변하지 않는다는 것입니다. 왜 그럴까?

그 이유는 삯꾼목자들이 교인들에게 기복신앙을 강조하여 오히려 욕심을 더 불어 넣어 마음을 강퍅하게 만들기 때문입니다. 이 때문에 신앙생활을 하면 할수록 욕심이 더 많아지고 교만해지는 것입니다. 그러나 참 목자를 따르며 신앙생활을 하는 자들은 생명의 말씀을 통해서 날마다 욕심을 버리게 되고 진실한 마음으로 변화되기 때문에 천성도 변화되고 사주팔자도 바뀌게 되는 것입니다. 이렇게 하나님은 땅에 속한 하나님의 백성들을 말씀으로 변화를 시켜 하늘에 속한 하나님의 아들을 만들려고 하십니다.

그런데 유대 땅에 수많은 하나님의 백성들이 제사장을 통해서 하나님을 믿으며 열심히 신앙생활을 하였지만 그들은 성품이 변하여 하나님의 아들로 거듭나지 못한 것입니다. 왜 그럴까? 그것은 참 목자, 즉 하나님의 생명으로 거듭난 하나님의 아들을 믿지 않고 아직 거듭나지 못한 제사장들을 믿고 따랐기 때문입니다. 결국 예수님을 구주로 믿고 따른 예수님의 제자들만이 생로병사(生老病死)의 윤회에서 벗어나 하나님의 아들로 거듭난 것입니다. 그러나 유대교의 제사장들을 믿고 신앙생활을 하였던 유대인들은 지금까지 거듭나지 못하여 생로병사(生老病死)가 계속되는 윤회의 틀 속에서 아직도 윤회하고 있습니다. 이렇게 진정한 신앙생활은 예수님의 제자들과 같이 땅(육에 속한 자)이 변하여 하늘(영에 속한 자)로 거듭나는 것입니다.

예수님께서 제자들에게 주기도문을 통해서 "하나님의 뜻이 하늘(예수)에서 이루어진 것 같이 땅(제자들)에서도 이루어지이다"라고 기도하라는 것은 하나님의 뜻이 나(하늘)에게 이루어진 것같이 너희(땅)에게도 이루어지게 해달라고 기도하라는 것입니다. 하나님의 백성들이 신앙생활을 하는 목적과 기도해야 할 제목은 바로 땅이 하늘로 거듭나서 하나님의 아들이 되는 것입니다. 그런데 하나님의 백성들이 지금까지 하나님을 믿고 예수를 믿고 신앙생활을 해도 하나님의 아들로 거듭나지 못하고 계속 윤회하고 있는 것은 육신의 복만을 추구하고 하늘이 되기 위해서는 기도를 하거나 구하지 않기 때문입니다. 그러므로 야고보 사도는 "너희가 얻지 못한 것(하나님의 생명)은 구하지 않기 때문이며 구하여도 받지 못한 것은 정욕(욕심)으로 쓰려고 잘못 구한 것"[야고보서 4장 2절-3절]이라 말씀하고 있습니다.

야고보 사도의 말씀과 같이 오늘날 기독교인들은 하나님의 생명이나 하나님의 아들로 거듭나기 위해서는 구하지도 않고 기도하지도 않습니다. 왜냐하면 기독교인들은 예수를 믿음으로 구원받은 것은 물론이고 이미 하나님의 아들로 거듭났다고 생각하고 있기 때문입니다. 그러나 예수님이나 하나님은 기독교인들이 하나님의 아들로 거듭났다는 것을 절대로 인정하지 않으십니다. 왜냐하면 기독교인들이 구원을 받은 것이나 거듭났다고 믿고 있는 것은 목사님의 말씀이나 기독교의 이신칭의 교리에 의한 것이지 예수님이나 하나님은 기독교인들을 아들로 낳은 적도 없고 인정한 적이 없기 때문입니다.

단지 하나님이 보내주시는 하나님의 아들(예수)을 구원자로 믿고 그 말씀대로 신앙생활을 한다면 구원을 받아 하나님의 아들로 거듭날 수 있다고 약속을 하고 있을 뿐입니다. 이 말은 아직 거듭나지 못한 목회자를 믿거나 교리를 따라 신앙생활을 한다면 구원을 받을 수 없고 하나님의 아들로 거듭날 수도 없다는 말입니다. 그럼에도 불구하고 오늘날 기독교인들은 이러한 말씀과는 전혀 상관없이 예수를 믿음으로 모두 하나님의 아들이 되어 의인의 자리에 앉아 있는 것입니다. 이들이 바로 자칭 하나님의 아들로서 건강하다는 자요, 본다는 자요, 의인들입니다. 이 때문에 예수님께서 이 땅에 오셔서 건강하다는 자들과 본다고 하는 의인들은 모두 버려두고 병든 자, 소경된 자, 죄인들을 찾아서 구원시킨 것입니다.

예수님은 오늘날도 변함없이 하나님의 말씀 때문에 기독교인들로부터 소외된 나그네, 고아, 과부들을 찾아가 위로해주시며 구원하고 계십니다. 오늘날 기독교인들은 성경에 지옥 문 앞에서 슬피 울며 이를 갈고 있는 자들이 과연 어떤 자들이며 누구인가를 생각해 보아야 합니다. 그들은 예수님 당시 본다고 하는 유대인들이요, 오늘날 자칭 하나님의 아들이라고 착각하고 있는 기독교인들은 아닐까? 이들이 다시 돌이킬 수도 없고 회개해도 소용없는 지옥 문 앞에서 그토록 슬피 울고 있는 것은 삯꾼목자들과 거짓선지자들에게 철저히 속았기 때문입니다. 이들은 날마다 성경을 읽고 때때로 성경공부까지 하면서도 하나님께서 성경에 제시하신 구원의 길과 그 과정을 모두 무시하고 삯꾼목회자들의 말을 더 믿고 따랐기 때문입니다.

그보다 참 목자가 인도하는 생명의 길은 힘들고 어렵기 때문에 넓고 평탄하며 아주 쉽고 간단한 멸망의 길을 택했기 때문입니다. 그 길이 바로 죽기 직전 오분의 여유만 있어도 예수를 믿고 입으로 시인만 하면 구원받아 천국에 들어간다는 멸망의 넓은 길입니다. 그러나 하나님께서 성경을 통해서 말씀하시는 구원과 생명의 길로 가는 과정은 기복신앙(祈福信仰)과 교리신앙(教理信仰)인 애굽(세상)교회에서 벗어나 율법에 따라 신앙생활을 하는 힘들고 어려운 광야교회로 들어가는 것이며, 광야교회에서 율법을 통한 시험과 연단의 과정을 모두 마친 자들은 진리와 생명이 있는 가나안교회로 들어가 예수님이 주시는 생명의 말씀을 먹고 하나님의 아들로 거듭나는 것입니다.

이렇게 구원과 생명으로 가는 길을 성경에 분명하게 제시하고 있으며 하나님의 생명으로 거듭나게 할 수 있는 구원자들은 예수님과 사도들이며 또한 오늘날 하나님의 아들로 실제 거듭난 자들이라 말씀하고 있습니다. 그런데 아직 하나님의 아들로 거듭나지 못한 자들은 비록 자신이 목회를 하고 있는 제사장이나 목사라 해도 교인들의 죄를 사해주거나 성품(性品)을 변화시켜 하나님의 아들로 거듭나게 할 수 없는 것입니다. 그러므로 아직 하나님의 생명으로 거듭나지 못한 목회자들은 단지 예수를 믿음으로 우리가 낳음을 받아 아들이 되었다는 것을 믿으라고 계속 강조하며 교인들을 의식화하고 있습니다. 오늘날 소경된 인도자가 누구입니까? 아직 하나님의 아들로 거듭나지 못한 자요 하늘나라를 보지 못하는 영적 소경들입니다.

예수님은 이런 자들이 바로 삯꾼목자요 천국 문을 닫아 놓고 자신도 들어가지 않고 남들도 못 들어가게 하는 자라고 말씀하고 있습니다. 그러므로 오늘날 기독교인들이 생로병사의 윤회에서 벗어나 천국으로 들어가려면 먼저 삯꾼목자나 거짓선지자로부터 하루속히 벗어나야 합니다. 왜냐하면 삯꾼목자들은 생명도 진리도 없을 뿐만 아니라 천국 가는 길 조차도 모르기 때문입니다.

예수님께서 너희는 소경된 인도자를 따라가지 말라고 말씀하신 것은 바로 이런 이유 때문입니다. 그러므로 진정한 하나님의 백성이라면 신앙생활을 통해서 자신의 품성(品性)을 하나님의 성품(性品)으로 날마다 바꾸어야 하며 참 목자라면 교인들의 품성(品性)을 하나님의 말씀으로 날마다 변화시켜 하나님의 아들로 거듭나게 해야 합니다.

그런데 교인들이 신앙생활을 아무리 오래해도 자신의 성품이나 사주팔자가 바뀌지 않는다면 지금 자신을 인도하는 목자는 참 목자가 아니라는 것을 알아야 합니다. 이렇게 교인들이 자신이 믿고 따르는 목자에 대해서 확실히 아는 것은 매우 중요합니다. 그런데 교인들이 자신을 인도하고 있는 목자를 분명하게 알기는 그리 쉽지 않습니다. 그러나 지금 나를 인도하는 목자가 나의 운명과 사주팔자를 날마다 바꾸어 하나님의 생명으로 거듭나게 하고 있다면 그가 바로 오늘날의 구원자요, 참 목자입니다. 이렇게 나를 구원하는 구원자가 나를 구원하여 하나님의 아들로 거듭나게 한다면 그가 목사님이든지 스님이든지 혹은 신부이든지 그것은 아무런 상관이 없습니다. 왜냐하면 내가 신앙생활을 하는 목적이 영혼이 구원받아 영원한 생명으로 거듭나는 것이기 때문입니다. 그러므로 내 영혼이 살수만 있다면 나를 구원하는 목자가 예수님이든지 부처님이든지 그리고 성경이든지 불경이든지 그것은 문제가 되지 않습니다.

진리는 어느 특정한 종교의 전유물이 아니며 예수님이나 부처님 역시 그렇습니다. 그러면 오늘날 삯꾼목자와 거짓신부 그리고 가짜스님은 어느 누구란 말입니까? 그것은 곧 사람들의 사주팔자도 바꾸지 못하면서 예수나 부처만 믿으면 천국도 가고 극락도 가고 복도 받아 잘 살수 있다고 사람들을 속이고 미혹(迷惑)하는 자들입니다. 그러므로 사람들이 신앙생활을 할 때 자신의 운명이나 사주팔자를 바꿀 수 있는 참 목자를 만나는 것은 그 무엇보다 중요한 일입니다.

사람들은 이 세상에 태어날 때부터 모두 죄인들이기 때문에, 태어날 때 사주팔자도 운명적으로 모두 죽을 운명을 타고 난 것입니다. 왜냐하면 죄가 없는 자는 이미 천국으로 들어가 이 세상에 태어나지 않기 때문입니다. 그러므로 사람들이 이 세상에 사는 목적이나 신앙생활을 하는 목적이 모두 죽을 팔자에서 벗어나 영원한 생명을 얻는 것이라야 합니다. 진정한 신앙생활은 죄 때문에 죽을 수밖에 없는 자신의 운명(運命)과 팔자(八字)를 하나님의 말씀을 통해서 날마다 조금씩 바꾸어 나가는 것입니다. 그리고 전생으로부터 가지고 온 더러운 죄와 이생에서 지은 죄들을 모두 깨끗이 씻고 영원히 죽지 않는 하나님의 생명으로 거듭나는 것입니다.

사람들이 신앙생활을 통해서 자신의 품성을 바꾼다면 사주팔자도 반드시 변하게 되어있습니다. 그런데 신앙생활을 함에 있어서 무엇보다 중요한 것은 올바른 목자, 즉 참 목자를 만나야 한다는 것입니다. 왜냐하면 참 목자만이 사람들의 성품을 바꿀 수 있고 죄인들의 죄도 사할 수 있으며 죽은 영혼들을 살려서 하나님의 아들로 거듭나게 할 수 있기 때문입니다. 그러므로 신앙인들은 목회자라고 아무나 믿을 것이 아니라 하나님께서 보내주시는 참 목자인가를 확인해보아야 합니다. 왜냐하면 양들이 죽고 사는 것은 오직 목자에게 달려 있기 때문입니다. 그러므로 하나님께서 보내주시는 오늘날의 참목자를 찾아서 올바른 신앙생활을 한다면 품성이 바뀌고 운명이 바뀌고 사주팔자도 바뀌어서 죄인이 의인이 되고, 죽은 영혼도 살아나서 하나님의 아들로 거듭나게 될 것입니다.

그러므로 신앙인들은 하나님을 통해서 복을 받아 이 세상에서 잘 살려고만 하지 말고 신앙생활을 통해서 자신의 품성을 바꾸고 팔자를 바꾸어 하나님의 아들로 거듭나기 위해서 힘써야 합니다. 왜냐하면 예수를 믿어 복을 받아 이 세상에서 욕심대로 잘살려고 하는 신앙생활은 만신들이나 믿는 무속신앙이기 때문입니다. 예수님은 세상의 썩어질 복을 주시기 위해서 오신 분이 아니라 죄 가운데 죽어가는 죄인들을 구원하고 살려서 영원한 생명을 주시기 위해서 오신 분입니다.

때문에 오늘날 기독교인들이 신앙생활을 하는 목적이 예수님을 통해서 죄 사함을 받고 하나님의 생명으로 거듭나서 하나님의 아들이 되기 위함이라야 합니다. 그러면 반드시 생로병사의 윤회에서 벗어나 하나님의 아들로 거듭나서 눈물도 고통도 없는 영원한 천국에 이르게 될 것입니다.

이 글을 읽는 모든 분들이 하루속히 생로병사(生老病死)의 윤회에서 벗어나 모두 하나님의 생명으로 거듭나 하나님의 아들이 되기를 바라는 바입니다.

13
부처님께서 행하신 방생

불자들은
방생을 하기 전에 먼저
부처님이 말씀하시는 방생은
어떤 뜻이며
무엇을 방생하라고 가르쳐주셨는가를 아는 것이
더 중요하다고 생각합니다.

부처님께서 행하신 방생

방생(放生)은 강이나 호수 혹은 들이나 산에서 잡은 물고기와 새들 그리고 짐승들을 놓아주는 것을 말합니다. 이렇게 방생은 어부나 낚시꾼들 혹은 사냥꾼들에게 잡혀서 죽어가는 물고기나 들짐승 혹은 새들을 돈을 주고 사가지고 강이나 호수 그리고 들이나 산에 놓아주는 것을 말하고 있습니다. 이렇게 어항 속이나 새장 혹은 짐승들의 우리 속에서 죽음을 기다리고 있는 물고기나 새나 짐승들을 놓아주면 그 선업으로 복을 받아 이생에서 행복하게 잘살 수 있고 내생에도 좋은 환경이나 극락에 태어난다는 소망 때문에 방생(放生)을 하는 것입니다. 때문에 사찰에서 스님들이 방생을 년중 행사로 봄, 가을로 신도들과 함께 구입한 물고기들을 놓아 주려고 버스를 대절하여 방생하러 가는 것을 볼 수 있습니다. 이렇게 우리나 틀 속에 갇혀서 죽어가는 생명을 살려주는 방생은 좋은 일이며 선업이라 할 수 있습니다. 때문에 불자들은 누구나 한 두 번은 방생을 한 경험이 있으며 지금도 방생을 지속적으로 행하고 있는 분들도 있습니다.

그런데 만일 이렇게 방생(放生)을 하여 복을 받아 운수가 대통하고 만사가 형통하다면 그리고 방생을 한 선업으로 죽어서도 극락을 갈 수 있다면 어느 누구나 방생을 해야 한다고 생각합니다.

그러나 부처님은 물고기나 금수와 같은 짐승들을 방생한다 해서 복을 받고 극락을 간다고 말씀하신 적이 없다는 것입니다. 때문에 불자들은 방생(放生)을 하기 전에 먼저 부처님이 말씀하시는 방생은 어떤 뜻이며 무엇을 방생하라고 가르쳐주셨는가를 아는 것이 더 중요하다고 생각합니다. 불경을 보면 부처님께서 살생하지 말라는 말씀이 있습니다. 때문에 오늘날 스님들이나 불자들 중에 지금도 모기 한 마리도 죽이지 않고 고기를 먹지 않는 분들이 있습니다. 그런데 불자들이 이제는 산목숨을 죽이지 않는 것은 물론 죽어가는 생명을 살리는 자비(慈悲)를 행하고 있는 것입니다. 참으로 좋은 일이며 선업(先業)이라 할 수 있습니다.

그런데 부처님께서 하신 방생은 지금 불자들이 행하고 있는 방생과 좀 다르다는 것입니다. 그러면 부처님께서 손수 행하시며 불자들에게 보여주시고 가르쳐주신 진정한 방생은 어떤 뜻이며 무엇을 방생하셨는지 알아보기로 하겠습니다. 불경을 보면 부처님께서 물고기나 짐승을 놓아주는 방생(放生)을 하신 것이 아니라 물고기나 짐승의 상태에 있는 무명의 중생들을 제도(濟度)하여 방생하였다는 것입니다. 즉 부처님은 물고기나 짐승들을 방생한 것이 아니라 지옥계에서 고통 받으며 죽어가는 무명의 중생들을 제도(濟度)하고 살려서 부처를 만드셨다는 것입니다. 즉 부처님은 지옥계에서 죽어가는 중생들을 아귀계로 방생하고 아귀계에서 머물고 있는 중생들은 축생계로 방생하고 축생계에 있는 중생들은 수라계로 방생하고 수라계에 있는 중생들은 인간계로 방생하고 인간계에 있는 중생들을 천상계로 방생하여 부처를 만드셨다는 것입니다.

그러므로 오늘날 불자들은 물고기나 짐승들만 방생을 하여 복만 받으려고 할 것이 아니라 부처님이 행하신 방생에 따라 지옥계(地獄界)에서 고통받고 있는 무명의 중생들을 깨우쳐서 아귀계(餓鬼界)로 방생하고 아귀계에 있는 아귀들은 축생계로 방생해야 합니다. 부처님은 육바라밀을 통해서 지옥계에 있는 중생이 지옥계(地獄界)를 벗어나려면 보시행을 해야 하다고 말씀하고 계십니다. 그런데 지옥계에 있는 중생들은 미물과 같은 존재이기 때문에 아귀계(餓鬼界)의 아귀나 축생계(畜生界)에 있는 축생들이 도와주지 않으면 지옥계에서 아귀계로 스스로 나올 수가 없다는 것입니다. 그러므로 아귀계에 있는 중생들은 지옥계에 갇혀서 죽어가는 중생들을 찾아가 아귀계로 방생해야 합니다.

이렇게 아귀계에 머물고 있는 아귀들이 지옥계에 있는 중생들을 방생하는 일을 계속한다면 아귀들이 아귀계를 벗어나 축생계(畜生界)로 들어가게 되는 것입니다. 그런데 불자들은 부처님께서 행하시고 가르쳐주신 방생(放生)의 진정한 뜻을 모르기 때문에 시장에서 물고기나 새들을 사서 놓아주는 방생만 하고 있는 것입니다. 그러므로 이제 부처님께서 가르쳐주신 진정한 방생을 알았다면 이제 부터라도 올바른 방생을 해야 합니다.

오늘날 불자들이 행해야 할 방생은 불교의 교리(敎理)나 제도(制度)의 틀 속에 갇혀서 종노릇하고 있는 중생들과 부처님께 자기 욕심을 채우려고 운수대통 만사형통만 찾다가 죽어가는 중생들을 깨우쳐 구원하는 방생을 해야 합니다. 이러한 방생은 스님들이 먼저 알고 불자들을 올바로 가르쳐서 삼독(三毒)인 탐, 진, 치(貪, 瞋, 癡)로 인해서 죽어가는 중생들을 구원하여 살리는 방생을 해야 하는 것입니다. 이렇게 부처님께서 원하시고 기뻐하시는 방생은 제도의 틀 속이나 기복속에서 욕심으로 죽어가는 중생들을 구원하여 살리는 것입니다. 그러므로 지옥계에 살고 있는 중생은 보시를 행하여 지옥계에서 나와야 하며 지옥계에서 나온 아귀들은 지옥계에 있는 중생들을 구원하여 아귀계로 방생해야 합니다. 그러면 아귀계에 있는 중생들이 축생계로 나아가 축생이 되는 것입니다.

이렇게 축생계에 있는 중생이 아귀계에 있는 아귀들을 방생하면 수라계(修羅界)로 들어가게 되고 수라계에 있는 중생들이 축생들을 방생하면 인간계(人間界)로 들어가 인간이 되는 것이며 인간계에 있는 인간들이 수라계의 중생을 방생하면 천상계에 올라가 부처가 되는 것입니다. 이렇게 부처님께서 말씀하시는 방생은 불자들에게 아주 중요하며 누구나 행해야 할 일들입니다. 그러므로 이제 불교의 교리나 제도의 틀속에서 벗어나 부처님이 원하시는 진정한 방생을 해야 합니다. 왜냐하면 오늘날 불자들이 불교의 교리나 의식에 사로잡혀 있고 또한 기복신앙에 치우쳐 진리를 외면하고 있기 때문입니다.

부처님은 지금도 불자들이 교리나 제도의 틀 속에서 벗어나 부처님이 가르쳐주신 육바라밀(六波羅蜜)을 통해서 해탈하여 부처가 되길 원하고 계십니다.

교만

높이 들린 교만한 눈
마음속에 숨어 있는
악을 내 뿜으며
내장이 썩어 가는줄도
모르는 자신은
교활한 숨소리로
정죄 하면서
정죄로 말미암아
죽음을 재촉하듯
입벌리고 있다네

나그네

온 곳을 알았다면
가기도 쉽건만

오고가는 이치를 모르니
항상 나그네러라

외롭고 고달파서 자신을 원망하니
은은히 들리는 소리
고향의 부름이라네

14
인간들의 생사화복

사람들은
인간의 태어남을 축복으로 알고 기뻐하며
죽음은 저주로 생각하고 괴로워하지만 모
든 고통은 태어남으로 시작되며
생의 모든 고통은
죽음으로 끝이 나는 것입니다.

인간들의 생사화복

인간들의 삶은 태어남으로 시작되어 화복(禍福) 속에서 살아가다가 죽음으로 모든 생을 마치게 됩니다. 사람들은 인간의 태어남을 축복(祝福)으로 알고 기뻐하며 죽음은 저주로 생각하고 괴로워하지만 모든 고통은 태어남으로 시작되며 생의 모든 고통은 죽음으로 끝이 나는 것입니다. 또한 생은 죽음이 전제되어 있지만 죽음은 또 다른 생(生)을 얘기하고 있습니다. 그러면 고통이 시작되는 생(生)이 축복인가 아니면 고통에서 벗어나는 죽음이 축복인가? 그러나 인간들이 생(生)과 사(死)의 진정한 의미를 모르고 살아간다면 생(生)도 사(死)도 모두 화요 저주라는 것을 알아야 합니다. 그런데 만일 사람들이 생(生)과 사의 의미를 올바로 알고 이 세상을 보다 나은 내생(來生)을 준비하며 살아간다면 생(生)도 복이요 사(死)도 복인 것입니다. 결국 인간들의 복과 저주는 생사화복(生死禍福)이라는 네 글자의 의미를 올바로 깨닫고 내생을 준비하며 살아가느냐 아니면 아무 의미없이 자기 욕심대로 살다가 죽느냐에 달려있다는 것입니다.

이렇게 인간들은 이 세상을 생(生)과 사(死)의 비좁은 공간 속에서 재앙으로 고통을 받거나 아니면 복을 받아 나름대로의 행복한 삶을 누리며 살아가지만 죽을 때는 모두 허무하게 떠나갑니다. 인간의 만사가 공수래(空手來) 공수거라(空手去)는 성인의 말과 같이 사람들은 이 세상에 빈손으로 왔다가 빈손으로 떠나가는 것입니다. 예루살렘 왕 솔로몬은 해 아래서 무상하게 죽어가는 인생들을 바라보며 "헛되고 헛되며 헛되고 헛되니 모든 것이 헛되도다"라고 말씀하시면서 "사람이 해 아래서 수고하는 모든 수고가 자기에게 무엇이 유익한고 한 세대는 가고 한 세대는 오되 땅은 영원히 있도다"라고 한탄하고 있습니다.

그러면 인간들이 이렇게 금수와 버러지처럼 무의미하게 살다가 허탈하게 떠나가는 것이 인생의 전부란 말입니까? 그러나 하나님께서 인간들을 만들어 이 세상에 보내주신 목적이나 뜻은 전혀 다릅니다. 그러므로 인간들은 이 세상을 살아가면서 반드시 하나님의 뜻을 알아서 하나님의 뜻을 이루어야 하는 것입니다. 만일 하나님의 뜻을 올바로 알고 이 세상사는 동안에 하나님의 뜻을 성취한다면 인생처럼 가치 있고 보람 있는 것은 없다고 말할 것입니다. 하나님의 뜻을 알기 위해서는 먼저 자신의 근원이나 존재의 의미 그리고 사후에 펼쳐지는 세계에 대해서 알아야 합니다. 그리고 인간이 온 곳과 가는 곳 그리고 인생의 의미에 대해서 분명히 알아야 합니다. 하지만 인간들은 이러한 것들에 대해서는 관심조차 없이 이 세상을 화복에 매여 종노릇하다가 무의미하게 죽어 가는 것입니다.

솔로몬 왕이 인간들을 바라보며 모든 것이 헛되다고 한탄을 하신 이유는 육신에 속한 땅의 존재들이 이 세상사는 동안에 하나님의 생명으로 거듭나서 하늘이 되어야 하는데 모두 땅의 존재로 이 세상을 오고 가고 있기 때문입니다.

성경에서 하나님의 생명으로 거듭난 하늘들은 알곡이라 말하며 거듭나지 못한 땅들은 쭉정이라 말합니다. 솔로몬이 "헛되고 헛되며 헛되고 헛되니 모든 것이 헛되도다" 라고 말씀하신 것은 사람들을 이리 보아도 쭉정이요 저리 보아도 쭉정이요 동서남북에 모두 쭉정이들 뿐이라는 뜻입니다. 사람들이 세상을 떠나면서 모두 허탈하게 느끼며 무상하다고 말하는 것은 하나님의 뜻을 모르고 자기 욕심대로 살다가 쭉정이로 죽기 때문입니다.

하나님께서 인간들을 사람으로 인정하지 않고 짐승이나 미물로 취급하는 것은 바로 이 때문입니다. 그러므로 인간의 탈을 쓰고 나온 사람이라면 다른 것은 모른다 해도 하나님께서 주관하시는 생사화복(生死禍福)의 의미만이라도 분명히 알아야 하는 것입니다. 그러면 인간들에게 나타나는 생사화복은 무엇 때문에 오는 것이며 그에 대한 의미는 진정 무엇일까? 생사화복은 자연적이거나 우연적으로 발생하는 것이 아니라 인간들의 삶의 결과에 따라서 하나님으로부터 주어지는 것입니다. 인간들은 본래 하나님에 의해서 창조(創造)된 피조물(被造物)이며 지금도 하나님의 주관 하에 존재하고 있다는 것을 알아야 하는 것입니다.

이 말은 하나님의 존재가 없다면 인간들은 물론 자연만물조차도 존재할 수 없다는 뜻입니다. 왜냐하면 인간뿐만 아니라 천지 우주만물들이 하나님에 의해서 창조되었고 하나님의 주관 하에 지금도 존재하고 있기 때문입니다.

하나님께서 인간들을 창조하신 목적은 땅에 속한 인간의 존재를 하나님의 말씀으로 재창조하여 하늘에 속한 하나님의 아들을 만들기 위함인 것입니다. 이렇게 땅에 속한 육신의 존재들을 하늘에 속한 영적 존재로 만들기 위해서 동원되는 것이 바로 화와 복 그리고 하나님의 말씀입니다. 즉 인간들에게 주어지는 화(禍)와 복(福)은 윤회되는 땅의 존재들을 하늘의 존재인 영원한 생명으로 창조하기 위한 도구라는 것입니다. 이것은 대장간에서 대장장이가 농기구를 만들기 위해 무쇠덩어리를 뜨거운 풀무불 속에 넣어 빨

갛게 달궈지면 망치로 두드린 후 찬물에 담그고 하는 과정을 여러 번 반복하면서 강하고 예리한 기구를 만드는 것과 같은 것입니다.

아무 쓸모없는 무쇠덩어리가 사람들에게 귀중한 기구로 만들어지는 것은 바로 불과 물 그리고 내리치는 망치 때문입니다. 이와 같이 하나님께서는 인간들을 하나님이 쓰시기에 합당한 일군을 만들기 위해서 인간들에게 화와 복을 동원하는 것입니다. 하나님께서 이스라엘 백성들을 불모지 사막으로 이끌어 내어 불과 구름기둥으로 연단을 시킨 것은 바로 하나님의 아들로 창조하기 위함이었습니다. 그러므로 인간들은 하나님께서 주시는 화(禍)와 복(福)을 통해서 날마다 하나님의 사람으로 창조되어야 하는 것입니다. 그런데 인간들은 이러한 하나님의 뜻을 모르고 육신에 좋은 복만을 추구하며 신앙생활을 열심히 하지만 고통스러운 화는 모두 피하거나 거부하고 있는 것입니다. 또한 육신이 평온하고 시원한 물속은 서로 들어가려고 하지만 뜨겁고 고통스러운 불 속은 모두 거부하며 들어가려고 하지 않습니다.

그러나 단단한 무쇠가 뜨거운 불 속에 들어가지 않고는 녹지 않는 것처럼 욕심으로 굳어져 마음이 강퍅해진 인간들은 화를 통해서 고통을 받지 않으면 녹아지지 않고 부서지지도 않습니다. 이렇게 강퍅한 자아가 부서지지 않으면 절대로 영원한 생명으로 창조될 수 없는 것입니다. 사람들이 복은 받으면 받을수록 교만해지고 강퍅해지지만 화는 받으면 받을수록 마음이 부서지고 낮아져 겸손해집니다. 왜냐하면 화를 당한 사람들은 고통을 통해서 자신의 한계와 무능함을 깨닫게 되어 하나님을 의지하게 되지만 복을 받아 고통 없이 살아가는 사람들은 자신의 존재나 한계를 깨닫지 못하고 점점 교만(驕慢)해져서 하나님을 멀리하기 때문입니다.

이렇게 화를 당한 사람은 자신의 무능함을 깨닫고 하나님을 의지하게 되어 하나님께 점점 가까이 가게 되지만 복을 받아 행복하게 살아가는 사람들은 점점 교만해져서 세상으로 달려가게 되는 것입니다. 그러므로 사람들은 육신에 좋은 복을 복이라 말하지만 하나님은 육신의 복이 바로 저주(咀呪)이며 화가 복이라 말씀하시는 것입니다. 왜냐하면 육신의 복을 받은 사람들은 재물이 풍부하게 되고 마음도 교만(驕慢)해져서 멸망을 받았지만 저주를 받은 사람들은 고통 때문에 마음이 가난하여져서 하나님만을 의지하게 되어 결국 천국으로 들어가기 때문입니다.

예수님께서 마음이 가난한 자가 복이 있나니 천국이 저희의 것이라고 말씀하신 것은 바로 이러한 이유 때문입니다. 그런데 이러한 사실을 모르는 자들은 하나님과 예수님 혹은 부처님을 믿고 신앙생활을 하면서도 복은 많이 받으려 하지만 화는 어떻게 해서라도 피하려 합니다.

오늘날 종교들은 대부분이 진리와 생명을 떠난 기복신앙인데 기복신앙(祈福信仰)이란 자신의 욕심을 채우기 위해서 하는 신앙을 말합니다. 성인들이 말씀하시는 진정한 신앙생활은 욕심을 채우기 위해서 하는 것이 아니라 욕심을 버리기 위해서 하는 것입니다. 왜냐하면 욕심을 채우기 위해서 하는 신앙생활은 모두 멸망을 받아 지옥으로 들어가지만 신앙생활을 통해서 자기 안에 들어있는 욕심을 날마다 버린 자들은 모두 천국으로 들어가기 때문입니다.

하나님은 욕심이 잉태하면 죄를 낳게 되고 죄가 장성하면 사망하게 된다고 말씀하고 있으며 부처님 역시 인간들의 탐. 진. 치(貪, 瞋, 癡)를 버리지 않으면 극락으로 들어가지 못하고 지옥에서 형벌을 받는다고 말씀하고 있습니다. 이 말은 이 세상에서 아무리 신앙생활을 열심히 한다해도 욕심을 버리지 못한 자들은 결국 지옥으로 들어간다는 것입니다. 그런데도 불구하고 기독교인들이나 불교인들이나 한결같이 복은 받으려고 온갖 정성을 다하지만 화는 고통스럽다고 모두 피하고 있는 것입니다. 이 모든 것들은 하나님의 뜻, 즉 하나님의 말씀을 모르기 때문에 나타나는 현상입니다. 하나님께서는 히브리서 말씀을 통해서 이렇게 말씀하고 있습니다.

[히브리서 12장 5절-13절] 내 아들아 주의 징계하심을 경히 여기지 말며 그에게 꾸지람을 받을 때에 낙심하지 말라 주께서 그 사랑하시는 자를 징계하시고 그의 받으시는 아들마다 채찍질하심이니라 하였으니 너희가 참음은 징계를 받기 위함이라 하나님이 아들과 같이 너희를 대우하시나니 어찌 아비가 징계하지 않는 아들이 있으리요 징계는 다 받는 것이거늘 너희에게 없으면 사생자요 참 아들이 아니니라 또 우리 육체의 아버지가 우리를 징계하여도 공경하였거든 하물며 모든 영의 아버지께 더욱 복종하여 살려 하지 않겠느냐 저희는 잠시 자기의 뜻대로 우리를 징계하였거니와 오직 하나님은 우리의 유익을 위하여 그의 거룩하심에 참예케 하시느니라 무릇 징계가 당시에는 즐거워 보이지 않고 슬퍼 보이나 후에 그로 말미암아 연달한 자에게는 의의 평강한 열매를 맺나니 그러므로 피곤한 손과 연약한 무릎을 일으켜 세우고 너희 발을 위하여 곧은 길을 만들어

저는 다리로 하여금 어그러지지 않고 고침을 받게 하라

하나님께서 내리시는 징계와 채찍은 사람들에게 화요, 저주(咀呪)요, 고통(苦痛)입니다. 그러나 하나님은 사랑하기 때문에 징계를 하시는 것이며 아프게 채찍을 가하시는 것도 아들로 대우하기 때문이라고 말씀하고 있습니다. 그런데 징계가 없는 자들은 사생자, 즉 부모가 없는 자라고 말씀하십니다. 부모가 자식을 책망하고 때리는 것은 미워서가 아니라 사랑하기 때문입니다.

옛 말에 미운 자식은 떡 하나 더 주고 사랑하는 자식은 매로 다스린다는 말이 있습니다. 이 말은 부모가 소망을 포기한 자식에게는 떡이나 먹으라고 던져주지만 소망이 있는 자식은 훌륭하게 키우기 위해서 채찍을 가한다는 뜻입니다. 잘 달리는 말에게 채찍을 더 가한다는 말도 이러한 뜻에서 나온 말입니다. 이렇게 인간들은 복이 좋다고 복만 받으려고 하지만 하나님은 상기의 말씀과 같이 소망이 없는 자에게는 썩어질 복을 주시며 사랑과 소망이 있는 자식은 징계와 고난을 통해서 채찍을 가하시는 것입니다.

하나님께서 화가 복이요 복이 화라고 말씀하시는 이유가 바로 이런 이유 때문입니다. 왜냐하면 화로 인한 슬픔과 고통은 생명으로 인도하지만 복으로 인한 인간의 부요와 안일은 즐거움과 더불어 멸망으로 인도하기 때문입니다. 그러므로 예수님께서 심령이 가난한 자가 복이 있고 애통하는 자가 복이 있다고 말씀하신 것입니다. 이러한 하나님의 뜻을 알게 된 베드로 사도는 이렇게 말씀하고 있습니다.

[베드로전서 1장 6절-7절] 그러므로 너희가 이제 여러 가지 시험을 인하여 잠깐 근심하게 되지 않을 수 없었으나 오히려 크게 기뻐하도다 너희 믿음의 시련이 불로 연단하여도 없어질 금보다 더 귀하여 예수 그리스도의 나타나실 때에 칭찬과 영광과 존귀를 얻게 하려 함이라

상기의 말씀에 여러 가지 시험이란 시험을 통해서 오는 여러 가지 고통을 말합니다. 그런데 베드로 사도는 너희가 받는 시험을 오히려 기뻐하라고 말씀하고 있습니다. 그 이유는 너희의 믿음을 통한 시련이 불로 연단하여도 없어지지 않는 금보다 더 귀한 존재를 만들어 예수 그리스도가 나타나실 때에 칭찬과 영광과 존귀를 얻게 되기 때문이라는 것입니다.

이렇게 하나님의 백성들에게 다가오는 시험(試驗)과 연

단, 즉 화로 인한 고통과 고난들은 정금보다 더 귀한 하나님의 아들을 만들기 위해서 오는 것입니다. 그런데 이렇게 귀하고 소중한 시험이나 연단을 화라고 거부하거나 두려워서 피한다면 어떻게 되겠습니까? 그것은 결과를 듣고 보지 않아도 알 수 있는 일이 아닌가요? 그런데 하나님께 시험이 오지 않게 해 달라고 날마다 기도를 하고 있다면 결국 멸망(滅亡)하게 해 달라고 기도하는 것과 같은 것입니다.

그럼에도 불구하고 오늘날 기독교인들은 이러한 하나님의 뜻도 모르면서 시험이 두렵다고 하나님께 시험이 오지 않게 하여 달라고 기도를 하고 있는 것입니다. 사람들이 입에 단 것보다 쓴 것이 몸에 더 좋다고 말은 하면서도 복보다 화가 더 좋다는 것은 전혀 모르고 있습니다. 굶주린 사람만이 음식의 고마움을 알고 고난 뒤에 오는 행복이 진정한 행복이라는 것을 알아야 하는 것입니다.

병들어 고통을 받아 본 사람이 건강의 소중함을 알고 지옥의 고통을 받아본 자만이 천국의 소중함을 알게 되는 것입니다. 이렇게 어둠을 아는 자들이 빛의 고마움을 느끼고 지옥을 아는 자들이 천국의 고마움을 느끼며 하나님께 감사하게 되는 것입니다.

그러나 복만을 움켜잡고 항상 배부름과 부요 속에서 건

강하게 살아가는 자들은 천국도 지옥도 알 수 없을 뿐만 아니라 하나님께 감사할 줄도 모릅니다. 석가모니 부처님께서 성불을 하신 후 불자들에게 성불의 길인 사성제를 가르쳐 주시면서 고난이라는 단어에 성제를 붙여 말씀하신 것은 고난이 바로 해탈로 가는 길이요 진리요 생명이기 때문입니다.

부처님께서 인간들이 받는 고통을 고성제라고 말씀하신 것은 고통이 없으면 진리의 길을 갈 수가 없고 고통을 겪지 않고는 깨달아 부처가 될 수 없기 때문입니다. 이렇게 하나님께서 인간들에게 고난을 주시는 것은 하나님을 믿고 의지하라는 뜻이요 신앙생활을 하는 자들은 고난을 통해서 자신을 깨닫고 진리로 거듭나서 영원한 생명, 즉 하나님의 아들이 되라는 것입니다. 그런데 이러한 하나님의 뜻을 모르는 기독교인들은 삼십 배, 육십 배, 백 배의 넘치는 축복을 받으려 혈안이 되어 있고 불교인들은 운수대통과 만사형통만 찾고 있는 것입니다.

사람들이 육신적인 눈으로 보면 복이 축복이고 화가 저주(咀呪)이지만 영적인 눈으로 보면 복이 화이며 화가 진정한 복인 것입니다. 구약성경에 복(福)이라는 단어가 "바라크"로 기록 되어있는데 이 단어의 뜻은 복이라는 뜻도 있지만 저주(咀呪)라는 뜻도 함께 있습니다. 그 이유는 축복만 복이 아니라 저주도 복이라는 뜻이며 그보다 저주 뒤에 오는 복이 진정한 복이라는 것을 암시하고 있는 것입니다.

하나님께서 죄 많은 곳에 은혜도 많다고 말씀하신 것은 바로 이러한 이유 때문입니다. 신약성경에 사도들이 핍박과 배척을 당하며 고난을 당할 때 기뻐하고 즐거워 한 것은 바로 이러한 이유 때문입니다.

사도들이 하나님의 복음을 전파하면서 동족인 유대인들로부터 얼마나 많은 배척(排斥)과 핍박(逼迫)을 당하였습니까? 그러나 사도들은 자신들이 받는 고통을 오히려 기뻐하였으며 스테판 집사는 자신을 돌로 치는 유대인들을 용서해 달라고 하나님을 향해 기도하는 것을 볼 수 있습니다.

왜냐하면 이들은 화(禍)가 복(福)이요 고난 받는 것이 축복이라는 것을 잘 알고 있었기 때문입니다. 또한 사도바울이 자기 몸을 찌르는 가시가 있어 하나님께 가시의 고통을 제거해 달라고 세 번이나 기도를 했지만 하나님은 가시를 제거해 주시지 않으시고 "내 은혜가 족하도다 이는 내 능력이 약한데서 온전하여 짐이라"라고[고린도후서 12장 9절] 말씀하신 것을 볼 수 있습니다.

하나님께서 사도바울에게 찌르는 가시를 주신 것은 바

울이 자고하지 않도록 하기 위하여 은혜로 주셨다는 것입니다. 사도바울은 이러한 하나님의 마음을 깨닫고 가시를 주신 하나님께 감사하며 기뻐한 것입니다.

만일 하나님께서 바울에게 찌르는 가시를 주시지 않았거나 바울의 기도를 듣고 가시를 제거해 주셨다면 바울은 고난의 십자가를 지지 못했을 뿐만 아니라 오히려 교만해져서 멸망당할 수도 있었던 것입니다. 이러한 것이 바로 하나님과 인간들 간의 마음의 격차인 것입니다.

사람들은 자기 입장에서 생각하고 옳고 그름을 판단하지만 하나님의 생각과 마음은 전혀 다르다는 것을 알아야 합니다. 인간들은 시험(試驗)이나 고통이 오지 않게 기도하는 반면에 하나님은 여러 가지 시험(試驗)이 올 때 오히려 기뻐하라고 말씀하고 있습니다. 왜냐하면 믿음의 시련이 인내를 만들어 내고 인내심(忍耐心)을 통해서 온전한 하나님의 아들로 거듭날 수 있기 때문입니다. 모든 만사의 성공과 실패는 인내와 지구력에 의해서 결정된다고 해도 과언이 아닙니다. 사람들은 어느 누구나 원대한 꿈을 가지고 이 세상을 출발하지만 그 꿈을 이루지 못하는 것은 인내심과 지구력(持久力)이 부족하기 때문입니다.

이와 같이 오늘날 기독교인들이 모두 천국의 소망을 가

지고 신앙생활을 열심히 하고 있지만 끝까지 참고 견디는 인내심이 부족하여 시험에 넘어져 천국 가는 길에서 탈락하게 되는 것입니다. 학생들이 대학을 들어가기까지 수많은 시험을 보듯이 하나님의 백성들도 천국에 들어가기까지 수많은 시험(試驗)을 받는 것입니다. 그것은 성경이 말해주듯이 이스라엘 백성들이 가나안땅에 들어가기까지 수많은 애굽의 시험과 광야의 연단을 받은 것을 볼 수 있습니다.

이와 같이 오늘날도 생명의 좁은 길은 가는 자들은 수많은 시험과 연단을 받고 있는 것입니다. 그런데 생명의 좁은 길을 가는 자들도 천국에 이르지 못하고 도중하차하거나 실족을 하는 이유는 인내심(忍耐心), 즉 지구력이 부족하기 때문입니다. 그러므로 여러 가지 시험을 통해서 인내심을 날마다 키워야 세상의 유혹(誘惑)과 재리(財利) 그리고 신앙생활을 통해서 오는 환란(患亂)과 핍박(逼迫)을 모두 이기고 승리할 수 있는 것입니다.

아담과 하와는 하나님으로부터 말씀을 받았으나 뱀의 미혹을 받아 실족을 하였지만 예수님은 광야에서 마귀의 시험을 모두 말씀으로 물리치고 승리하신 것을 볼 수 있습니다. 예수님이 받은 시험은 광야에서 뿐만 아니라 그의 삶

속에서도 계속되었는데 십자가에서 돌아가시기까지의 모든 삶이 시험의 연속이었습니다. 그러나 예수님은 모든 시험을 끝까지 인내하시면서 말씀으로 승리하신 것입니다.

시험은 예수님뿐만 아니라 이 세상을 살아가는 사람들이라면 신자나 불신자를 막론하고 어느 누구나 받고 있습니다. 시험은 다양하게 다가오는데 사람들로부터 오는 시험, 물질과 돈으로부터 오는 시험, 건강문제로 오는 시험, 신앙으로부터 오는 시험, 천재지변(天災地變)으로 오는 시험 등 날마다 시험 속에서 살아가고 있다고 해도 과언이 아닌 것입니다. 그런데 이러한 시험들이 무엇 때문에 오는 것이며, 이러한 시험을 통해서 무엇을 깨달아야 하는지를 모르고 있는 것입니다.

하나님께서 인간들에게 짐승과 다르게 지. 정. 의를 주신 것은 바로 이러한 것들을 생각하고 깨닫게 하기 위해서입니다. 짐승들은 지, 정, 의(知, 情, 義)가 없거나 부족하기 때문에 화나 복 그리고 시험이나 연단에 대해서 전혀 모르고 있습니다. 그러므로 이러한 것들 때문에 고민을 하거나 깨달으려고 애쓰는 짐승도 없습니다. 그런데 지, 정, 의(知, 情, 義)를 가지고 있는 인간들이 생활 속에서 다가오는 화나 복 그리고 시험이나 연단에 대해서 생각을 하지 않거나 모르고 살아간다면 짐승이나 미물과 무엇이 다르겠습니까?

그보다 하나님과 예수를 믿으며 하나님의 뜻대로 신앙생활을 한다는 기독교인들이 하나님이 주시는 화복의 의미나 시험과 연단의 의미를 모른다면 어떻게 천국을 간단 말입니까? 기독교인들은 오직 예수를 믿는 믿음 하나로 천국을 들어간다고 말하지만 예수님은 나를 믿는다고 하여 천국에 다 들어가는 것이 아니라 하나님의 뜻대로 행한 자들만이 들어간다고 행함을 강조하고 계십니다. 또한 하나님은 행함이 없는 믿음은 죽은 믿음이라고 분명히 말씀하고 계신데, 어떻게 예수를 믿는다고 천국에 다 들어간단 말인가? 천국을 들어가려면 화가 무엇이며 복이 무엇인지부터 분명히 알아야 하지 않겠는가?

신약성경에 복이라는 단어는 원어로 "유로기아"로 기록되어 있는데 "유로기아"의 뜻은 좋은 말씀, 즉 생명의 말씀을 말하고 있습니다. 즉 하나님께서 주시는 신령한 하늘의 복은 생명의 말씀이라는 것입니다. 왜냐하면 하나님의 백성들이 하나님의 아들로 거듭날 수 있는 것은 곧 생명의 말씀이기 때문입니다.

그러므로 하나님께서 말씀하시는 하늘의 복과 예수님

께서 말씀하시는 생명의 양식은 모두 생명의 말씀을 말하고 있으며 하나님께서 말씀하시는 저주와 썩을 양식은 썩어 없어질 육신의 복과 가감된 비 진리를 말하고 있는 것입니다. 그런데도 불구하고 오늘날 기독교인들은 땅에서 썩어 없어질 육신의 복만을 추구하며 삯꾼목자들이 주는 가감된 말씀을 하늘의 양식이라고 받아먹고 있는 것입니다.

예수님께서 바리새인들의 누룩(가감된 말씀)을 주의하라고 말씀하신 것은 바로 이러한 이유 때문입니다. 그러므로 오늘날 기독교인들은 하나님께서 말씀하시는 화와 복의 진정한 뜻을 올바로 깨닫고 하루속히 기복신앙에서 벗어나야 합니다. 그리고 하나님께서 주시는 환란이나 고통을 기피하거나 배척(排斥)하지 말고 감사하게 받아들여야 합니다.

동방의 의인이라는 욥도 복이 화라는 것을 모르고 안일하게 신앙생활을 하다가 하나님께서 주시는 화를 통해서 고통을 받게 될 때 하나님을 수없이 원망하며 대적까지 한 것을 볼 수 있습니다. 그러나 욥은 결국 자신이 죄인이라는 것과 화가 복이라는 것을 깨닫고 회개하여 구원을 받은 것입니다. 욥이 화가 복이라는 것을 깨닫기까지 얼마나 하나님을 원망하고 대적하였는지 욥기서를 보면 잘 알 수 있습니다.

하나님께서 사단을 들어서 욥을 쳐서 모든 재물과 자식들까지 걷어가게 하시고 욥의 몸에 악창까지 나게 하여 고통을 받게 하신 것은 욥을 사랑했기 때문입니다.

만일 하나님께서 욥에게 이러한 환난과 고통을 주지 않았다면 욥은 자신의 의로 안일하게 신앙생활을 하다가 결국 지옥으로 들어갈 수밖에 없었을 것입니다. 그러나 하나님은 욥을 사랑하셔서 징계와 채찍을 가하심으로 말미암아 결국 욥이 회개하고 거듭나게 된 것입니다. 이렇게 하나님께서 욥에게 환란(患亂)과 고통(苦痛)을 주신 것은 화가 아니라 축복인 것입니다.

오늘날 기독교인들은 욥이 동방의 의인이라고 욥의 신앙을 칭찬만 하고 있을 것이 아니라 욥이 받은 고통과 인내를 통해서 하나님의 마음과 뜻을 알아야 하는 것입니다. 이러한 하나님의 진정한 뜻과 마음을 안다면 이 세상에서 받는 어떠한 환난이나 곤고나 죽음까지도 감사하게 받아들이게 될 것입니다.

그러므로 이 글을 통해서 하나님께서 주시는 생사화복(生死禍福)의 의미를 올바로 알고 하나님의 뜻대로 진실한 신앙생활을 한다면 이 세상이 가장 보람 있고 가치 있는 삶이 될 것입니다. 이제 하나님의 백성들은 화복에 종노릇 하지 말고 하루속히 기복신앙에서 벗어나 하나님의 생명으로 거듭나기 위하여 혼신의 노력을 다해야 합니다. 이러한 마음으로 올바른 신앙생활을 한다면 하나님께서 기뻐하실 것이며 하나님의 생명으로 거듭날 수 있도록 도와주실 것입니다.

하나님은 지금도 하나님의 백성들을 구원하시기 위해서 훈계(訓戒)와 징계(懲戒)의 채찍을 들고 계십니다. 그러므로 오늘날 기독교인들은 하나님의 진정한 사랑이 무엇인가를 깨닫고 하나님께서 주시는 화와 복을 감사하게 받아들여야 합니다.

이렇게 사랑의 매와 징계를 감사하게 받아들인다면 화가 변하여 복이 되고 죽음이 변하여 하나님의 생명으로 부활(復活)이 될 것입니다.

존재

바람에 뒹굴며 물 흐름 따라 살아온 나날들
그 안에서 벗어나려 온갖 애를 썼었네
그러나 내 존재가
한낱 바람에 흩날리는 낙엽의 존재임을
이제야 알았네

돌이 되려 돌을 삼키고 또 삼켰네
점차 자신의 중력을 느끼며
세찬 바람에도 견딜 수 있게 되니

이제 하늘의 푯대를 향해
한 걸음 두 걸음 제길 찾아 달려가건만
아직도 푯대는 멀고 희미하게 보인다네

15
오늘날의 구원자와 적그리스도

오늘날 기독교인들은
오늘날 말씀이 육신 되어 오신
예수(구원자)를 시인하지 않고
배척을 하면서
미래에 나타날 예수님만
기다리고 있는 것입니다.

오늘날의 구원자와 적그리스도

하나님의 뜻은 죄 가운데 있는 하나님의 백성들을 구원하여 하나님의 아들로 창조하시는 것이며 하나님의 백성들이 신앙생활을 하는 목적은 죄 가운데서 구원을 받아 하나님의 아들로 거듭나는 것입니다. 그런데 하나님의 백성들이 구원을 받아 하나님의 아들로 거듭나려면 반드시 오늘날의 구원자, 즉 현재 구원자가 있어야 합니다. 만일 현재 구원자가 없다면 구원을 받을 수 없습니다. 이 때문에 하나님의 백성들에게 오늘날의 구원자는 그 무엇보다 중요하며 신앙의 전부라 해도 과언이 아닙니다. 왜냐하면 하나님의 백성들이 죽고 사는 것은 오직 오늘날의 구원자, 즉 예수님에게 달려있기 때문입니다.

그러므로 하나님의 백성들이 신앙생활을 하는 목적은 반드시 하나님께서 보내주시는 오늘날의 구원자 곧 현존(現存)하는 하나님의 아들을 믿고 그의 말씀을 듣고 영접하여 구원을 받아 하나님의 아들로 거듭나는 것이라야 합니다. 왜냐하면 하나님의 뜻은 하나님께서 하나님의 백성들에게 구원자로 보내주신 하나님의 아들을 믿고 그의 이름, 즉 그의 말씀을 영접(迎接)하는 자들에게는 하나님의 자녀가 되는 권세를 주셨기 때문입니다. 그런데 하나님의 백성들이 이러한 하나님의 뜻을 망각하거나 벗어나서 자신의 욕심을 채우기 위해 기복적인 신앙생활을 하고 있다면 하나님께 죄를 범하고 있는 것이며 이런 자들은 결국 멸망을 받아 지옥으로 들어가게 됩니다.

그럼에도 불구하고 오늘날 기독교인들이 신앙생활을 하는 목적은 대부분이 하나님으로부터 복을 받아 잘살려는 욕심으로 하고 있습니다. 그보다 더욱 심각한 문제는 하나님의 백성들이 자신들을 구원하기 위해서 하나님께서 보내주신 구원자가 어떤 분인지 조차도 모르고 관심도 없이 신앙생활을 하고 있다는 것입니다. 그런데 하나님께서 보내주시는 오늘날(현재)의 구원자를 모르고 신앙생활을 한다면 절대로 구원을 받을 수 없고 따라서 천국도 들어 갈 수 없습니다. 그럼에도 불구하고 유대인들이나 오늘날 기독교인들도 한결같이 하나님께서 보내주시는 오늘날의 구원자는 부정(不定)을 하고 배척(排斥)하면서 과거에 오셨던 구원자와 미래에 나타날 구원자만 기다리고 있습니다.

구원자는 유대인들과 기독교인들이 믿고 기다리는 교리적 구원자(메시야)가 있고 하나님께서 보내주시는 성경적 구원자가 있습니다. 그런데 유대인들과 오늘날 기독교인들이 믿고 기다리는 교리적 구원자는 과거에 오셨던 구원자(예수님)와 미래에 나타날 구원자(예수님)이며 하나님께서 믿고 영접하라는 성경적 구원자는 오늘날 하나님께서 보내주시는 현재(現在)의 구원자입니다.

왜냐하면 오늘날 기독교인들을 구원하는 것은 오늘날 실존하고 있는 현재의 구원자이지 과거에 오셨던 구원자나 미래에 나타날 구원자는 구원을 시킬 수 없기 때문입니다.

이 때문에 하나님께서 성경의 여러 부분을 통하여 하나님의 백성들에게 오늘날의 구원자를 보내주시면서 현재 존재하고 있는 구원자를 믿으라고 말씀하시는 것입니다.

[요한복음 3장 16절] 하나님이 세상을 이처럼 사랑하사 독생자를 주셨으니 이는 저를 믿는 자마다 멸망치 않고 영생을 얻게 하려 하심이니라

상기의 말씀과 같이 하나님은 하나님의 아들(현재의 구원자)을 보내주시면서 현재(現在) 존재하고 있는 구원자를 믿으라고 말씀하셨으며 과거의 구원자(아들)나 미래의 구원자를 믿으라고 말씀하신 것이 아닙니다.

그럼에도 불구하고 지금도 유대인들이 믿고 있는 구원

자는 과거에 오셨던 모세(구원자)이며 이들이 기다리는 구원자(메시야)도 모세보다 더 큰 권세와 능력을 소지하고 위대한 모습으로 오시는 미래의 메시야(구원자)입니다. 그러면 오늘날 기독교인들이 기다리고 있는 구원자는 어떤 구원자일까?

오늘날 기독교인들이 믿고 있는 구원자도 지금 살아계신 구원자가 아니라 과거 이천년 전에 구원자로 오셨던 예수님이며 또한 이들이 지금까지 기다리고 있는 구원자도 예수님보다 더 많은 권세와 능력을 가지고 하늘의 구름을 타고 화려한 모습으로 천사장의 나팔 소리와 함께 장엄하게 나타날 미래(未來)의 예수입니다. 이렇게 유대인들과 기독교인들은 모두 동일하게 하나님께서 오늘날 보내주시는 현재의 구원자는 모두 불신을 하고 배척을 하면서 과거에 오셨던 구원자와 앞으로 나타날 미래의 구원자를 믿고 기다리고 있는 것입니다.

그 이유는 오늘날 하나님께서 보내주시는 구원자는 위대하고 화려하고 찬란한 모습의 모세나 예수가 아니라 전에 베들레헴 마구간에서 태어난 초라한 모습 그대로 지금도 오시기 때문입니다. 예수님이 오시는 모습은 이사야서 53장에 나타난 대로 고운 모양도 없고 남과 다른 풍채도 없으며 사람들이 흠모할 만한 아무런 것도 없이 지극히 평범한 인간(人間)의 모습으로 오십니다. 이 때문에 유대인들이나 오늘날 기독교인들은 이렇게 초라한 모습으로 오시는 인간예수를 불신하고 배척을 하는 것입니다.

문제는 이렇게 하나님께서 오늘날 보내주시는 인간예수를 모르고 배척을 한다면 구원을 받지 못하는 것은 물론 멸망을 받아 지옥(地獄)으로 가게 된다는 것입니다. 이와 같이 오늘날 기독교인들을 구원할 구원자는 과거에 오셨던 구원자나 미래에 나타날 위대한 모습의 구원자가 아니라 지극히 평범한 인간의 모습으로 오시는 구원자입니다.

예수님 당시에 유대인들에게 오신 인간예수를 불신하고 배척한 자들은 모두 구원을 받지 못하고 죽었지만 유대인들 가운데 하나님께서 구원자로 보내주신 인간예수를 구원자(예수)로 믿고 그 말씀을 영접한 예수님의 열두 제자들은 모두 구원을 받아 하나님의 아들로 거듭나서 사도들이 된 것입니다.

이와 같이 오늘날도 하나님께서 보내주시는 현재의 인간예수를 구원자로 믿고 그의 말씀을 영접(迎接)하는 자들은 지금도 구원을 받아 하나님의 아들로 거듭나고 있습니다. 결국 예수님 당시나 오늘날이나 현재의 구원자(예수)를 믿고 영접하는 자들은 구원을 받아 하나님의 아들로 거듭나지만 과거의 구원자나 미래의 구원자만 믿고 있는 자들은 구원을 받지 못하고 모두 멸망을 당하게 되는 것입니다.

성경에 디모데와 디도 그리고 오네시모가 구원을 받아 하나님의 아들로 낳음을 받을 수 있었던 것은 과거에 오셨던 예수님을 믿고 영접한 것이 아니라 하나님께서 그들에게 구원자로 보내주신 사도 바울을 현재의 구원자로 믿고 그의 말씀을 영접했기 때문입니다. 만일 디모데와 디도 그리고 오네시모가 이미 떠나신 예수님(과거의 구원자)만 믿고 사도바울을 구원자로 믿지 않았다면 구원을 받아 아들로 거듭날 수 없었습니다.

이렇게 오늘날 기독교인들은 과거나 지금이나 미래에도 하나님의 백성들을 구원할 구원자는 언제나 하나님께서 오늘날 보내주시는 현재의 구원자이며 과거에 오셨던 구원자나 미래에 오실 구원자가 아니라는 것을 알아야 합니다. 왜냐하면 하나님의 백성들이 구원을 받으려면 반드시 구원자의 입에서 나오는 음성(音聲)을 듣고 그의 말씀을 일용할 양식으로 먹어야 하는데 현재 살아계신 구원자가 없다면 그의 음성을 들을 수 없고 그의 말씀을 일용할 양식으로 날마다 받아 먹을 수 없기 때문입니다.

이 때문에 예수님께서 내 음성을 듣는 자가 살아난다고 말씀하시며, 내가 주는 떡(말씀)을 먹지 않으면 영생(永生)할 수 없다고 말씀하시며, 주기도문을 통해서도 너희는 오늘날 일용할 양식(생명의 말씀)을 달라고 기도하라고 말씀하시는 것입니다. 또한 예수님께서 너희가 성경에서 영생(永生)을 얻는 줄 생각하고 성경을 날마다 상고 하고 있으나 성경은 곧 나(예수)에 대해서 증거하고 있다고 말씀하고 있습니다.

결국 하나님의 백성들이 살고 죽는 것은 오늘날 살아계신 예수를 믿고 영접하느냐 아니면 오늘날 살아계신 예수를 불신하고 배척을 하느냐에 달려 있다는 것입니다.

예를 들면 과거에 허준과 같이 유명한 의사가 있었다 해도 오늘날의 환자들을 치료하는 의사는 허준이 아니라 허준으로부터 의술을 전수 받은 자, 즉 현재 살아있는 오늘날의 의사인 것입니다. 또한 앞으로 백 년 후에 모든 암을 치료할 수 있는 신약이 나와 모든 사람의 암을 치료할 수 있다 해도 오늘날의 환자들에게는 아무런 소용이 없습니다.

이렇게 오늘날 하나님의 백성들을 구원할 구원자도 과거에 오셨던 예수님이나 사도들이 아니라 예수님과 사도들을 통해서 하나님의 아들로 거듭나서 현재 구원의 사역을 하고 있는 오늘날의 구원자들입니다.

그런데 유대인들이나 오늘날 기독교인들도 과거에 오셨던 구원자나 앞으로 오실 미래의 구원자는 믿고 기다리면서 현재 오셔서 계신 구원자는 모두 믿지 않을 뿐만 아니라 오히려 이단자(異端者)로 배척을 하고 있는 것입니다. 이렇게 하나님의 백성들이 현재의 구원자를 부정하고 배척하고 있는 것은 적그리스도, 즉 거짓선지자들과 거짓목자들이 하나님께서 보내주시는 오늘날의 구원자에 대해서 거짓증거를 하고 있기 때문입니다. 이 때문에 하나님께서 요한일서4장 1절 이하를 통해서 이렇게 말씀하고 계십니다.

[요한일서 4장 1절-4절] 사랑하는 자들아 영을 다 믿지 말고 오직 영들이 하나님께 속하였나 시험하라 많은 거짓선지자가 세상에 나왔음이니라 하나님의 영은 이것으로 알찌니 곧 예수 그리스도께서 육체로 오신 것을 시인하는 영마다 하나님께 속한 것이요 예수를 시인하지 아니하는 영마다 하나님께 속한 것이 아니니 이것이 곧 적그리스도의 영이니라 오리라 한 말을 너희가 들었거니와 이제 벌써 세상에 있느니라.

상기의 말씀은 하나님의 영(靈)과 적그리스도의 영(靈)에 대해서 자세히 말씀하고 있습니다. 하나님의 영(靈)은 하나님께 속한 하나님의 아들들이 전하는 말씀을 말하며 적그리스도의 영(靈)은 거짓선지자와 삯꾼목자들이 전하는 말씀을 말하고 있습니다. 그런데 그리스도의 영과 적그리스도의 영을 분별하는 방법은 오늘날 예수님께서 육체를 입고 오신 것을 인정하는 말씀은 그리스도의 말씀이며 오늘날 예수께서 육체를 입고 오신 예수를 부인하는 말씀은 적그리스도의 말씀이라는 것입니다. 즉 오늘날 육체를 입고 와서 계신 오늘날의 예수님을 시인하는 자들은 그리스도의 영이며 오늘날 육체를 입고 오신 예수님을 부인하는 자들은 적그리스도의 영이라는 것입니다.

문제는 오늘날 목회자들도 오늘날 육신을 입고 오신 예수님을 이단(異端)으로 배척(排斥)을 하며 예수님으로 인정을 하지 않으며 지금도 구름 타고 오실 예수님만 기다리고 있다는 것입니다. 그런데 기독교인들이 이천 년이 지나도록 기다리는 예수님은 앞으로 이천 년을 더 기다려도 오시지 않는다는 것입니다.

왜냐하면 구름 타고 오신다는 예수님은 이미 말씀이 육신 되어 오셔서 지금 계시기 때문입니다.

상기의 말씀은 너희가 예수님께서 다시 "오리라 한 말을 너희가 들었거니와 예수님은 지금 벌써 오셔서 계시다" [요한일서 4장3절]는 것입니다. 그런데 이미 오셔서 지금 계신 예수 그리스도는 곧 말씀이 육신 되신 분으로 예수님의 영(생명의 말씀)이 육체 안에 오신 분이라 말씀하고 있습니다. 이 말씀은 예수님께서 육체 안에 성령(생명의 말씀)이 임(잉태 孕胎)하여 말씀이 육신 되어 오셨던 것처럼 지금 오신 예수님도 사람의 육체 안으로 오셔서 계시다는 뜻입니다. 즉 하나님의 백성들이 기다리고 있는 재림 예수는 이미 사람 안에 성령(생명의 말씀)으로 임(잉태)하여 말씀이 육신 되어 오셔서 지금(현재) 계시다는 것입니다. 이것은 예수님의 육체 안에 있던 영(생명)이 사도들의 육체 안에 임하고 사도들 안에 있는 영이 디모데와 디도에게 임하고 디모데와 디도에게 있던 영이 다시 다른 사람에게 계속 임하고 임하면서 지금도 와서 계신다는 것입니다.

이와 같이 예수님의 생명(영)은 마태복음에 낳고 낳고의 역사와 같이 지금까지 이어져 오늘날도 하나님의 생명으로 거듭난 자들의 육체(肉體) 안에 오셔서 계신 것입니다. 이렇게 예수님은 예전에 입고 계셨던 몸만 다를 뿐 지금도 동일한 생명으로 성령(생명의 말씀)이 육신 안에 임하여 지금도 구원자로 와서 계신 것입니다. 그런데 오늘날 목회자들이나 기독교인들은 지금 육체(肉體)로 오셔서 계신 예수님을 부인하며 이단으로 배척(排斥)을 하고 있는 것입니다. 때문에 상기의 말씀을 통해서 오늘날 육체로 오신 예수님을 부인하는 자는 적그리스도라 말씀하시는 것입니다.

그런데 오늘날 기독교인들은 오늘날 말씀이 육신 되어 오신 예수(구원자)를 시인하지 않고 배척(排斥)을 하면서 미래에 나타날 예수님만 기다리고 있는 것입니다. 이 모두가 거짓선지자와 거짓목자들의 거짓 증거 때문에 나타나는 현상입니다. 때문에 지금까지 수많은 하나님의 백성들이 구원을 받지 못하고 멸망(滅亡)을 당하고 있는 것입니다. 만일 목회자들이 성경적인 현재의 구원자를 올바로 알려주었다면 지금까지 많은 하나님의 백성들이 오늘날의 구원자를 영접하여 구원을 받아 하나님의 아들로 거듭났을 것입니다.

그러므로 오늘날 기독교인들은 적그리스도의 말씀을 듣지 말고 상기의 말씀을 믿고 영접하여 오늘날의 하나님께서 말씀이 육신이 되어 보내주시는 인간예수를 구원자로 믿고 영접하여야 하는 것입니다. 이것이 바로 하나님이 오늘날 하나님의 백성들에게 바라고 원하시고 기뻐하시는 하나님의 뜻입니다.

그러므로 오늘날 기독교인들은 하루속히 거짓선지자와 삯꾼목자들이 인도하는 멸망(滅亡)의 넓은 길에서 벗어나 참 목자 곧 하나님의 아들이 인도하는 좁고 협착한 생명의 길을 따라가야 합니다.

그러면 오늘날 하나님께서 보내주시는 오늘날의 구원자(참목자)가 여러분을 구원하고 살려서 하나님의 아들로 거듭나게 할 것입니다.

감추인 악

혀 밑에 감추인 악을
토해 버리지 않으면
독사의 쓸개가 되며
감추인 악을 진토에 버리면
해맑은 빛이 되어 어둠을 비추리
교만은 덫이 되어
멸망에 이르고
겸손은 생수되어
영원하리라

16
인간의 실체와 고정관념

성경을 보면
사람은 하나님께서 흙으로 빚어 만드시고
그 안에 생기를 불어넣어
사람이 되었다고 말씀하고 있습니다.
때문에 사람의 실체는 몸이 아니라
몸 안에 들어 있는 생기,
곧 혼을 말하고 있습니다.

인간의 실체와 고정관념

인간의 실체는 과연 무엇이며 어떻게 만들어 졌을까? 하나님의 말씀이 기록된 성경을 보면 사람은 하나님께서 흙으로 빚어 만드시고 그 안에 생기를 불어넣어 사람이 되었다고 말씀하고 있습니다. 때문에 사람의 실체는 몸이 아니라 몸 안에 들어 있는 생기, 곧 혼을 말하고 있습니다. 그런데 부처님은 사람은 오온으로 구성되어 있다고 말씀하고 있습니다. 그러면 오온이란 무엇이며 구체적으로 어떤 것을 말하는 것일까요? 오온은 불교에서만 사용하는 용어로 인간의 구성 요소인 색수상행식을 말하는데 색은 사람의 몸이며 수상행식은 마음과 생각을 통해서 행하여 경험되어 알고 깨달은 인식된 고정관념을 말하고 있습니다.

이 말은 자신 안에 있는 고정관념(固定觀念)이 곧 자아이며 자신의 실체인 것입니다. 왜냐하면 사람들은 오온에 의해서 보고 듣고 경험한 인식들이 굳어진 고정관념을 가지고 살아가고 있기 때문입니다. 이렇게 인간들은 이 세상을 살면서 보고 느낀 감정이 자기 속에 상념(想念)이 되고 상념이 쌓여 사람들의 생각 속에 정착되면서 고정관념이 형성되는 것입니다. 이 고정관념은 어느 누구나가 가지고 있는 주관적인 관념으로 이 세상에 태어나 어려서부터 듣고 배우고 경험하면서 쌓아놓은 자기의 주관적 요소이며 이것이 곧 자기 존재인 것입니다.

사람들은 이렇게 이 세상으로부터 쌓아서 만들어진 고정관념을 가지고 지금도 이 세상을 열심히 살고 있는 것입니다. 이렇게 이 세상으로부터 형성된 자신의 고정관념은 결국 어느 것에도 양보될 수 없는 자신의 아집(我執)이 되고 자기의 아성(我城)이 되는 것인데 이것을 가리켜 자기의 틀이라고도 말하는 것입니다. 이렇게 사람들은 우물 안에 개구리처럼 자신이 만들어 놓은 틀 속에 갇혀서 그 범주 안을 벗어나지 못하고 살아가고 있습니다. 이렇게 사람들은 어려서부터 자신이 만들어 놓은 자기의 틀 속에 자신이 갇히게 되는 것이며 이 틀이 자신의 함정이 되어 그 함정 속에서 한번 나와 보지도 못하고 괴로움과 고통 속에서 살다가 결국 허무하게 인생을 마치게 되는 것입니다. 이 틀은 바로 이 세상 속에서 무지와 욕심과 거짓으로부터 만들어진 인간의 허욕과 교만(驕慢)의 실체이며 이것이 곧 자신의 존재인 것입니다.

그러므로 선각자(先覺者)들이 마음을 비우라고 말하는 것은 바로 이렇게 세상 욕심으로 말미암아 형성된 고정관념의 틀을 없애라는 말이며 그 욕심과 교만의 틀에서 벗어나라는 말입니다. 이렇게 자신의 쌓아 놓은 고정관념을 벗어 버릴 때에 무아(無我)가 되어 이 세상의 번뇌 망상과 고통에서 벗어나 모든 것에 걸림이 없는 자유스런 삶을 살 수 있는 것이며 이런 사람이 진리를 깨달아 부처가 될 수 있는 것입니다. 그러므로 이러한 성자들의 말씀을 듣고 많은 사람들이 그의 가르침을 받아 올바른 사람이 되고자 지금도 열심히 신앙생활을 하고 있습니다.

그런데 불행히도 이렇게 마음을 비우고 새로운 사람이 되겠다고 시작한 사람들의 신앙생활이 언제인가부터 변질되기 시작했고 이들은 마음을 비우는 것이 아니라 오히려 욕심이 더 많아지고 마음은 더 악해져 가고 있는 것입니다. 즉 이 세상에서 욕심으로부터 만들어 놓은 자신의 틀을 신앙을 통해서 더 견고하고 더 높게 쌓아 올리고 있다는 것입니다. 이렇게 신앙생활을 통해서 마음이 온유하고 겸손해지는 것이 아니라 오히려 더 이기적이고 더 교만해지고 있는 것입니다. 왜냐하면 하나님이나 부처님의 뜻대로 신앙생활을 하는 것이 아니라 자기의 뜻, 즉 세상에서 채워지지 않는 자기 욕심을 채우기 위해서 신앙생활을 하기 때문입니다.

문제는 기독교의 목사님들이 하나님의 말씀을 가감하여 만든 교리와 기복으로 교인들을 인도하며 불교의 스님들도 한결 같이 운수대통과 만사형통으로 불자들을 인도하고 있다는 것입니다. 따라서 교리로 의식화 된 교인들의 신앙은 하나님의 아들이신 예수님도 모르고 이단으로 배척을 하며 핍박까지 하게 되는 것입니다.

결국 하나님께서 구원자로 보내주시는 하나님의 아들을 모르고 배척하는 것은 그동안 가감된 비진리로 잘못 의식화된 고정관념 때문입니다. 그러므로 하나님의 백성들이 세례 요한으로부터 물로 세례를 받아야 하며 또 다시 예수님으로부터 성령세례를 받아야 하는 것입니다. 하나님께서 주시는 진정한 세례는 하나님의 말씀으로 그 동안 비진리로 의식화되어 있는 잘못된 고정관념(固定觀念)을 모두 깨끗이 씻는 것입니다.

이렇게 말씀으로 깨끗함을 받는 세례가 곧 진정한 회개입니다. 이렇게 세례를 받을 때 잘못된 고정관념에서 벗어나서 하나님의 생명으로 거듭나 하나님의 아들이 되는 것입니다. 즉 세례는 자아가 죽고 무아가 되는 것이며 무아가 된 자는 하나님의 말씀으로 거듭나서 진아, 즉 하나님의 아들이 되는 것입니다. 이렇게 하나님의 백성들이 구원을 받지 못하고 죄 가운데서 죽어가는 것은 비진리로 의식화된 고정관념 때문입니다. 그러므로 부처님께서 해탈로 가는 중생들에게 가장 중요하게 말씀하시는 것도 산냐(認識), 즉 고정관념(固定觀念)을 버리라는 것입니다. 왜냐하면 자기라는 인식이나 생각이 조금이라도 잔재하고 있으면 열반에 이르지 못하기 때문입니다. 이렇게 해탈이란 자기의 생각과 마음에서 벗어나는 것이요 성불은 부처님의 생각과 마음을 담는 것입니다.

그런데 자기의 생각과 마음에서 벗어난다는 것은 인간으로서는 불가능하리만치 힘들고 어려운 것입니다. 왜냐하면 자기의 생각과 마음에서 벗어나는 것이 곧 해탈이기 때문입니다. 지금까지 수많은 수행불자들이 수십년 혹은 평생 동안 수행을 해도 버리지 못하는 것이 바로 자기 머릿속에 쌓아놓은 고정관념(固定觀念) 때문입니다. 이 때문에 부처님께서 금강경을 통해서 가장 핵심적으로 말씀하시는 것이 자아(自我), 즉 고정관념(固定觀念)을 버리라는 것입니다. 왜냐하면 중생들이 가지고 있는 고정관념은 모두 전도(顚倒)된 몽상(夢想)이기 때문입니다.

부처님은 무명의 중생이 해탈하여 부처가 되어서 무명의 중생들을 모두 구제 하였다 해도 만일 자기가 구제 하였다는 생각이나 자신이 부처라는 인식을 가지고 있다면 그는 부처가 아니라고 말씀하십니다. 왜냐하면 열반은 자신의 존재가 모두 소멸되어 아무것도 없는 무아(無我)의 상태를 말하기 때문입니다. 즉 무아(無我)는 자신의 존재가 진리의 불로 모두 타버려 아무것도 없는 상태를 말합니다.

이렇게 열반(涅槃)하신 부처님은 자아(自我)라는 존재가 없는 것입니다. 열반(涅槃)은 유여열반(有如涅槃)과 무여열반(無如涅槃)으로 나누어지데 육신을 가지고 있는 부처는 유여열반(有如涅槃)이라 말하며 육신까지 모두 벗어버린 부처는 무여열반(無如涅槃)이라 말합니다. 즉 반야심경에 관자재보살(觀自在菩薩)은 유여열반(有如涅槃)을 하신 부처님이며 삼세제불(三世諸佛)은 무여열반(無如涅槃)을 하신 분입니다. 이것은 성경에 육신을 소유하고 있는 예수는 유여열반을 하신분이며 그리스도는 무여열반(無如涅槃)을 하신분이라는 것입니다.

이와 같이 열반은 자아(自我)가 무아(無我)가 되어 해탈한 부처님을 말합니다. 때문에 자아(自我)가 진리로 불타 없어져 무아(無我)가 된 부처님에게는 고정관념(固定觀念)이란 존재할 수 없습니다. 이렇게 열반하신 부처님(진아) 안에는 오직 반야의 생명과 지혜(진리)만 존재하기 때문에 산냐, 즉 고정관념(固定觀念)이 없는 것입니다. 그런데 만일 깨달았다는 부처나 보살이 그 안에 자아(自我)라는 생각이나 중생(衆生)이라는 생각이나 영혼(靈魂)이라는 생각이나 개아(個我)라는 생각이 조금이라도 남아 있다면 그는 진정한 보살이 아니라는 것입니다.

이 때문에 부처님은 보살이 자아(自我)라는 생각이나 중생(衆生)이라는 생각이나 영혼(靈魂)이라는 생각이나 개아(個我)라는 생각이 있는 자는 보살이 아니라고 말씀하시는 것입니다.

이 네가지 생각을 불교에서 사람의 네 가지 모양다리, 즉 사상(四相)이라고 말하며 이 사상은 아상(我相), 인상(人相), 중생상(衆生相), 수자상(壽者相)을 말하고 있습니다. 이제 사상에 대하여 말씀드리겠습니다.

사상(四相)

1. 아상(我相)

아상(我相)은 자아상(自我相)으로 자신이 세상에서 듣고 보고 경험한 것들을 쌓아 가지고 있는 생각들, 즉 고정관념을 말합니다. 즉 오온(五蘊)이 일시적인 인연으로 화합하여 생긴 존재라는 것을 모르고 영원한 실체처럼 착각을 하고 있는 것입니다. 이렇게 아상은 내존재가 있다는 관념인데 이것은 인간의 존재가 안개나 물거품과 같이 잠시 보이다가 사라지는 무상한 존재라는 것을 모르기 때문에 나타나는 현상입니다. 오직 해탈하여 성불하신 부처님의 생명만이 윤회되지 않는 영원한 생명입니다.

2. 인상(人相)

인상(人相)은 타인상(他人相)으로 남들에게 듣고 보고 체험한 것을 쌓아 가지고 남을 보는 관념, 즉 고정관념을 말합니다. 불교에서 인상을 위인상(偉人相)이라고도 말하는데 위인상은 인간이 만물 가운데 가장 위대하며 만물은 모두 사람을 위해 존재하고 있다는 생각입니다. 이 때문에 사람들이 인간은 만물의 영장이라 말하는 것입니다. 그러나 인간들은 미물과 같은 피조물에 불과 합니다. 부처님은 중생들을 삼악도에서 윤회하고 있는 미물이나 축생이라 말씀하고 계십니다. 부처님께서 말씀하시는 만물의 영장은 곧 깨달은 부처님들을 말하고 있습니다.

3. 중생상(衆生相)

중생상(衆生相)은 무리지어 있는 단체나 모임, 즉 국가나 사회 그리고 불교나 종교단체 등에 대해서 듣고 보고 체험하면서 알고 있는 관념을 말합니다. 그런데 불교에서는 중생들이 가지고 있는 잘못된 소견으로 자기 몸은 오온(五蘊)이 화합하여 생겨난 것이라 고집하는 견해라 말합니다. 이 때문에 중생들은 누구나 모두 동일한 존재라고 생각을 한다는 것입니다. 그러나 부처님께서 육바라밀(六波羅蜜)을 통해서 말씀하신 바와 같이 중생들은 모두 동일한 존재가 아니라 각 사람의 상태에 따라 지옥(地獄), 아귀(餓鬼), 축생(畜生), 수라(修羅), 인간(人間)으로 분리되어 있습니다. 즉 중생(衆生)들은 모두 동일한 존재가 아니라 각 사람의 상태에 따라서 다섯 종류로 분리되어 있다는 것입니다.

4. 수자상(壽者相)

수자상(壽者相)은 성인(聖人)의 상(相)을 말하는데 부처님이나 예수님, 그리고 세상에 깨달았다는 성자들을 보는 시각 혹은 생각을 말합니다. 그런데 불교는 인간이 개체라는 생각으로 사람의 운명(運命), 곧 자신의 삶은 태어날 때 이미 정해져 있다고 생각하는 것을 말합니다. 즉 자신의 운명은 이 세상에 태어날 때 이미 정해져서 수명(壽命)이 보장되어 있기 때문에 그 동안은 절대로 죽지 않는다는 생각입니다. 이렇게 수자상은 사람의 운명이 자신이 타고 나는 사주팔자(四柱八字)에 의해서 이 세상을 살다가 죽게 된다고 생각 하는 것을 말합니다. 이 때문에 사람이 잘살고 못사는 것도 모두 자신이 타고난 팔자요 운명이라 말하는 것입니다. 이러한 수자상(壽者相)을 가지고 있는 사람을 운명론자라 말합니다.

이상과 같이 네 가지 상(四相)이 바로 수행불자들이 해탈로 가는 길을 가로막고 있는 가장 큰 장애물(障碍物)입니다. 사상(四相)은 사람이 가지고 있는 생각, 즉 중생들의 관념(觀念)을 총칭하는 말입니다. 이러한 관념(觀念)은 세상에서 듣고 보고 경험한 것이 머리에 쌓여 형성된 집합체, 즉 고정관념(固定觀念)을 말합니다. 사람들의 집착(執着), 즉 모든 욕심은 사상(四相) 때문에 일어납니다. 그런데 사상은 나라는 존재가 있기 때문에 일어나는 것이며 내 존재가 없다면 사상도 일어나지 않습니다. 그렇다면 내가 없다면 사상(四相)이나 집착(執着)도 없다는 것입니다.

결국 내가 존재하기 때문에 사상이 생기고 삼독(三毒)인 탐, 진, 치도 생겨나는 것입니다. 왜냐하면 사람들은 모두 자신의 머리 속에 입력되어 있는 생각으로 이 세상을 살아가기 때문입니다. 이러한 사람들의 생각이 머릿속에 쌓이고 쌓여 굳게 자리를 잡게 되면 고정관념(固定觀念)이 됩니다. 이렇게 사람들의 모든 집착과 욕심은 자신이 가지고 있는 고정관념(固定觀念) 때문에 발생하는 것입니다.

이 때문에 부처님은 중생들이 해탈을 하려면 자신이 가지고 있는 인식(認識)이나 생각을 모두 버리라고 말씀하시는 것입니다. 그러므로 부처님의 말씀대로 자신 안에 잘못 인식된 고정관념(固定觀念)을 모두 버린다면 해탈하여 부처가 될 수 있는 것입니다.

17

인간들이 만들어 낸 신화적 우상들

사람들이
각종 신화와 우상들을 만들어 내는 이유는
자신의 씨족이나 민족
혹은
자신들이 믿고 있는 종교의
우월성을 강조하기 위함입니다.

인간들이 만들어 낸 신화적 우상들

이 세상에는 옛날부터 전해 내려오는 수많은 전설과 사람들이 만들어 낸 신화와 우상들이 존재하고 있습니다. 사람들이 만들어 지키고 있는 신화와 우상들을 사실로 믿고 있는 사람들도 있지만 믿지 않는 사람이 더 많습니다. 사람들이 각종 신화와 우상들을 만들어 내는 이유는 자신의 씨족이나 민족 혹은 자신들이 믿고 있는 종교의 우월성을 강조하기 위함입니다. 그러므로 이러한 신화적 우상들은 조상들로부터 내려오는 설화(說話)나 전설(傳說)의 고향에 등장되는 사건 정도로 알고 있는 것은 좋으나 신화를 사실로 왜곡하여 진실처럼 믿게 해서는 안 되는 것입니다. 그런데도 불구하고 지금도 신화적 우상들을 사실로 미화시키면서 사람들에게 진실이라고 거짓증거를 하는 사람들이 있는 것입니다.

우리나라의 토속적 신화(神話)는 우리 조상이 곰의 씨를 받고 태어났다는 단군신화(檀君神話)와 박씨의 조상이 알에서 태어났다는 박씨 가문의 신화입니다.

종교적 신화로는 석가모니 부처님이 태어날 때 어미의 태에서 나오자마자 벌떡 일어나 좌우로 걸으면서 천상천하 유아독존(天上天下 唯我獨尊)이라고 말하였다는 불교적 신화와 예수님은 육신의 씨를 받지 않은 처녀의 몸에 성령이 잉태되어 태어났다는 기독교의 신화입니다. 그리고 예수님이 십자가에서 돌아가신 후 장사한지 사흘만에 죽은 육신이 다시 살아났다는 예수님의 부활입니다.

문제는 종교인들이 우리 조상이 곰의 씨를 받고 태어났다는 것과 박씨의 조상이 알에서 태어났다는 것은 신화나 전설이라고 사실로 믿지 않으면서 석가모니 부처님이 태어나자마자 일어나 걸으며 천상천하 유아독존이라고 하였다는 것과 예수님의 성령의 잉태나 부활은 사실이라 주장을 하고 있다는 것입니다.

불교는 자비(慈悲)요 기독교는 사랑이라 말합니다. 자비와 사랑은 동일한 의미로 상대를 이해하고 감싸며 배려해 주는 마음을 말합니다. 그런데 종교인들이 불신자나 타종교의 사건들은 사람들이 만들어 낸 신화라고 부정을 하면서 자신이 믿고 있는 종교의 기이한 사건들은 모두 사실이라 고집을 한다면 자신의 종교를 자비나 사랑이라고 말을 해서는 안 되는 것입니다. 그보다 거짓을 진실로 믿고 있거나 진실을 거짓으로 매도하는 것은 사랑도 자비도 아닌 것입니다.

진정한 사랑과 자비는 거짓은 거짓으로 진실은 진실로 드러내는 것입니다. 그러므로 지금까지 믿고 지키고 있는 불가사의(不可思議)한 종교적 신화와 우상들의 실체는 모두 밝혀져야 하며 나아가서는 제거되어야 진실한 종교로 거듭날 수 있습니다. 왜냐하면 진실이 왜곡(歪曲)되거나 결여(缺如)된 신앙이나 종교는 올바른 신앙이라 할 수 없기 때문입니다.

진실한 신앙이나 종교는 진리와 생명을 찾아가는 것으로서 거짓은 거짓으로 진실은 진실로 밝혀져야 하는 것입니다. 문제는 오늘날 종교가 진실을 말하거나 사실을 드러내는 자들을 오히려 배척(排斥)을 하거나 이단자로 몰아 핍박(逼迫)을 하고 있는 것입니다. 그러나 예수님이나 사도들이 그러했던 것처럼 아무리 큰 핍박이나 고통이 온다 해도 진실은 진실로 밝혀져야 하며 거짓은 거짓으로 드러내야 한다는 것입니다.

이제 종교가 만들어낸 신화적 우상들의 실체를 살펴보기로 하겠습니다. 먼저 불교의 신화적 사건을 살펴보기로 하겠습니다. 석가모니 부처님의 본명은 고타마 싯달타 이며 석가모니라는 이름은 해탈(解脫)하여 부처가 되셨을 때 사람들이 석가족의 성자(聖子)라는 뜻으로 부르게 된 이름입니다.

불교인들은 부처님께서 태어나자마자 좌우를 걸어 다니며 천상천하 유아독존(天上天下 唯我獨尊)이라고 외쳤다고 하는데, 과연 그것이 사실이며 실제로 가능한 일이란 말입니까? 문제는 불자들이 이러한 불가사의한 신화적 이야기를 사실로 믿고 있다는 것입니다.

부처님이 그의 어머니 마야의 몸에서 태어날 때는 아직 핏덩어리와 같은 갓난아기인데, 과연 일어나서 걸을 수가 있고 또한 눈도 제대로 뜨지 못하고 입도 놀리지 못하는 갓난아기가 정말 천상천하 유아독존이라고 외칠 수가 있었단 말입니까? 그러나 불교에서는 이러한 것들이 사실이라고 주장을 하고 있으며 불자들은 신화(神話) 같은 일들을 사실로 믿고 있는 것입니다.

만일 석가모니가 전생부터 부처였고 그리고 어미의 몸에서 태어날 때도 이미 부처님의 몸으로 태어났다면 이런 일들이 가능할지도 모릅니다. 그러나 석가모니가 어미의 태에서 나올 때는 분명히 우리와 같은 중생의 몸이었으며 부처가 아니라는 것은 누구나 잘 알고 있는 일입니다. 왜냐하면 해탈(解脫)된 부처님의 생명은 이 세상에 다시 태어날 수가 없기 때문입니다. 그러므로 이런 것들은 모두 불교에서 만들어낸 신화(神話)라는 것입니다.

이 사건의 사실과 진실은 이러합니다. 첫째: 석가모니 부처님이 태어나 좌우로 걸으면서 천상천하 유아독존이라고 말씀하신 것은 걸을 수 있고 말할 수 있는 시점과 상태에서 하신 행동과 말이었습니다. 둘째: 부처님이 고타마 싯달타로 태어난 어린 아기는 중생의 몸이고 고타마 싯달타가 삼십오 세에 보리수나무 아래서 해탈하여 다시 태어난 몸이 바로 부처님의 몸인 것입니다. 셋째: 부처님이 천상천하 유아독존이라고 말씀하신 시점은 어미의 태에서 나올 때가 아니라 35세가 되던 해에 보리수나무 아래서 성불하신 후 자리에서 일어나 좌우로 걸으면서 하신 말씀입니다.

그러면 부처님께서 천상천하 유아독존이라고 하신 말씀은 과연 어떤 뜻일까? 불자들은 부처님께서 천상천하유아독존이라고 하신 말씀은 하늘 위나 하늘 아래 깨달은 부처가 오직 자신 하나밖에 없다는 뜻으로 부처님의 위대함과 존귀함을 뜻하고 있다고 해석을 하고 있습니다. 과연 부처님도 그런 마음과 그런 뜻으로 말씀하신 것일까? 정답은 부처님 자신과 부처님과 같이 해탈하여 부처가 되신 분만이 알 수 있다고 생각합니다.

부처님께서 천상천하 유아독존(天上天下 唯我獨尊)이라

고 말씀하신 뜻은 자신의 위대성이나 존귀함을 나타내기 위해서 하신 말씀이 아니라 천신만고(千辛萬苦) 끝에 해탈하여 부처가 되고 보니, 깨달아 부처가 된 자가 하늘 위에나 하늘 아래를 돌아보아도 오직 자신 혼자라는 것을 깨닫고 외롭고 쓸쓸한 마음에 독백처럼 하신 말씀인 것입니다. 사람들은 해탈하여 부처가 되면 온 천하가 다 내 것같이 항상 기쁘고 편안할 것 같지만 사실은 이 세상에서 부처님처럼 외롭고 쓸쓸한 사람은 없다는 것을 알아야 합니다.

왜냐하면 성자우환(聖子憂患)이라는 말이 있듯이 깨달아 부처가 되면 속세에서 홀로 벗어나 외롭고 쓸쓸할 뿐만 아니라 무명 속에서 죽어가는 중생들을 구제해야 한다는 사명감이 항상 무거운 짐처럼 억누르고 있기 때문입니다. 이렇기 때문에 깨달아 부처가 되면 겉으로는 미소를 짓지만 속마음은 가슴앓이를 하는 병자처럼 항상 괴로운 것입니다. 이러한 부처님의 심정을 모르고 불자들은 불교의 우월성을 나타내기 위해서 부처님의 신화를 만들고 부처님의 형상까지 만들어 놓고 우상처럼 섬기고 있는 것입니다.

불교의 유적을 보면 수많은 부처님의 형상들과 각종 그림들로 형성되어 있습니다. 부처님의 본체는 외적인 형상이 아니라 부처님 안에 들어있는 진리요 법입니다. 즉 부처님의 말씀만이 진신사리(眞身舍利)이며 진리요 생명이며 진정한 부처님이십니다. 그런데 불자들이 무엇 때문에 신화를 만들고 부처님의 각종 형상을 만들어 놓고 우상처럼 섬기고 있습니까? 그 이유는 사람들 속에 들어있는 탐. 진. 치, 즉 욕심 때문입니다. 사람들 속에 내재되어 있는 욕심이 물욕과 음욕과 명예욕을 자극시켜 이러한 신화와 각종 우상들을 만들게 하는 것입니다. 이렇게 사람 속에 들어있는 욕심은 외적인 형상들보다 더 크고 위험한 우상의 실체이며 근원적 우상의 존재인 것입니다.

부처님께서 사람들 속에 들어있는 탐. 진. 치(貪, 瞋, 癡)를 삼독(三毒)이라 말씀하신 것은 바로 이런 이유 때문인 것입니다. 부처님은 생로병사가 계속되는 윤회의 사슬에서 벗어나기 위해 궁궐의 모든 부귀영화(富貴榮華)를 버리고 출가를 하신 분입니다. 부처님께서 해탈을 하시게 된 것은 자기 안에 들어있는 세상의 욕심을 초개와 같이 모두 버렸기 때문입니다. 그런데 오늘날 스님들이나 불자들은 욕심을 버리려는 것이 아니라 부처님을 통해서 욕심을 채우려 하고 있습니다.

사찰에 모셔놓은 부처님의 형상을 보십시오! 부처님의 얼굴은 모두 인자한 모습으로 미소를 짓고 있지만 한 손은 돈을 표시하고 있으며 다른 손은 돈을 달라고 손바닥을 내밀고 있는 형상이 아닙니까? 스님들은 아니라고 말하겠지만 부처님 앞에 복전함을 모셔 놓은 것은 결국 돈(시주)을 받기 위함이 아닙니까? 부처님의 참 형상은 진리요 생명이지 돌이나 금으로 만든 부처의 형상들이 아닙니다. 그러므로 불자들은 이제 부처님의 각종 형상들과 지금까지 전도된 몽상들을 모두 벗어버리고 본래 모습을 찾아야 하며 잘못된 교리와 신화적 우상들 가운데서 하루속히 벗어나야 하는 것입니다. 이렇게 할 때 진리의 부처님은 우리에게 가까이 다가오실 것이며 모두 부처님의 가르침을 받아 해탈하여 부처가 될 것입니다. 부처님께서 중생들을 향한 바램은 중생들의 욕심과 전도(顚倒)된 몽상(夢想)에서 하루속히 벗어나 해탈하여 모두 부처가 되라는 것입니다.

이제 기독교의 신화와 우상에 대해서 살펴보기로 하겠습니다. 기독교인들은 기독교 안에는 오직 예수와 진리만 있고 신화나 우상들이 있다는 생각은 전혀 하지 않고 있습니다. 그러나 기독교 안에도 수많은 신화와 우상들이 있다는 것을 알아야 합니다. 하나님께서는 하나님의 말씀을 조금이라도 가감(加減)하지 말라고 엄히 명하고 계십니다. 왜냐하면 정확무오(正確無誤)한 하나님의 말씀에 일점일획

(一點一劃)이라도 더하거나 빼면 그 의미가 크게 달라지기 때문입니다. 그러므로 사람들이 하나님의 말씀을 조금이라도 가감하면 하나님의 뜻을 떠난 신화가 되는 것이요 성경을 통해서 말씀하시는 예수를 조금이라도 미화시키거나 변형시키면 우상 예수가 되는 것입니다.

하나님께서 구원자로 보내주신 예수를 유대인들이 모르고 배척(排斥)을 한 것이나 오늘날 성경대로 오신 예수를 기독교인들이 모르고 배척을 하고 있는 것은 바로 기독교회가 교리로 만들어 낸 예수의 모양과 형상이 성경의 예수와 전혀 다르기 때문입니다. 이 말은 유대인들이나 오늘날 기독교인들이 자신들이 교리로 만들어 놓은 신화적 예수를 믿고 기다리고 있으며 성경대로 오시는 예수는 믿지도 기다리지도 않는다는 말입니다. 그래서 하나님께서 보내주시는 성경적인 예수는 항상 우리 곁에 계시나 유대인들이 알아보지 못한 것과 같이 오늘날 기독교인들도 전혀 알아보지 못하고 있는 것입니다.

주님이 세상에서 예수를 열심히 믿다가 온 자들에게 나는 너를 도무지 모른다고 말씀하시는 것은 기독교인들이 기독교의 신화와 우상 예수를 믿다가 왔기 때문입니다. 그러므로 오늘날 기독교인들은 이 말씀을 통해서 기독교의 신화들을 분명히 알고 하루속히 사람들이 만든 신화와 우상 예수에서 벗어나야 하는 것입니다.

기독교의 대표적 신화는 사도신경이며 우상은 예수님과 마리아의 형상입니다. 왜냐하면 기독교인들에게 신앙의 주축이 되어서 날마다 신앙으로 고백하는 사도신경이 성경과 너무나 다르게 왜곡(歪曲)되어 있기 때문입니다. 그러므로 오늘날 기독교인들은 성경을 통해서 사도신경에 담긴 뜻을 자세히 확인해 보고 사도들의 신앙고백이라는 오해에서 하루속히 벗어나야 합니다.

사도신경의 유래는 여러 설이 있으나 서기 400년경에 교회사가인 루피누스가 기록한 신경 해설서에서 비롯되었다고 전해지고 있습니다. 사도신경이 처음에는 지금과 같은 형태를 갖춘 신경이 아니라 로마 카톨릭 교회에서 부분적으로 교리교육이나 세례식의 교리문답으로 사용해 오던 것인데, 점차 보완하여 지금의 사도신경이 만들어진 것입니다. 그런데 오늘날의 사도신경은 성경에 기록된 하나님의 뜻과 너무나 다르기 때문에 교인들의 신앙을 오염(汚染)시키고 있다는 것입니다.

사도바울은 이러한 신화적 교리 때문에 기독교에 다른 복음, 다른 예수, 다른 영이 존재하고 있다고 말씀하시는 것입니다.(고후 11장 3절 이하) 하나님께서 십계명을 통해서 너희는 다른 신(하나님)을 섬기지 말라고 엄히 명하고 계시는 것은 오늘날 기독교인들도 다른 하나님을 믿고 섬기고 있기 때문입니다.

사도바울은 갈라디아서 1장을 통해서 이렇게 말씀하고 있습니다.

[갈라디아서 1장 6절-10절] 그리스도의 은혜로 너희를 부르신 이(하나님)를 이같이 속히 떠나 다른 복음(가감된 말씀) 좇는 것을 내가 이상히 여기노라 다른 복음은 없나니 다만 어떤 사람들이 너희를 요란케(미혹) 하여 그리스도의 복음을 변하려 함이라 그러나 우리나 혹 하늘로부터 온 천사라도 우리가 너희에게 전한 복음 외에 다른 복음을 전하면 저주를 받을찌어다 우리가 전에 말하였거니와 내가 지금 다시 말하노니 만일 누구든지 너희의 받은 것 외에 다른 복음을 전하면 저주를 받을찌어다 이제 내가 사람들에게 좋게 하랴 하나님께 좋게 하랴 사람들에게 기쁨을 구하랴 내가 지금까지 사람의 기쁨을 구하는 것이었더면 그리스도의 종이 아니니라

상기의 말씀은 유대인들이나 오늘날 기독교인들뿐만

아니라 하나님을 믿고 있는 모든 백성들에게 경고로 하신 말씀입니다.

하나님과 예수를 믿고 있는 하나님의 백성들을 부르신 것은 분명 그리스도의 은혜입니다. 그런데 하나님의 백성들이 너희를 부르신 그리스도(진리)를 속히 떠나 다른 복음(교리와 가감된 말씀)을 좇아가고 있다는 것입니다.

여기에서 말씀하고 있는 다른 복음이란 사람들이 기뻐하는 육신의 복과 각종 신화(神話), 즉 기복을 위한 말씀과 전통적 교리신앙을 말하고 있습니다. 그러나 사도들이 전하는 하나님의 참 복음은 십자가의 고난을 통한 구원과 생명의 말씀을 말하는 것입니다.

사도바울은 사람들을 의식하거나 사람들을 기쁘게 하기 위해서 전하는 복음이 바로 다른 복음이며 이런 말씀을 전하는 자들은 그리스도의 종이 아니라고 말씀하고 있습니다. 사도바울이 말씀하시는 그리스도의 종이 아니라는 것은 곧 사탄이나 마귀의 종이라는 것입니다. 그런데 오늘날 목회자들은 하나님의 뜻에 따라 하나님을 위해 목회를 하는 것이 아니라 교인들의 편에 서서 사람들을 기쁘게 하려고 기복으로 욕심을 채워주고 있는 것이 오늘의 현실입니다. 때문에 하나님의 백성들이 좁고 협착한 생명의 길을 떠나 넓고 평탄한 멸망의 길로 가고 있는 것입니다.

오늘날 기독교인들의 근본사상과 신앙의 기초는 모두 사도들이 고백했다는 사도신경을 근거로 하고 있습니다. 그런데 사도신경은 사도들의 신앙고백이 아니라는 것이 말씀을 통해서 분명히 드러나고 있는데 기독교인들은 지금도 사도신경을 중심으로 신앙생활을 하고 있는 것입니다.

이제 사도신경이 성경의 말씀과 무엇이 다르며 무엇 때문에 사도들의 신앙고백이 아닌지 말씀을 통해서 하나하나 살펴보기로 하겠습니다.

1. 전능하사 천지를 만드신 하나님 아버지를 내가 믿사오며 그 외아들 우리 주 예수그리스도를 믿사오니

상기에 전능하신 하나님께서 천지를 만드셨다는 말씀은 창세기의 말씀을 근거한 것입니다. 기독교인들은 이 말씀을 통해서 하나님께서 태초에 저 푸른 하늘과 인간들이 살 수 있는 지구를 만드셨다고 믿고 있는 것이며 이 말씀에 이의를 제기(提起)하는 사람은 하나도 없다고 생각합니다. 그런데 하나님께서 만드신 천지(天地)가 진정 하늘과 땅이며 영적인 다른 의미는 없단 말인가? 오늘날 기독교인들은 말씀을 접하기 전에 하나님은 영이시라는 것과 하나님께서 하시는 일들은 모두 영적인 일이며 따라서 성경에 기록된 말씀들도 모두 영적 의미라는 것을 알아야 합니다. 그러므로 하나님께서 만드신 천지는 육신적인 의미가 아니라 영적인 의미로 하늘의 존재와 땅의 존재를 만드셨다는 말씀입니다.

하나님께서 만드시는 천지창조는 땅에 속한 존재들을 하나님의 말씀으로 육일 동안 창조하여 하늘의 존재로 만드시는 것입니다. 즉 하나님은 땅에 속한 죄인들을 하나님의 말씀을 통해서 하나님의 아들로 만드시겠다는 것입니다. 이렇게 하나님은 땅에 속한 죄인들을 구원하여 하나님의 아들들을 만들기 위해서 수많은 선지자들과 예수 그리스도를 이 땅에 보내주신 것입니다. 그러므로 예수를 진실로 믿고 있는 기독교인들이라면 하루속히 신화와 기복신앙에서 벗어나서 하나님의 말씀으로 창조를 받아 하나님의 아들로 거듭나야 하는 것입니다.

그런데 이러한 하나님의 뜻도 모르면서 날마다 하나님께서 하늘과 땅을 만드셨다는 것을 믿는다고 사도신경으로 고백만 하고 있으면 언제 거듭나서 천국에 들어간단 말입니까? 이어지는 말씀에 하나님 아버지라는 고백 때문에 오늘날 기독교인들은 하나님을 아무 거리낌없이 자기 아버지라고 믿고 부르고 있는 것입니다.

문제는 사도신경에서 하나님의 아들은 오직 하나밖에 없는 외아들이라고 말하고 있으며 기독교인들 역시 예수님은 외아들이라고 날마다 고백하고 있다는 것입니다. 이렇게 하나님의 아들은 하나밖에 없는 외아들이다 혹은 독생자다 하면서 기독교인들이 어떻게 하나님의 아들이라 말할 수 있습니까? 만일 예수님이 외아들이 아니라 맏아들이라면 기독교인들도 아들이 될 수 있는 가능성이 있는데 상기의 사도신경을 통해서 예수님은 외아들이라 하면서 자신들도 아들이라 말한다면 이율 배반적이 아닌가 하는 것입니다.

이와 같이 사도신경대로 하나님의 아들이 외아들이라면 하나님을 아버지라 부를 수 있는 분은 오직 예수님 한 분 밖에 없는 것입니다. 그럼에도 불구하고 기독교인들은 예수를 믿는다는 이유 하나로 하나님을 아버지라고 망령되이 부르고 있는 것입니다.

오늘날 기독교인들이 하나님의 아들이며 하나님을 아버지로 부르려면 사도신경에서 외아들이라는 단어를 삭제하던가 아니면 맏아들로 정정해야 하는 것입니다.

2. 이는 성령으로 잉태하사 동정녀 마리아에게서 나시고

상기의 사도신경에 기록된 것과 같이 예수님께서 사람의 씨를 받지 않고 성령으로 몸이 잉태하셨다는 것은 사람들이 도저히 이해 할 수 없는 불가사의(不可思議)한 사건이라 생각합니다. 그러나 기독교인들은 하나님께서 전능(全能)하시기 때문에 가능한 일이라고 생각하며 조금도 의심없이 믿고 있는 것입니다. 문제는 성경에 기록된 말씀이나 예수님은 그렇게 말씀하고 있지 않다는 것입니다.

성령으로 잉태하셨다는 예수님 자신은 육으로 난 것은 육이요 성령으로 난 것은 영이라고 분명하게 말씀하시고 계시기 때문입니다. 이 말은 육신은 육을 낳고 성령이 성령을 낳는 것이지 성령으로 육을 낳거나 육으로 성령을 낳을 수 없다는 말입니다. 또한 하나님은 로마서 1장을 통해서 예수님의 육신은 다윗의 씨(원문에 "스페르마:씨"로 기록되어 있음)로 나셨고 성결의 영(성령)은 하나님의 능력으로 죽은 자 가운데서 부활(거듭남)하셔서 하나님의 아들이 되었다고 분명히 말씀하고 있습니다. 그런데 만일 사도신경대로 성령으로 육신이 잉태(孕胎)되어 하나님의 아들이 되는 것이라면 이미 육으로 태어난 기독교인들은 영원히 하나님의 아들이 될 수 없다는 것을 알아야 하는 것입니다. 결국 사도신경에 마리아의 몸에 성령이 잉태하여 예수님의 육신이 태어났다는 것은 예수님을 미화시켜 신화적 우상으로 만들기 위한 사람들의 조작극이라는 것입니다.

(하늘에서 온 그리스도의 편지에 자세히 기록되어 있음)

3. 본디오 빌라도에게 고난을 받으사 십자가에 못박혀 죽으시고

기독교인들은 상기의 사도신경 때문에 예수님이 본디오 빌라도에게 고난을 받으시다가 십자가에 못 박혀 죽으셨다고 알고 있습니다. 그러나 성경에는 예수님을 죄인으로 몰아 고통받게 하다가 십자가에 못 박아 죽게한 것은 본디오 빌라도가 아니라 유대인들과 제사장들이라고 기록되어 있는 것입니다.

성경의 빌라도는 예수님을 오히려 살리려고 애쓴 것을 볼 수 있습니다. [마태복음 27장, 누가복음 23장]

그런데 무고한 빌라도가 사도신경 때문에 이천년이 지난 지금까지 죄의 누명을 쓰고 고통을 받고 있는 것입니다. 예수님을 죽인 상황과 배경을 그 누구보다도 잘 알고 있는 사람들은 당시에 예수님과 함께 있었던 사도들인 것입니다. 그런데 사도들이 무고한 빌라도가 예수님을 죽였다고 사도신경에 기록을 하였단 말입니까? 언어도단입니다. 이렇게 거짓된 사도신경은 빌라도 뿐만 아니라 사도들도 죄인을 만들고 있으며 오늘날 기독교인들까지 위증을 하게 하여 죄인을 만들고 있는 것입니다. (사와 생에 자세히 기록되어 있음)

4. 장사한지 사흘만에 죽은 자 가운데서 다시 살아나시며

상기의 말씀은 성경에 기록된 말씀으로 문맥상으로는 아무런 문제가 없습니다. 그러나 내용상, 즉 영적으로는 문제가 많은 것입니다. 왜냐하면 성령의 잉태 사건과 같이 예수님이 죽은 자 가운데서 살아나신 것은 몸이 아니라 영이기 때문입니다. 이러한 오해는 기독교인들이 영적인 사건을 육적으로 보고 있기 때문이며, 예수님을 찾아 왔던 니고데모와 같이 영으로 거듭나는 것(부활(復活))을 육적인 몸으로 오해하고 있기 때문입니다.

오늘날 기독교를 세계 제일의 위대한 종교로 만들어 낸 것은 바로 예수님의 부활과 성령의 잉태 때문입니다. 이것은 기독교만이 육신이 성령으로 잉태되고 죽은 몸도 다시 살아난다는 거짓 신화(神話) 때문입니다. 만일 이러한 일들이 신화가 아니라 사실이라면 지금도 기독교인들 가운데서 성령의 잉태가 일어나고 죽은 자들이 다시 살아나야 하는 것입니다. 그런데 예수님의 부활 이후 이천년이 지난 지금까지 단 한사람도 성령의 잉태나 부활의 사건이 일어나지 않는 것은 기독교가 만들어 낸 거짓 신화이거나 아니면 영적인 사건을 육적인 사건으로 왜곡(歪曲)하고 있기 때문입니다.

예수님의 부활(復活)은 몸의 부활이 아니라 영의 부활입니다. 왜냐하면 부활은 죽은 자들에게만 일어나는 사건이며 이미 산 자, 즉 예수님은 죽을 수도 없고 다시 부활을 할 수도 없기 때문입니다. 이렇게 예수님은 하나님의 영원한 생명이기 때문에 죽을 수도 없고 죽어서도 안되는 생명입니다. 그런데 예수님이 부활(復活)을 했다는 것은 예수님이 죽었다는 것인데 예수님이 죽었다면 하나님이 죽었다는 말입니다.

그러므로 예수님이 죽은 자들 가운데서 다시 살아나셨다는 것은 오해이며 진정한 뜻은 예수님의 생명이 죽은 제자들 안에서 부활하셨다는 말입니다. 결국 예수님이 죽은 자들 가운데서 다시 사신 것은 예수님이 아니라 죽은 제자들인 것입니다.

예수님이 제자들 가운데서 부활하심으로 말미암아 제자들은 하나님의 생명으로 거듭나서 사도들이 된 것입니다. 예수님이 죽은 제자들 안에 영으로 들어가셔서 부활하심으로 말미암아 제자들은 성령이 잉태되어 하나님의 아들이 된 것입니다.

이렇게 예수님과 사도들에게 일어났던 성령의 잉태나 부활은 예수님 이후 지금까지 변함없이 계속되어 오고 있는 것입니다. 그런데 오늘날 기독교인들은 예수님의 성령의 잉태나 부활을 영적인 눈으로 보지 못하여 예수님의 죽은 몸이 부활되었다고 거짓증거를 하고 있는 것입니다.

기독교가 아무리 위대하고 이 세상에서 가장 큰 종교라 해도 진리를 왜곡하거나 진실이 결여되어 있다면 진리와 생명이 있는 이방종교나 이단자보다 못하다는 것을 알아야 합니다.

5. 하늘에 오르사 전능하신 하나님 우편에 앉아 계시다가 저리로서 산 자와 죽은 자를 심판하러 오시리라.

상기의 말씀은 부활하여 하늘로 올라가신 예수님은 지금까지 하나님 우편에 앉아 계시다는 말입니다. 이렇게 하나님 우편에 이천 년 동안 앉아 계신 예수님은 언제 다시 내려온단 말입니까? 예수님이 구름 타고 내려오시기를 기다리다가 죽은 기독교인들이 지금까지 얼마나 많습니까? 이들은 이미 장사되어 시신이 썩고 뼈까지 모두 썩어 흔적도 없이 사라져 버렸습니다. 이렇게 흔적도 없이 사라진 몸도 예수님이 오시면 다시 부활될 수 있단 말입니까? 그보다 예수님을 얼마나 더 기다려야 구름타고 내려와서 기독교인들을 구원시키고 부활을 시킨단 말입니까?

문제는 예수님이 이 세상에 존재하지 않는다면 구원도 부활도 될 수가 없다는 것입니다. 왜냐하면 하나님께서 구원자는 오직 예수 이외에 다른 이름을 주시지 않았기 때문입니다. 그리고 예수님께서 내가 길이요 진리요 생명이니 나로 말미암지 않고는 아버지께 갈 수 있는 자가 없다고 말씀하고 있기 때문입니다. 그런데 불행하게도 오늘날 이 세상에는 지금까지 예수는 없고 목회를 하고 있는 목사들 뿐인데 목사들은 교인들과 같이 예수를 믿고 있는 자들이며 예수나 구원자가 아니라는 사실입니다. 그러면 오늘날 기독교인들을 어느 누가 구원을 시킨단 말입니까?

오늘날 기독교인들이 궁여지책(窮餘之策)으로 목회자들도 구원자라고 한다면 무엇 때문에 구원하기 위해 구름 타고 오시는 재림 예수를 지금도 기다리고 있는 것입니까? 이 모두가 성경 말씀의 영적인 의미를 모르기 때문이며 거짓된 사도신경의 신화 때문에 나타나는 현상인 것입니다.

예수님은 알파와 오메가로 세상 끝날까지 항상 우리와 함께 계신 분입니다. 예수님은 부활 승천(昇天)하시기 전에 제자들 안에 들어가서 이미 열두 예수를 낳고 가신 것이며 열두 예수가 된 사도들은 다시 이웃에 있는 죽은 자들을 부활시켜 예수를 낳은 것인데 이러한 낳고의 역사는 지금도 계속되고 있는 것입니다.

그러므로 예수님의 모습과 모양은 다르지만 예수님과 동일한 생명을 소유한 구원자들은 지금도 존재하고 있는 것입니다. 문제는 이런 구원자들이 기독교 안에 있는 것이 아니라 기독교 밖에 있다는 것입니다. 왜냐하면 기독교인들은 오늘날의 예수나 구원자들을 믿지도 않을 뿐만 아니라 오히려 이단자로 배척(排斥)을 하고 있기 때문입니다.

그러므로 하나님은 이천년 전에 오셨던 예수를 믿으면 구원이요 믿지 않으면 심판이 된다는 것이 아니라 오늘날 하나님께서 거듭나게 하여 보내주시는 구원자(예수)를 믿고 영접하면 구원이요 믿지 않으면 심판이라고 말씀하고 계신 것입니다.

6. 성령을 믿사오며 거룩한 공회와 성도가 서로 교통하는 것과 죄를 사하여 주는 것과 몸이 다시 사는 것과 영원히 사는 것을 믿사옵나이다. 아멘

오늘날 기독교인들이 거룩한 공회는 사람들이 예배드리기 위해 모이는 성당이나 교회로 알고 있지만 하나님은 이러한 건물교회들을 거룩한 공회라고 인정을 하지 않고 계십니다. 왜냐하면 거룩한 공회는 예수님이나 사도들과 같이 하나님의 생명으로 거듭난 자들의 모임이지 아직 거듭나지 못한 자들의 모임이나 건물 교회는 거룩한 공회가 아니기 때문입니다. 또한 죄인들의 죄를 사해주는 것도 예수님이나 사도들과 같이 하나님의 생명으로 거듭난 의인들이며 아직 거듭나지 못한 제사장이나 목회자들은 죄를 사해줄 수 있는 권한이 없는 것입니다.

오늘날 기독교인들의 가장 큰 문제는 죽은 몸이 다시 살기를 바라는 것과 성경을 날마다 보면서도 영과 육을 분별하지 못하고 있다는 것입니다. 성경은 영만이 영원한 생명이며 육은 모두 썩어 없어질 것이라고 분명하게 말씀하고 있습니다. 몸이 무엇입니까? 사람의 몸은 혼과 영을 담고 있는 질그릇이 아닙니까? 즉 몸은 일회용 컵과 같이 이생에서 혼을 담고 있는 질그릇이며 육신이 늙고 병들어 죽게 되면 혼은 몸에서 분리되어 내생에 다시 다른 몸을 입고 태어나지만 죽은 몸은 썩어 없어지게 되는 것입니다.

그런데 혼이 육신의 옷을 입고 있을 때 하나님의 생명으로 거듭나 영이 된다면 거듭난 영은 다시 내생에 태어나지 않고 영원한 천국에서 존재하게 되는 것입니다. 그런데 사도신경 때문에 사람들은 영이 부활되어 하나님의 아들이 되려는 것이 아니라 사후에 죽은 몸이 부활되어 영원히 살기를 바라는 것입니다. 기독교인들이 화장을 피하고 매장을 하려는 것도 몸의 부활을 믿고 있기 때문인 것입니다. 그러나 몸이 부활되는 사건은 지금까지 없었고 앞으로 영원토록 없다는 것을 명심해야 합니다. 이렇게 사람들이 만들어 놓은 사도신경은 구구절절 잘못되어 있는 것입니다.

그런데도 불구하고 거의 모든 교회들이 사도신경으로 신앙을 고백하고 있으며 세례문답도 사도신경을 근거로 하는 것입니다. 이렇게 잘못된 사도신경 때문에 예수님의 말씀과 같이 천국으로 가야 할 하나님의 백성들이 배나 더 지옥자식이 되어 멸망하게 되는 것입니다.

이제 기독교에서 모시고 있는 예수님의 형상과 천주교회에서 섬기고 있는 예수와 마리아의 형상에 대해서 알아보기로 하겠습니다. 우선 천주교회에서 모시고 있는 예수님의 형상은 기독교의 예수와 다릅니다. 개신교의 예수는 남성처럼 강인하고 엄숙한데 천주교의 예수는 여성처럼 아름답고 온유하며 입은 옷도 화려합니다. 그러면 어떤 예수가 진짜이며 예수님의 참 형상일까? 정답은 둘 다 예수님이 아니고 예수님의 형상도 아닙니다. 왜냐하면 오늘날 예수님의 형상들은 화가들이 상상해서 그려놓은 그림 중에서 하나를 선택한 것들이기 때문입니다. 만일 예수님의 형상이 참이라 해도 그 형상을 만든 자체가 죄를 범하고 있는 것입니다. 그 이유는 하나님께서 십계명을 통해서 나를 위하여 하늘이나 땅이나 땅 아래 물 속까지 아무 형상이나 만들지 말고 또 만든 우상에게 절하거나 그것들을 섬기지 말라고 엄히 명하고 있기 때문인 것입니다.

오늘날 천주교회에서는 십계명에 어떤 형상도 만들지 말고 만든 형상에 절하지 말라는 하나님의 제2계명을 교리로 삭제하기까지 하면서 예수의 형상과 마리아의 형상을 만들어놓고 심지어 그 형상 앞에서 절까지 하고 있습니다.

천주교에서는 예수님보다 마리아를 더 신성시하고 존경하는데 그 이유는 마리아는 예수를 낳은 어머니이기 때문입니다. 그러므로 천주교에서는 마리아의 형상을 더 크게 만들어 놓고 있으며 심지어 가정에까지 모셔놓고 기도를 하고 있는 실정입니다. 그러나 이러한 행위가 성경적으로 잘못되었다고 지적하는 사람은 아무도 없습니다. 오늘날 천주교회나 기독교회에서 가장 많이 만들어 모시고 있는 형상은 바로 십자가입니다.

그런데 십자가도 제2계명에 저촉되는 형상이나 우상(偶像)이라는 것을 알고 있는 사람은 별로 없습니다. 그러므로 십자가를 교회 안이나 밖에 자랑스럽게 세워놓는 것이며 심지어 십자가를 목걸이나 반지까지 하고 다니는 사람들도 있는 것입니다. 외적인 십자가는 예수님이 지고 가신 고난의 상징이요 예수님이 돌아가신 죽음의 형틀인 것입니다. 그런데 십자가의 영적인 의미도 모르면서 십자가를 마치 자신의 수호신처럼 생각하고 모시고 있는 것입니다. 이런 것들은 영적 지도자인 목회자들이 십자가의 영적 의미나 십자가의 도를 모르기 때문에 나타나는 현상인 것입니다. 영적인 십자가의 도 속에는 영적인 그리스도의 모든 비밀들이 숨겨져 있습니다.

기독교인들이 예수를 열심히 믿고 섬기면서도 결국은 천국에 들어가지 못하고 멸망을 당하는 것은 바로 십자가의 영적인 의미를 모르고 이러한 형상들을 우상화하고 있으며 하나님의 계명을 저버리고 사람들이 만들어 놓은 교리와 신화를 믿고 섬기고 있기 때문입니다.

그러므로 오늘날 기독교인들은 사람들이 만들어 놓은 신화(神話)와 우상(偶像)에서 하루속히 벗어나야 합니다. 그리고 하나님께서 보내주시는 오늘날의 구원자를 찾아서 올바른 신앙생활을 해야하는 것입니다.

오늘날 기독교인들이 반드시 알아야 할 것은 오늘날 기독교인들을 구원할 예수는 이천년 전에 오셨던 과거의 예수님이나 앞으로 오실 미래의 예수님이 아니라 하나님께서 오늘날 보내주신 현재의 구원자(예수)이기 때문입니다. 왜냐하면 오늘날 기독교인들이 살기 위해서는 오늘날 생명의 양식을 먹어야 하는데 오늘날의 양식을 주시는 구원자는 이천년 전에 오셨던 예수나 앞으로 오실 예수가 아니라 오늘날 현존하고 있는 구원자(예수)인 것입니다.

오늘날 기독교인들을 구원할 구원자는 오늘날 하나님의 생명으로 실제 거듭난 하나님의 아들이며 오늘날 기독교인들이 먹어야 할 양식도 오늘날 구원자의 입에서 나오는 생명의 말씀입니다. 문제는 오늘날 기독교인들을 구원할 오늘날의 예수는 이미 와서 존재하고 있지만 유대인들처럼 오늘날의 구원자를 모르고 이단자로 배척을 하고 있다는 것입니다. 그 이유는 오늘날 기독교인들도 유대인들처럼 초라하게 말구유로 오시는 성경적 예수는 구원자로 인정을 하지 않고 외모가 화려하고 위엄이 있고 초능력을 소유한 신화적(神話的) 예수를 기다리고 있기 때문입니다. 그러나 하나님께서 보내주시는 오늘날의 구원자는 이사야 선지자의 말씀과 같이 그 안에 생명의 말씀을 가지고 있을 뿐 고운 모양이나 풍채도 없는 평범한 사람으로 사람들 보기에 흠모할 만한 것이 아무것도 없는 것입니다.

그러므로 기독교인들은 오늘날의 구원자는 믿지도 않고 인정도 하지 않으며 오히려 이단자로 취급하여 멸시(蔑視)와 천대(賤待)를 하고 있는 것입니다. 그러면서 언제 그리고 어떻게 오실지도 모르는 환상적인 예수, 즉 화려한 모습으로 구름을 타고 이리저리 날아다니는 초능력의 예수를 기다리고 있는 것입니다. 그러나 성경에서 말씀하고 있는 구름은 실제 구름이 아니라 생명의 말씀을 상징적으로 말씀하고 있는 것입니다. 이렇게 오늘날 오시는 구원자도 예수님과 외모만 좀 다를 뿐 말씀이 육신되어 오셔서 오직 죽은 영혼들을 구원하여 살리고 있는 것입니다. 이와 같이 오늘날 기독교인들이 기다리는 신화적(神話的) 예수는 성경적인 예수와 전혀 다르다는 것을 알아야 합니다.

그러므로 오늘날 신화적 예수를 기다리고 있는 기독교인들에게 하나님께서 보내주시는 구원자는 유대인들과 같이 아무런 소용도 없고 관심조차 없는 것입니다. 그러나 만일 오늘날 기독교인들이 신화적(神話的) 예수와 기복적인 교리신앙(敎理信仰)에서 벗어나 참 진리를 찾고, 참 목자를 찾으려 한다면 오늘날의 구원자는 지금도 여러분 가까이로 다가올 것입니다.

하나님께서 믿으면 구원을 받을 수 있다고 말씀하신 예수는 과거의 예수님이나 앞으로 나타날 미래의 예수가 아니라 오늘날 하나님께서 보내주시는 현재의 예수라는 것을 명심해야 합니다.

왜냐하면 현재 우리 앞에 와 있는 예수만이 오늘날 기독교인들이 먹어야 할 양식을 줄 수 있고 죽은 영혼을 구원하여 천국으로 인도할 수 있기 때문인 것입니다.

어리석음

자신을
잃어버리고
상대를 보는 것은
죽음을 망각한
어릿광대 같구나.

잃어버린
자신을
죽음앞에 승복하며
영원한 자신을
찾아가자.

잃어버린 현실

환상의 촛불이 꺼져 갈때에
보이는 현실이 가엽기만 하고

잃어버린 현실을 다시 찾으려
애쓰고 힘써도 어렵기만 해

아무것도 할 수 없는 자신을 보고
이제야 손 흔들어 그대를 부르며
생명의 실상을 그리워하네

18

사기(詐欺) 당한 기독교인들의 구원과 천국

성경을 보면
지옥 문 앞에서
슬피 울며 이를 갈고 있는 자들을 볼 수 있습니다.
이들은 무엇 때문에
지옥문을 붙들고
그리도 슬피 울며 이를 갈고 있을까?

사기(詐欺) 당한 기독교인들의 구원과 천국

성경을 보면 지옥문 앞에서 슬피 울며 이를 갈고 있는 자들을 볼 수 있습니다. 이들은 무엇 때문에 지옥 문을 붙들고 그리도 슬피 울며 이를 갈고 있을까? 그것은 다름이 아니라 세상에서 교회를 열심히 다니면서 목사님으로부터 예수를 믿기만 하면 모두 구원을 받아 천국에 들어간다는 말씀을 굳게 믿으며 또한 천국에 들어가 상급까지 받기 위해 교회에서 열심히 충성봉사를 한 자들입니다. 그런데 이들이 죽어서 막상 당도한 곳은 천국이 아니라 지옥이기 때문입니다. 이들은 예수를 믿음으로 천국에 들어가는 것은 물론 교회에서 충성봉사를 열심히 했기 때문에 하나님으로부터 큰 상급을 받으려고 하였는데 이들 앞에 나타난 것은 천국이 아니라 지옥(地獄)이었던 것입니다.

이들은 지금 너무나 어처구니가 없고 억울하고 분하여 슬피 울며 이를 갈고 있는 것입니다. 얼마나 분하고 속이 상하면 슬피 울며 이를 갈고 있는 것일까? 그 이유는 세상 교회에서 삯꾼목자에게 구원과 천국을 사기 당했기 때문입니다.

사기란 자기 욕심을 채우기 위해 못된 꾀로 남을 속이

는 것을 말하는데 사기를 상습적으로 혹은 지속적으로 행하는 자를 사기꾼이라 말합니다. 사람들은 이 세상을 살아가면서 누구나 사기꾼들에게 작게 혹은 크게 사기를 당하게 되는데 그때 분한 마음은 당해본 자만이 아는 것입니다. 사기를 작게 당한 사람은 대수롭지 않게 생각하지만 사기를 크게 당한 사람은 재산의 손실로 인해 사업이 망하고 집안까지 패가망신(敗家亡身)하게 되어 그 충격으로 병들거나 죽는 사람도 볼 수 있습니다. 사기를 치는 사기꾼들은 어리석거나 순진한 사람을 속여 자신의 이익이나 욕심을 채우려고 교묘하게 속이는 것입니다.

그런데 문제는 이러한 사기꾼들이 세상에만 있는 것이 아니라 죽은 영혼을 구원하고 살려서 천국으로 인도한다는 신성한 교회 안에도 존재하고 있다는 것입니다. 왜냐하면 오늘날 삯꾼목자들은 구원이 무엇인지도 모르는 교인들에게 예수를 믿고 입으로 시인하게 하여 구원을 받아 하나님의 아들이 되었다고 속이고 있으며 또한 천국의 실체도 모르는 교인들에게 예수를 믿음으로 모두 천국에 들어간다고 속이면서 기복을 빙자(憑藉)하여 교인들의 금품이나 재산을 갈취하고 있기 때문입니다. 이렇게 하나님의 말씀에 무지한 교인들은 삯꾼목자들에게 구원을 사기 당하고 천국을 사기 당하고 금품을 착취(搾取)당하면서 신앙생활을 하다가 결국 천국으로 가지 못하고 지옥으로 들어가게 되는 것입니다. 때문에 이런 자들이 지금 지옥 문 앞에서 슬피 울며 이를 갈고 있는 것입니다.

오늘날 삯꾼목자들과 거짓선지자들은 지금도 구원이나 영생을 상품을 찍어내듯이 예수를 믿기만 하면 즉시 구원을 시켜 하나님의 아들을 만들어 하나님을 아버지라 부르게 하고 있는데 심지어 임종(臨終)하기 직전 5분의 여유만 있어도 죽어가는 영혼을 찾아가 구원을 시켜 천국으로 보내고 있는 것입니다. 진정 구원을 받는 것이나 영생을 얻는 것이 이렇게 쉽고 간단하게 이루어 질 수 있단 말입니까? 육신의 아들을 잉태하여 낳으려 해도 10개월이라는 기간이 소요되며 그에 따른 수많은 해산(解産)의 고통이 따르는데 천하보다 귀한 하나님의 아들이 어떻게 예수를 믿는다 하여 아무런 고통도 없이 순식간에 태어난단 말입니까?

마태복음 1장은 아브라함과 다윗의 자손 예수그리스도의 세계라 기록되어 있는데 세계라는 단어는 원문에 “비블로스”로 기록되어 있으며 뜻은 “두루마리 책, 기록문, 족보”라는 의미로 진정한 뜻은 예수님의 출생을 기록한 책이라는 뜻입니다. 즉 마태복음 1장은 아브라함으로부터 “낳고 낳고"로 시작하여 예수님이 탄생하기까지의 과정에 대해서 자세히 기록하고 있는 것입니다. 그런데 하나님의 아들이신 예수님이 탄생하는 과정은 예수님만을 위해서 기록한 것이 아니라 죄인 된 하나님의 백성들이 하나님의 아들로 태어나는 과정을 말씀하고 있는 것입니다. 즉 예수님이나 하나님의 백성들이 예수님과 같은 하나님의 아들로 태어나려면 아브라함으로부터 다윗까지 열네 대, 다윗으로부터 바벨론으로 이거(移去)할 때까지 열네 대, 바벨론으로 이거(移去)하여 예수그리스도가 탄생하기까지 열네 대가 지나야 하나님의 아들로 태어난다는 것을 말씀하고 있는 것입니다. 이것은 미물과 같은 땅의 존재(아브라함)가 하늘이신 하나님의 아들(예수)로 태어나려면 애굽에서 14대, 광야에서 14대, 가나안에서 14대, 모두 42대의 과정과 기간이 지나야 예수가 태어난다는 것을 비유(比喩)로 말씀하고 있는 것입니다.

그런데 예수님이 태어나기 전에 먼저 마리아가 등장하고 그 후에 예수가 태어나는 것을 볼 수 있습니다. 왜냐하면 성령이 잉태하여 예수로 태어나려면 반드시 정결한 처녀의 몸이 있어야 하기 때문입니다. 이 정결한 처녀 마리아는 육신적인 여자가 아니라 하나님의 말씀으로 창조된 세례요한과 같은 영적인 존재를 말하고 있습니다. 즉 이 여자는 창세기 1장에 하나님께서 땅에 속한 존재를 하나님의 말씀으로 육일 동안 창조하여 하나님의 형상(形象)과 모양대로 창조하신 남자와 여자 중에 여자를 말하고 있는 것입니다. 이렇게 하나님의 성령이 잉태할 수 있는 몸은 육신적인 여자가 아니라 하나님의 말씀으로 창조된 정결(淨潔)한 처녀를 말하고 있는 것입니다.

오늘날 기독교인들은 성령이 잉태한 마리아를 단순히 육신이 정결한 동정녀와 같은 처녀로 알고 있는 것입니다. 만일 단순히 육신이 정결한 처녀의 몸에 성령이 잉태되었다면 오늘날도 시집가지 않은 정결한 처녀의 몸에는 성령이 잉태되어야 하는 것입니다. 그런데 마리아 이후 지금까지 처녀의 몸에 성령이 잉태된 여인이 단 한 사람도 없다는 것은 육신적인 처녀는 많으나 하나님의 말씀으로 창조된 영적인 처녀가 없다는 것을 말해주는 것입니다. 이렇게 성령이 잉태할 수 있는 정결한 처녀는 육신적인 여자가 아니라 하나님의 말씀으로 창조된 여자를 말씀하고 있는 것입니다. 때문에 마태복음 1장에 등장된 정결한 처녀 마리아는 육신적인 처녀가 아니라 하나님의 말씀으로 창조된 영적인 여인을 말하고 있습니다. 이렇게 하나님의 말씀으로 창조된 처녀(마리아)의 몸에 성령이 잉태되어 하나님의 아들이 태어나는 것입니다.

때문에 마태복음 1장에 주의 천사가 나타나 "보라 처녀가 잉태하여 아들을 낳을 것이라"고 말씀하신 것은 예언이며 예수님에게 실제 성령이 잉태되어 하나님의 아들로 태어나신 시점은 요단강에서 세례요한으로부터 세례를 받고 나신 후의 일입니다. 왜냐하면 예수님께서 나이 30세가 되어 요단강에서 세례를 받을 때 하늘 문이 열리고 하나님의 성령이 비둘기 같이 임한(이때 성령이 잉태 됨) 후에 비로소 하나님께서 이는 내 기뻐하는 자요 사랑하는 아들이라 인정하셨기 때문입니다. [누가복음 4장 21절-23절]

이렇게 예수님은 마리아의 배 속에 성령이 잉태하여 하나님의 아들로 태어난 것이 아니라 30세에 요단강에서 세례를 받고 성령이 예수님 안에 임하여(성령의 잉태) 하나님의 아들로 태어난 것입니다. 그러므로 성령이 잉태한 처녀 마리아의 몸은 곧 요단강에서 세례를 받아 정결(淨潔)하게 된 예수님의 몸을 말하고 있는 것입니다. 이렇게 예수님께서 30세에 요단강에서 세례요한으로부터 세례를 받을 때 성령이 임하여 하나님의 아들로 태어나신 것이며 예수님은 비로소 이때부터 천국 복음을 전파하며 구원의 사역을 시작하게 된 것입니다.

예수님께서 30세가 되기 전까지 구원의 사역을 전혀 하지 못하고 있었던 것은 예수님도 성령을 받기 전에는 평범한 유대인이었다는 것을 말해주고 있는 것입니다. 예수님의 육신은 우리와 같이 사람의 씨를 받고 태어났다는 것을 이사야 선지자를 통해서 이미 말씀하고 있습니다.

[이사야서 7장 14절-16절] 그러므로 주께서 친히 징조로 너희에게 주실 것이라 보라 처녀가 잉태하여 아들을 낳을 것이요 그 이름을 임마누엘이라 하리라 그가 악을 버리며 선을 택할 줄 알 때에 미쳐 뻐터와 꿀을 먹을 것이라 대저 이 아이가 악을 버리며 선을 택할 줄 알기 전에 너의 미워하는 두 왕의 땅이 폐한바 되리라

상기의 말씀은 처녀의 몸에 성령이 잉태하여 하나님의 아들 예수님이 태어난다는 것을 이사야 선지자를 통해서 예언하신 말씀입니다. 그런데 예수님이 어릴 때에는 그 안에 악(惡)이 있었기 때문에 악을 버리고 선(善)을 택할 때까지 뻐터와 꿀, 즉 생명의 말씀을 먹을 것이라 말씀하고 있습니다. 또한 예수님이 악을 버리고 선을 택할 줄 알기 전

에 너의 미워하는 두 왕의 땅이 폐한다는 것은 애굽의 존재와 광야의 존재가 없어 져야 선을 택하게 된다는 뜻입니다.

이 말씀은 예수님도 성령이 잉태되어 하나님의 아들로 거듭나기 전까지는 악(惡)이 있는 죄인이었다는 것을 말씀하고 있는 것입니다. 때문에 예수님은 성장하면서 날마다 생명의 말씀을 먹고 자란 것이며 30세가 되어 요단강으로 나아가 세례요한으로부터 세례를 받게 된 것입니다. 세례는 죄인이 받는 것이며 하나님의 아들로 거듭난 의인들은 받을 필요가 없고 받아서도 안 되는 것입니다. 그런데 예수님이 세례를 받았다는 것은 예수님도 성령을 받기 전에는 우리와 동일한 죄인이었다는 것을 말해주는 것입니다.

오늘날 기독교인들은 지금도 예수님이 우리와 다르게 성령으로 육신이 잉태되어 태어나 죄가 없으신 분이라 믿고 있으며 또한 그렇게 알고 있습니다. 그러나 예수님은 성령으로 육신이 태어난 것이 아니라 예수님의 육신 안에 성령이 잉태된 것입니다. 때문에 예수님은 말씀이 육신이 되어 오셨다는 것인데, 이 말은 예수님께서 성령, 즉 거룩한 생명의 말씀을 자신 안에 소유(所有)하고 오셨다는 뜻입니다.

왜냐하면 예수님께서 요한복음 3장을 통해서 육으로

난 것은 육이요 성령으로 난 것은 영이라 말씀하고 있기 때문입니다.

즉 예수님께서 육신은 육신으로 낳고 성령은 성령으로 낳는 것이지 성령으로 육신을 낳거나 육신으로 성령을 낳을 수 없다는 뜻으로 말씀하신 것입니다. 만일 예수님께서 성령으로 육신이 태어나 하나님의 아들이 되었다면 오늘날 기독교인들은 영원히 하나님의 아들이 될 수 없다는 것을 알아야 합니다. 왜냐하면 지금까지 기독교인들 중에 성령으로 육신이 태어난 자는 단 한 사람도 없기 때문입니다. 이렇게 지금까지 기독교 안에 예수님과 같은 하나님의 아들이 없었다는 것은 성령으로 육신이 잉태된 자가 없기 때문입니다.

그런데 만일 기독교인들이 예수님도 우리와 같이 육신은 육신의 씨를 받고 태어나 성령이 임하여 하나님의 아들로 태어났다는 것을 분명히 안다면, 오늘날 기독교인들도 하나님의 아들로 태어날 수 있는 가능성이 있다는 것입니다. 그러므로 오늘날 기독교인들은 다른 것은 모른다 해도 예수님의 성령의 잉태에 대하여 분명하게 그리고 확실하게 알아야 하는 것입니다.

오늘날 기독교인들이 예수님이 육신의 씨를 받지 않고

성령으로 잉태되었다고 주장을 하는 것은 마태복음 1장 25절의 말씀 때문입니다.

[마태복음 1장 24절-25절] 요셉이 잠을 깨어 일어나서 주의 사자의 분부대로 행하여 그 아내를 데려 왔으나 아들을 낳기까지 "동침치 아니하더니" 낳으매 이름을 예수라 하니라

상기의 말씀은 요셉이 그의 아내 마리아를 데려 왔으나 아들을 낳기까지 동침(同寢)하지 않았다고 분명히 말씀하고 있습니다. 이 말씀 때문에 마리아는 그의 남편 요셉의 씨를 받지 않은 상태에서 성령으로 예수를 낳았다고 주장을 하는 것입니다. 그런데 "동침하지 않았다"는 말씀은 원문성경에 분명히 "욱크 에기노스켄"으로 기록되어 있으며 진정한 뜻은 "동침하지 않았다"는 의미가 아니라 "알지 못했다"는 뜻입니다. 이 말씀은 요셉이 마리아와 정혼(定婚)을 한 상태에서 마리아에게 성령이 잉태되었는데 요셉은 마리아에게 성령이 잉태된 것이 아니라 악령이 잉태된 것으로 오해를 하고 두려워서 파혼(破婚)을 하려고 한 것입니다.

[마태복음 1장 18절-20절] 예수 그리스도의 나심은 이러하니라 그 모친 마리아가 요셉과 정혼하고 동거하기 전에 성령으로 잉태된 것이 나타났더니 그 남편 요셉은 의로운 사람이라 저를 드러내지 아니하고 가만히 끊고자 하여 이 일을 생각할 때에 주의 사자가 현몽하여 가로되 다윗의 자손 요셉아 네 아내 마리아 데려오기를 무서워 말라 저에게 잉태된 자는 성령으로 된 것이라

상기의 말씀과 같이 요셉은 마리아와 동거하기 전에 마리아 안에 성령이 잉태된 것이 발견되었는데 요셉은 마리아에게 임한 영이 성령이 아니라 악령이 임한 것이라 오해를 하고 이러한 사실을 드러내지 않고 가만히 파혼(破婚)을 하려고 한 것입니다. 그런데 이때 꿈속에 주의 천사가 나타나 요셉에게 마리아 데려오기를 두려워 말라고 하면서 마리아에게 잉태된 영은 악령(惡靈)이 아니라 성령(聖靈)이라고 말씀하신 것입니다.

요셉은 천사의 말씀을 듣고 꿈에서 깨어나 마리아를 데려와 마리아와 함께 살게 된 것입니다. 그런데 요셉은 마리아가 예수를 낳기까지 마리아가 받은 영이 성령인지 악령인지를 "알지 못했다"는 것입니다. 그런데 "알지 못했다"

는 말씀을 한글성경에 "동침하지 않았다"는 뜻으로 번역을 해놓은 것입니다. 이렇게 오역된 말씀 때문에 오늘날 기독교인들은 마리아는 요셉의 씨를 받지 않고 성령으로 육신이 태어났다고 지금도 주장을 하고 있는 것입니다. 그러나 성경을 보면 예수님의 육신은 다윗의 후손인 요셉의 씨로 낳음을 받아 태어났으며 육신이 태어난 후 30세가 되어 요단강에서 세례요한으로부터 세례를 받을 때 성령이 임하여(잉태되어) 하나님의 아들로 태어났다고 분명히 말씀하고 있습니다. 때문에 사도바울도 로마서 1장을 통해서 예수님의 육신은 다윗의 혈통(血統), 즉 다윗의 씨를 받아 태어나셨고 성령은 하나님의 능력으로 부활되어 예수 그리스도가 되셨다고 분명하게 말씀하고 있는 것입니다.

[로마서 1장 1절-4절] 예수 그리스도의 종 바울은 사도로 부르심을 받아 하나님의 복음을 위하여 택정함을 입었으니 이 복음은 하나님이 선지자들로 말미암아 그의 아들에 관하여 성경에 미리 약속하신 것이라 이 아들(예수)로 말하면 육신으로는 다윗의 혈통(씨)에서 나셨고 성결의 영(성령)으로는 죽은 가운데서 부활하여 능력으로 하나님의 아들로 인정되셨으니 곧 우리 주 예수 그리스도시니라

상기의 말씀은 예수님의 태어나심에 대하여 분명히 기록하고 있는 것입니다. 예수님은 선지자들을 통해서 성경에 미리 약속하신대로 하나님의 아들로 태어나셨다고 말씀하고 있는데 하나님의 아들이신 예수님의 육신은 다윗의 혈통(血統), 즉 다윗의 씨를 받고 태어나셨다고 분명히 말씀하고 있습니다. 그리고 성결의 영, 즉 성령은 하나님의 능력으로 죽은 자 가운데서 부활하여 하나님의 아들로 인정되었다고 분명히 말씀하고 있는 것입니다. 이렇게 예수님은 성령으로 육신이 태어난 것이 아니라 다윗의 혈통, 즉 씨(원문에 씨로 기록되어 있음)를 받아 태어났으며 예수님의 영혼은 하나님의 능력으로 죽은 자들 가운데서 부활하여, 즉 하나님의 아들로 거듭나서 예수 그리스도가 되셨다고 분명히 말씀하고 있는 것입니다.

이렇게 예수님의 육신은 다윗의 씨로 태어나셨고 영은 하나님의 능력으로 예수님 안에 성령이 잉태 되어(부활되어) 하나님의 아들로 태어났다는 뜻입니다. 때문에 오늘날 육신으로 태어난 기독교인들도 하나님의 성령을 받으면 하나님의 아들이 될 수 있는 가능성이 있는 것입니다. 그런데 문제는 예수님과 같이 성령이 잉태되어 하나님의 아들로 태어나려면 먼저 마리아와 같은 정결(淨潔)한 처녀의 몸이 준비되어야만 한다는 것입니다. 왜냐하면 성령은 미물과 같은 부정한 죄인의 몸에는 절대로 잉태되지 않기 때문입니다. 그보다 더욱 중요한 것은 오늘날 기독교인들도 예수님과 같이 하나님의 아들로 거듭나려면 예외 없이 정결한 처녀의 몸으로 변화되어야만 성령이 잉태된다는 것입니다. 왜냐하면 성령은 곧 하나님의 거룩한 말씀이며 또한 하나님의 생명이기 때문에 성령을 받지 않고는 절대로 하나님의 아들로 거듭날 수 없다는 것입니다. 그런데 미물(微物)과 같은 존재가 하나님의 아들로 창조되려면 하나님의 말씀으로 미물이 기는 짐승으로, 기는 짐승이 들짐승(광야의 존재)으로, 들짐승이 육축(양)으로, 육축이 사람인 여자(영적인 처녀)로 거듭나야 남자(예수)의 씨 곧 성령을 받아 하나님의 아들로 태어나는 것입니다. (창세기 천지창조에 자세히 기록되어 있음) 이것은 예수님이 구원의 과정을 밭의 비유(比喩)를 들어서 하나님의 아들로 거듭나는 과정을 말씀하신 것과 같은 것입니다.

[마태복음 13장 3절-9절] 예수께서 비유로 여러 가지를 저희에게 말씀하여 가라사대 씨를 뿌리는 자가 뿌리러 나가서 뿌릴쌔 더러는 길 가에 떨어지매 새들이 와서 먹어버렸고 더러는

흙이 얇은 돌밭에 떨어지매 흙이 깊지 아니하므로 곧 싹이 나오나 해가 돋은 후에 타져서 뿌리가 없으므로 말랐고 더러는 가시떨기 위에 떨어지매 가시가 자라서 기운을 막았고 더러는 좋은 땅에 떨어지매 혹 백배, 혹 육십배 ,혹 삼십배의 결실을 하였느니라. 귀 있는 자는 들으라 하시니라

상기의 말씀은 예수님께서 하나님의 백성들의 존재가 거듭나는 과정을 네 가지 밭의 비유를 들어서 말씀하신 것입니다. 즉 단단히 굳어져 있는 길과 같은 존재는 하나님의 말씀으로 깨고 부수어야 하며 돌밭의 존재는 돌들을 모두 추려내야 하며 가시떨기 밭의 존재는 가시를 모두 뽑아내어 좋은 밭과 같이 되어야 비로소 좋은 밭(마음)에 말씀의 씨가 떨어져 30배 60배 100배의 좋은 열매를 맺을 수 있는 것과 같은 것입니다.

이러한 구원과 영생의 과정은 사도바울이 행하신 구원의 사역을 통해서도 우리에게 잘 보여주고 있습니다. 사도바울은 하나님의 백성들 중에 육축의 상태로 준비된 존재를 찾아서 정결한 처녀로 만들어 그리스도에게 인도하여 성령을 잉태시키기 위해 부단히 애쓰고 있는 것을 볼 수 있습니다.

[고린도후서 11장 2절] 내가 하나님의 열심으로 너희를 위하여 열심 내노니 내가 너희를 정결한 처녀로 한 남편인 그리스도께 드리려고 중매함이로다

상기의 말씀은 사도바울이 너희, 즉 육축(양)의 상태에 있는 존재를 한 남편인 그리스도에게 인도하여 성령을 잉태시키기 위해서 정결(淨潔)한 처녀로 만들려고 열심히 힘쓰고 있다는 것입니다. 왜냐하면 사도바울은 하나님의 백성들이 정결한 처녀의 몸이 되지 않고는 성령을 받을 수 없고 잉태될 수도 없다는 것을 잘 알고 있기 때문입니다. 만일 예수를 믿기만 하여 구원을 받아 하나님의 아들이 될 수 있다면 사도바울도 이러한 수고를 하지 않고 예수를 믿으라 하여 모두 구원을 시켰을 것입니다. 이와 같이 오늘날 기독교인들도 성령이 잉태되어 하나님의 아들로 태어나려면 먼저 정결한 처녀의 몸이 준비되어야 하는 것입니다. 그런데 오늘날 삯꾼목자들은 이신칭의 교리를 만들어 예수를 믿기만 하면 즉시 구원을 받아 하나님의 아들이 된다고 거짓증거를 하고 있는 것입니다.

오늘날 기독교인들 가운데 하나님의 아들로 거듭난 예수가 없다는 것은 곧 정결한 처녀가 없기 때문이며 정결한

처녀가 없다는 것은 욕심 많은 삯꾼목자들 뿐 부정한 죄인들을 정결한 처녀로 만드는 참 목자, 곧 예수님이나 사도들과 같은 하나님의 아들이 없다는 것을 말해주는 것입니다. 구약성경에 이스라엘 백성들이 애굽에서 벗어나 광야를 거쳐 가나안에 들어가 하나님의 아들로 거듭나기까지의 과정을 자세히 보여주고 있습니다. 애굽에 있는 미물(微物)과 같은 존재가 출애굽을 하여 광야를 거쳐 가나안땅으로 들어가 하나님의 아들이 되는 과정과 기간을 보면 애굽에서 교리신앙 430년 광야에서 율법신앙 40년 가나안 땅에 들어가 진리의 생명으로 3년 반이 지나야 하나님의 아들로 거듭나게 된다는 것을 비사(秘史)로 보여주고 있습니다. 그런데 오늘날 기독교인들은 이러한 구원의 과정을 모르고 출애굽도 못한 자들이 예수를 믿기만 하면 즉시 구원을 받아 하나님의 아들이 되었다는 삯꾼목자의 말을 그대로 믿고 있는 것입니다.

오늘날 목회자들은 요한복음 3장 16절에 하나님이 세상을 이처럼 사랑하사 독생자를 주셨으니 이는 저를 믿는 자마다 멸망치 않고 영생을 얻게 하려 하심이라는 말씀을 가지고 예수를 믿는 자는 모두 영생을 얻었다고 말하고 있습니다. 그런데 이 말씀은 미래시제로 예수를 믿는 자는 앞으로 구원을 받아 영생에 이를 수 있다는 가능성을 말씀하신 것이며 이미 구원이나 영생을 얻었다는 뜻이 아닙니다. 왜냐하면 예수님께서 나를 믿는 자는 구원을 받아 이미 영생을 얻었다고 말씀하셨다면 예수님께서 내 아버지의 뜻대로 행하는 자만이 천국에 들어가며 또한 내 음성을 듣는 자가 살아나리라 그리고 내가 주는 떡을 먹는 자가 영생하리라는 말씀을 하시지 않으셨을 것이며 또한 누가복음 13장 이하를 통해서 구원에 대해서 이렇게 충격적인 말씀을 하실 수가 없기 때문입니다.

[누가복음 13장 22절] 예수께서 각성 각촌으로 다니사 가르치시며 예루살렘으로 여행하시더니 혹이 여짜오되 주여 구원을 얻는 자가 적으니이까 저희에게 이르시되 좁은 문으로 들어가기를 힘쓰라 내가 너희에게 이르노니 들어가기를 구하여도 못하는 자가 많으리라

상기의 말씀은 예수님의 말씀을 듣고 구원을 얻는 자가 적으냐고 묻는 제자에게 충격적인 말씀을 하시는 것입니다. 왜냐하면 예수를 믿기만 하면 구원을 받아 모두 천국으로 들어갈 줄 믿고 있었는데 예수님은 좁은 문으로 들어가

기를 힘쓰라고 말씀하시면서 너희가 좁고 협착한 길에서 천국에 들어가기를 구하여도 못 들어가는 자가 더 많다고 말씀하시기 때문입니다.

예수님은 이 말씀을 통해서 하나님의 백성들이 구원을 받아 하나님의 아들로 거듭나기 까지가 무척 어렵고 힘들다는 것을 말씀하신 것입니다. 왜냐하면 예수님은 좁고 협착한 생명의 길에서 천국에 들어가려고 힘쓰며 구하여도 못 들어가는 자가 더 많다고 말씀하고 있기 때문입니다. 그런데 오늘날 목회자들은 예수님의 이러한 말씀은 외면하고 교인들에게 자기 멋대로 예수를 믿기만 하면 구원을 얻었고 영생을 얻어 천국으로 들어간다고 거짓증거를 하고 있는 것입니다.

이와 같이 오늘날 기독교인들을 구원하고 영생을 주어 하나님의 아들을 수없이 만들어내는 자들은 삯꾼목자들이며 예수님은 오늘날 기독교인들을 구원한 적도 없고 영생을 주신 적이 없다는 것입니다. 왜냐하면 예수님은 오늘날 기독교인들이 예수를 믿고 입으로 시인한다 하여 즉시 하나님의 아들이 되는 것이 아니라 하나님의 뜻대로 행한 자 곧 하나님의 아들(실존예수)을 믿고 그의 입에서 나오는 음성을 듣고 예수님이 주시는 생명의 말씀을 날마다 일용할 양식으로 받아먹고 하나님의 생명으로 거듭난 자만을 하나님의 아들이라 인정하고 계시기 때문입니다.

즉 하나님을 아버지라 부를 수 있는 자들은 유대인들이나 오늘날 기독교인들이 아니라 예수님과 예수님으로부터 하나님의 아들로 거듭난 사도들이라는 것입니다.

오늘날 기독교인들이 반드시 알아야 할 것은 오늘날 기독교인들을 구원할 구원자, 즉 하나님의 아들은 이천 년 전에 오셨던 예수님이나 성경 속에 계신 예수님이 아니라 오늘날 살아계신 하나님의 아들이라는 것입니다. 왜냐하면 예수님 당시에도 살아계신 예수님이 계셨기 때문에 열두 제자들이 구원을 받아 하나님의 아들로 거듭날 수 있었지 만일 당시에 살아계신 예수님이 없었다면 예수님의 제자들도 하나님의 아들로 거듭날 수 없었기 때문입니다. 이와 같이 오늘날도 오늘날 살아계신 실존 예수가 없다면 구원을 받아 하나님의 아들로 거듭날 수가 없는 것입니다. 이렇게 오늘날도 하나님의 백성을 구원시킬 수 있는 분은 오직 광야에 계신 모세이며 영원한 생명을 주실 수 있는 분은 가나안에 계신 예수님뿐이십니다.

만일 오늘날 기독교인들이 출애굽을 한다면 지금도 모세를 만날 수 있고 가나안에 들어가면 지금도 예수님을 만날 수 있는 것입니다. 때문에 오늘날 애굽교회, 즉 세상교회에 존재하는 목회자들은 모세로부터 구원을 받아야 할 구원의 대상이며 교인들을 구원시키거나 영원한 생명을 줄 수 있는 자들이 아닙니다. 그럼에도 불구하고 아직 자신도 구원받지 못한 삯꾼목자들이 교인들을 거짓으로 구원을 시키고 영생까지 주어 하나님을 아버지라 부르게 하며 기복으로 미혹하여 교인들의 헌물을 탈취(奪取)하고 있는 것입니다. 예수님은 이런 삯꾼목자들이 바로 성전 안에서 성령을 팔고 예수를 팔고 말씀을 팔아먹는 자들이라 말씀하십니다.

[요한복음 2장 13절-17절] 유대인의 유월절이 가까운지라 예수께서 예루살렘으로 올라가셨더니 성전 안에서 소와 양과 비둘기 파는 사람들과 돈 바꾸는 사람들의 앉은 것을 보시고 노끈으로 채찍을 만드사 양이나 소를 다 성전에서 내어 쫓으시고 돈 바꾸는 사람들의 돈을 쏟으시며 상을 엎으시고 비둘기 파는 사람들에게 이르시되 이것을 여기서 가져가라 내 아버지의 집으로 장사하는 집을 만들지 말라 하시니 제자들이 성경 말씀에 주의 전을 사모하는 열심이 나를 삼키리라 한 것을 기억하더라

상기의 말씀은 예수님께서 하나님의 성전 안에서 소와 양과 비둘기를 파는 사람들과 돈 바꾸는 사람들을 보시고 진노하여 상을 엎으시며 노끈으로 채찍을 만들어 성전에서 내어 쫓으시면서 내 아버지의 집을 장사하는 집을 만들지 말라고 소리치시는 것입니다. 그런데 하나님의 성전은 오늘날 교회를 말하며 소는 성부하나님을 말하며 양은 성자하나님을 말하며 비둘기는 성령을 비유로 말씀하신 것입니다. 이것은 오늘날 교회 안에서 목사님들이 교인들에게 "성령(비둘기)받을 줄로 믿고 감사하십시오" "은혜(어린양 예수)받을 줄로 믿고 감사하십시오" 하며 헌금을 강조하는 행위를 말하고 있는 것입니다. 그리고 돈 바꾸는 자들은 하나님의 형상(形象)을 입혀야 할 교인들을 가이사의 형상으로 바꾸고 있는 자, 즉 배나 더 지옥자식을 만들고 있는 삯꾼 목자들을 말하고 있는 것입니다. 이와 같이 이들은 중이 염불에는 관심 없고 젯밥에만 가있듯이 교인들의 구원과 영생에는 관심이 없고 헌금에만 시선이 가있어 자기욕심만 채우고 있는 것입니다.

성경을 보면 구원은 애굽, 즉 세상교회의 교리와 기복신앙에서 벗어나 광야의 율법신앙으로 나가는 것이며 영생은 광야의 모세를 통해서 율법의 훈련을 모두 마친 자들이 진리와 영생이 있는 가나안땅으로 들어가 예수님이 주시는 생명의 말씀을 통해서 이루어지는 것입니다. 그런데 오늘날 목회자들은 이렇게 하나님께서 정해놓은 구원의 과정을 모르고 있거나 모두 무시하고 교인들에게 이신칭의(二信稱義)라는 교리를 만들어 가지고 예수를 믿기만 하면 구원이 되었고 영생까지 얻었다고 거짓증거를 하며 사기(詐欺)를 치고 있는 것입니다. 이러한 삯군목자들이 바로 예수님이 말씀하신 바와 같이 자신도 구원받지 못한 상태에서 천국문을 닫아 놓고 자기도 들어가지 않고 남도 못 들어가게 하면서 교인들을 배나 더 지옥자식을 만들고 있는 자들인 것입니다.

[마태복음 23장 13절-15절] 화 있을찐저 외식하는 서기관들과 바리새인들이여 너희는 천국 문을 사람들 앞에서 닫고 너희도 들어가지 않고 들어가려 하는 자도 들어가지 못하게 하는도다 화 있을찐저 외식하는 서기관들과 바리새인들이여 너희는 교인 하나를 얻기 위하여 바다와 육지를 두루 다니다가 생기면 너희보다 배나 더 지옥 자식이 되게 하는도다

오늘날 목회자들은 상기의 말씀을 예수님께서 자신들

에게 하시는 말씀이라고 믿는 자는 단 한 사람도 없다고 생각합니다. 그러나 예수님께서 하신 이 말씀은 유대인들을 인도하는 목회자는 물론 오늘날 목회자들에게도 동일(同一)하게 하시는 말씀입니다. 왜냐하면 아직 애굽교회에서 출애굽도 하지 못한 목회자들이 거짓으로 교인들을 구원시키고 영생까지 주어 하나님의 아들을 만들고 있기 때문입니다. 그러므로 오늘날 목회자들은 이 말씀을 하나님께서 내게 주시는 말씀으로 믿고 받아들여야 합니다. 그리고 진실한 마음으로 잘못을 회개하고 지금부터라도 올바른 목회를 해야 하는 것입니다. 그러면 하나님께서 모든 잘못을 용서해 주실 것입니다.

오늘날 기독교인들은 참 목자가 없어 올바른 가르침을 받지 못하여 말씀의 영적인 뜻을 모르기 때문에 구원과 영생을 삯꾼목자들에게 사기(詐欺) 당하고 있는 것입니다. 그런데 기독교인들은 지금도 자신의 구원과 영생이 사기 당한 것도 모르고 하나님의 아들이 되었다고 굳게 믿고 있으며 죽어서도 천국에 들어간다고 큰 소리치고 있는 것입니다. 그런데 더 심각한 문제는 참 목자가 오늘날 기독교인들에게 구원과 영생을 얻은 것은 거짓이며 사기(詐欺) 당했다는 것을 올바로 알려주어도 듣지 않을 뿐만 아니라 오히려 이단(異端)이라 배척(排斥)을 하고 있다는 것입니다. 때문에 이런 자들은 사후에 지옥 문 앞에서 슬피 울며 이를 갈고 있을 수밖에 없는 것입니다.

그러므로 오늘날 기독교인들은 지금이라도 참 목자의 말씀을 들어야 하며 또한 성경을 통해서 자신의 구원과 영생을 확인해보아야 합니다. 그러면 하나님께서 성경을 통해서 자신의 구원과 영생의 진의(眞義)에 대해서 분명히 알려주실 것입니다.

예수님은 지금도 삯꾼목자들이 인도하는 넓고 평탄한 멸망의 길에서 참 목자가 인도하는 좁고 협착한 생명의 길로 돌아오라고 말씀하고 계십니다.

그러므로 오늘날 기독교인들은 하루속히 삯꾼목자들이 인도하는 멸망의 길에서 벗어나 참 목자가 인도하는 생명의 길로 돌아와야 합니다.

"오늘날 살아계신 예수님 곧 참 목자는 지금 여러분 가까이에 계십니다"

19

극락(천국)과 지옥의 실체

불자들의 소망은

사후에 극락에 이르는 것이요

기독교인들의 소망은

사후에 천국으로 들어가는 것입니다.

극락(천국)과 지옥의 실체

1) 극락(천국)의 실체

불자들의 소망은 사후에 극락(極樂)에 이르는 것이요 기독교인들의 소망은 사후에 천국(天國)으로 들어가는 것입니다. 그런데 불교인들이 죽어서 들어간다는 극락과 기독교인들이 사후에 들어간다는 천국은 과연 어떤 곳이며 어떻게 다를까? 천국은 하늘 우편에 진주나 보석으로 장식된 곳이고 극락은 하늘 좌편에 연꽃과 아름다운 각종 꽃들로 화려하게 장식된 곳일까? 그러나 천국(天國)이나 극락에 대해서 지금까지 확실하게 아는 사람이나 정확하게 말해주는 사람이 없었습니다. 왜냐하면 천국이나 극락은 죽어서 다녀온 사람이 지금까지 아무도 없었기 때문입니다. 문제는 기독교인들이 천국을 모르면 천국(天國)을 갈 수가 없고 불교인들이 극락을 모르면 극락(極樂)에 갈 수가 없다는 것입니다.

그러므로 불교에는 반드시 극락을 아는 부처님이 계셔야 하고 기독교에는 천국을 아는 예수님이 계셔야 하는 것입니다. 여기서 말하는 부처와 예수는 과거에 오셨던 석가모니 부처나 유대 땅에 오셨던 예수가 아니라, 현존하는 생불과 오늘날 살아계신 예수를 말합니다. 왜냐하면 과거에 오셨던 부처나 예수는 이전 세대에 존재하고 있던 사람들의 구원자이지 오늘날 이 시대의 구원자가 아니기 때문입니다. 이렇게 오늘날 불자들이나 기독교인들이 극락이나 천국으로 들어가려면 반드시 오늘날 살아계신 부처님과 예수님이 계셔야 하는데 불행하게도 지금까지 없었다는 것입니다. 그런데 부처님과 예수님이 지금까지 불교와 기독교 안에는 없었지만 불교와 기독교 밖에는 항상 계십니다.

단지 불교인들은 불교의 교리와 제도의 틀에 가리워져 오늘날 생불을 보지 못하고 있는 것이며 기독교인들은 의식화 된 기독교의 교리와 전통신앙에 가려서 모르고 있었을 뿐입니다. 오늘날 살아 계신 부처님과 예수님은 지금 이 순간에도 진리를 찾는 자들을 생명의 길로 인도하고 계십니다. 이렇게 천국(天國)과 극락(極樂)에 대해서 분명히 알고 계신 분은 오늘날 살아 계신 예수님과 부처님이십니다. 그런데 이분들은 천국과 극락이 서로 다른 곳이 아니라 동일한 곳이며 또한 천국과 극락은 어느 특정한 장소가 아니라 사람 안에 이루어지고 성취되는 것이라 말씀하고 있습니다. 즉 중생이 해탈(解脫)하면 극락이요 부활(復活)이 되면 천국이라는 것입니다. 결국 천국의 실상은 부활하신 예수님이며 극락의 본체는 해탈하신 부처님이라는 것입니다. 그러나 천국(天國)과 극락(極樂)은 모두 같은 곳으로 동일한 하나님이 계신 진리의 세계를 말합니다.

오늘날 불교인들은 물론 기독교인들도 천국을 동경하며 사후에 천국으로 들어가기를 원하고 있습니다. 그런데 천국이 어느 곳에 있으며, 그 곳은 어떤 곳인지 그리고 천국은 어떤 사람들이 들어가는 곳이며 또한 그 곳은 어떻게 들어가는지는 잘 모르고 있습니다. 그보다 천국에 대해서 전혀 모르고 있다고 해도 과언이 아니라 생각합니다. 왜냐하면 지금까지 천국을 다녀온 사람이나 천국을 직접 본 사람이 없었기 때문입니다. 기독교인들도 천국이 있다는 것과 예수를 믿으면 천국에 들어갈 수 있다는 것을 막연히 믿고 있을 뿐입니다. 그러므로 지금까지 사람들이 상상하고 있는 천국은 세상보다 모든 환경과 여건이 좋은 환상적인 곳이라는 것과 천국은 세상에서 선을 행한 사람들이나 예수를 믿는 사람들만 들어가는 곳으로 알고 있습니다.

사람들이 세상에서 되도록 선을 행하면서 살아가며, 기독교인들은 예수를 열심히 믿고 있는 것이 바로 이러한 이유 때문입니다.

그런데 천국이 과연 인간들이 선을 좀 베풀거나 혹은 예수를 믿고 교회를 다닌다고 해서 들어갈 수 있는 그런 곳이란 말입니까? 그러나 천국을 실제 가본 사람이나 이미 알고 있는 사람은 절대로 아니라고 말하고 있습니다. 그러므로 천국을 가려고 하기 전에 먼저 천국에 대해서 분명히 알아야 합니다. 사람들은 천국은 오직 예수를 믿는 기독교인들만 들어가는 곳이며 불교인들이 들어가려는 곳은 천국이 아니라 극락이라 말하고 있습니다.

그러면 천국(天國)과 극락(極樂)은 어떻게 다르며 또한 극락은 어떻게 들어가며 어떤 사람들이 들어가는 곳입니까? 불교에서 말하는 극락은 천상의 세계로 부처를 믿으면 들어가는 곳이 아니라 부처님의 가르침에 따라 수행정진을 하여 진리를 깨달아 해탈(解脫)이 된 부처님들이 들어가는 곳이라고 말합니다. 그러면 기독교인들이 말하는 천국과 불교인들이 말하는 극락은 어느 쪽이 더 신빙성이 있고 타당성이 있을까? 그러므로 사람들이 천국이나 극락을 논하는 것이나 들어가려는 것보다 더 시급하고 중요한 것은 먼저 천국(天國)과 극락(極樂)에 대해서 보다 확실하게 아는 것이라 생각합니다.

그런데 불행하게도 천국이나 극락을 가보지 못한 자는

절대로 알 수도 없고 말할 수도 없다는 것입니다. 그러면 정녕 무명의 중생들은 천국이나 극락에 대해서 알 수가 없단 말입니까? 아닙니다. 왜냐하면 이미 기독교인들에게는 성경에, 불교인들에게는 불경에 천국과 극락에 대해서 그리고 가는 길에 대해서 자세하게 말씀해 주고 있기 때문입니다.

단지 기독교인들이 영안이 없고 불교인들이 혜안이 없어 경을 날마다 보면서도 모르고 있을 뿐입니다. 그 이유는 영안이 하나님의 생명으로 거듭난 하나님의 아들들에게 있고 혜안(慧眼)은 진리를 깨달아 해탈되신 부처님만 소유하고 있기 때문입니다. 그러므로 천국에 대해서 알고 또한 천국을 들어가려면 무엇보다도 혜안(慧眼)이 열린 부처님이나 영안(계시의 눈)이 열린 하나님의 아들을 만나는 것이 중요합니다. 이렇게 오늘날 기독교인들이 찾아야 하는 구원자는 하나님의 생명으로 거듭난 아들이며 불교인들이 만나야 하는 구원자는 해탈(解脫)하신 부처님입니다.

문제는 이러한 오늘날의 구원자들이 실제 존재하고 있느냐 하는 것입니다. 그런데 놀라운 것은 이러한 구원자들이 지금도 존재하면서 진리와 영원한 생명을 찾으려 방황하고 있는 나그네들을 생명의 길로 인도하고 있는 것입니다. 단지 사람들의 눈이 어두워 보지 못하고 있을 뿐입니다. 이렇게 예수님이나 석가모니 부처님은 예전과 다름없이 오늘날 사람들 안에 진리와 생명으로 오셔서 지금도 구원의 사역을 하고 계십니다. 그런데 안타깝게도 기독교인이나 불교인들은 한결같이 오늘날 살아계신 예수님이나 부처님이 있습니다 해도 믿지 않고 듣지도 않으면서 오히려 이단자로 배척하고 핍박하고 있는 것입니다. 그러므로 기독교인들이나 불교인들이 천국과 극락에 대하여 그리고 가는 길에 대하여 모를 수밖에 없는 것입니다.

그러나 종교와 교리의 틀에서 벗어나 진리와 영원한 천국을 찾는 자들은 지금도 오늘날의 구원자들을 믿고 따르고 있습니다. 이렇게 천국이나 극락은 오직 하나님의 생명으로 부활된 자나 해탈된 자들만이 알고 정확히 말할 수 있는 것입니다. 그러면 오늘날의 구원자들이 말씀하는 천국과 극락은 어떤 곳이며 또한 천국과 극락은 어떻게 다릅니까? 구원자들이 말하는 천국(天國)과 극락(極樂)은 단어나 표현만 다를 뿐 같은 곳이라 말하고 있습니다.

또한 진리가 말하는 천국이나 극락은 장소나 환경적인 개념보다 존재적 개념으로 사람의 상태를 말하고 있습니다. 즉 천국이나 극락은 어떤 특정한 장소를 말하는 것이 아니라 초월적인 존재, 즉 하나님의 생명으로 부활된 예수님을 말하는 것이며 극락은 부처님의 생명으로 해탈된 부처님들을 말합니다. 이렇게 부활(復活)이나 해탈(解脫) 그리고 천국이나 극락은 용어만 다를 뿐 모두 같은 의미이며 같은 뜻입니다. 결국 무명의 중생들이나 죄 많은 인간들이 어둠에서 벗어나 하나님의 생명으로 거듭나면 이러한 자들을 천국 혹은 극락이라 말하는 것입니다.

예수님이 "회개하라 천국이 가까이 왔다"고 말씀하신 것은 하늘나라가 지구 가까이 왔다는 의미가 아니라 예수님 자신이 가까이 와 있다는 것을 비사로 말씀하신 것입니다. 또한 예수님께서 사람들이 천국 자체를 모르고 여기 있다 혹은 저기 있다고 말하지만 천국은 너희 안에 있다고 분명히 말씀하신 것을 볼 수 있습니다.

예수님께서 천국이 너희 안에 있다는 뜻은 하나님의 나라가 너희 안에 들어가 있다는 말이 아니라 천국이신 예수님이 너희 안에, 즉 너희(제자들) 가운데 서있다는 말씀입니다. 이렇게 천국은 어떠한 특별한 장소를 말하는 것이 아니라 예수님, 즉 하나님의 생명으로 거듭난 하나님의 아들들을 말합니다.

사람들이 천국이나 지옥이나 예수님 계신 곳이 바로 천

국이라고 말합니다. 이 말은 천국도 지옥도 예수님이 없다면 천국이 아니라는 말입니다. 예수님이 천국이라는 것은 예수님 안에 하나님의 생명이 존재하기 때문입니다. 이렇게 예수님 안에 있는 생명은 시간과 공간(空間)을 초월(超越)해 있는 영원한 생명으로 어느 특정한 장소에 한정되어 있거나 갇혀 있는 것이 아닙니다.

결국 하나님께서 성경을 통하여 말씀하고 있는 천국이나 하늘나라는 모두 하나님의 생명으로 거듭난 존재들을 비유로 말하고 있습니다. 이사야 1장 말씀에 "하늘이여 들으라 땅이여 귀를 기울이라"고 말씀하신 하늘이나 땅은 모두 사람의 존재들을 비유하여 말하고 있는 것입니다. 왜냐하면 하늘이나 땅들은 하나님의 말씀을 듣거나 귀를 기울일 수 있는 존재들이 아니기 때문입니다.

이와 같이 천국(天國)이나 극락(極樂)은 어떠한 장소를 말하는 것이 아니라 하나님의 생명으로 거듭난 존재들을 말합니다. 그러므로 천국으로 들어간다는 것은 예수님 안으로 들어간다 혹은 예수님이 들어오신다는 뜻입니다. 그러므로 예수님은 요한계시록 3장 20절 말씀에 "내가 너희 안에 너희가 내 안에 혹은 내가 그에게로 들어가 그로 더불어 먹고 그는 나로 더불어 먹으리라" 고 말씀하신 것입니다. 그런데 어떻게 예수님이 사람의 몸 안으로 들어오며 또한 사람이 예수님의 몸 안으로 들어갈 수 있단 말입니까? 이 말씀은 예수님의 몸이 사람 안으로 들어오거나 나간다는 말이 아니라 예수님의 영(말씀), 즉 생명이 들어온다는 뜻입니다. 예수님은 말씀이 육신 되신 분으로 예수님은 곧 하나님의 생명이며, 영이십니다. 예수님께서 요한복음 6장 63절을 통해서 "내가 너희에게 이르는 말이 곧 영이요 생명이라" 고 말씀하신 것은 바로 이 때문입니다. 결국 예수님이 들어오신다는 뜻은 예수님의 말씀이 사람 안에 들어온다는 말입니다. 이렇게 예수님 안에 있는 생명의 말씀이 사람들 안에 들어오는 것을 성령의 임하심 혹은 성령의 잉태라고 말하는 것입니다.

성경은 성령으로 잉태되신 예수님을 성자 하나님 혹은 천국이라 말합니다. 그런데 예수님이 성령으로 잉태되셨다는 뜻은 예수님의 육신이 성령에 의해 잉태되었다는 말이 아니라 예수님의 몸 안에 성령이 잉태되셨다는 말입니다. 왜냐하면 예수님께서 육으로 난 것은 육이며 성령으로 난 것은 영이라고 분명히 말씀하고 있기 때문입니다.

이 말씀은 육(肉)으로는 영(靈)을 낳을 수 없고 영(靈)으로는 육(肉)을 낳을 수 없다는 뜻입니다. 이와 같이 지금도 육으로 난 자들이 다시 성령으로 낳음을 받으면 예수님과 같이 하나님의 아들이 되고 천국이 되는 것입니다. 이렇게 천국은 어느 지정된 장소로 들어가는 것이 아니라 사람들 안에 성령이 잉태됨으로 이루어지고 성취되는 것입니다.

이렇게 천국은 현생에 육신의 몸을 입고 있을 때 이루어지는 것이며 사후에 영혼이 어느 곳으로 들어가는 것이 아닙니다. 즉 현생에서 하나님의 아들로 거듭난 자는 육신이 살아있으나 죽어있으나 천국이지만 하나님의 생명으로 거듭나지 못한 자들은 죽어도 천국이 없다는 것입니다. 이와 같이 현생에서 하나님의 생명으로 거듭난 자들은 몸의 생사와 관계없이 영원한 생명이며 천국인 것입니다. 그런데 안타깝게도 기독교인들은 아직도 육신의 몸이 죽으면 부활이 되어 천국으로 들어간다고 철저히 믿고 있습니다.

그러나 성경에 죽은 자들이 다시 살아난다는 말씀은 죽은 몸이 부활된다는 의미가 아니라 자아(自我), 즉 몸 안에 들어있는 혼의 생명이 죽으면 영의 생명으로 거듭난다는 말입니다. 이렇게 죽은 자들 안에서 부활되는 생명이 곧 예수님의 영이며 생명입니다. 그러므로 예수님께서 죽은 자 가운데서 부활하신 사건도 예수님의 몸이 죽고 다시 살아나셨다는 말이 아니라 죽은 제자들 가운데서 예수님의 영이 살아나셨다는 말입니다. 즉 예수님께서 죽은 자들 가운데서 부활하신 곳은 돌무덤이 아니라 죽은 제자들 몸 안이라는 것입니다. 이렇게 예수님의 영은 제자들 안으로 들어가 죽은 영혼들을 부활(復活)시켰고 그때 제자들은 하나님의 아들로 거듭나서 사도들이 되신 것입니다.

그런데도 불구하고 오늘날 기독교인들은 예수님이 죽었다가 사흘만에 다시 살아나셨다고 믿고 있는 것입니다. 그렇다면 예수님의 생명이나 하나님의 생명도 인간들과 같이 죽는다는 말이 아닙니까? 인간들은 본래부터 죄인이고 혼적 생명이기 때문에 죽어야 하며 다시 영의 생명으로 부활이 되어야 하는 것입니다.

그러나 영의 생명, 즉 하나님의 생명은 죽을 수도 없고 다시 부활해서도 안되는 영원한 생명입니다. 그런데 예수님이 죽었다는 것은 영원한 생명이 죽었다는 말이요 곧 하나님이 죽었다는 말입니다. 그런데 만일 예수님이 죽은 것이 아니라면 예수님이 다시 살아나셨다는 말도 거짓말입니다. 왜냐하면 다시 살아나는 부활은 죽은 자에게만 해당이 되기 때문입니다. 이 모두가 영적인 말씀의 무지(無知) 때문이요 거짓서기관과 삯꾼목자들의 거짓증거 때문입니다.

오늘날 기독교인들은 예수님이 십자가에 못 박혀 죽은

것은 육신이며 영이 아니라는 것을 알아야 합니다. 그러므로 예수님이 죽은 자들 가운데서 살아나신 생명도 육신이 아니라 영이라는 것입니다. 즉 예수님이 죽은 자들 가운데서 살아나셨다는 말씀은 예수님의 죽은 몸이 다시 살아나셨다는 말이 아니라 예수님의 생명(영)이 죽은 자들(제자들) 가운데 들어가 살아났다는 말입니다. 결국 죽은 자 가운데서 살아나신 것은 예수님이 아니라 죽은 제자들이었던 것입니다. 이렇게 예수님이 부활하시는 곳은 예나 지금이나 하나님의 말씀으로 자아가 완전히 죽은 자들의 몸 안입니다. 예수님께서 그의 제자들 안에서 부활하실 수 있었던 것은 예수님께서 주시는 말씀을 통해서 제자들의 혼적 존재가 완전히 죽었기 때문입니다. 이와 같이 죽은 자들이 다시 살아나서 부활이 되는 것은 혼적(魂的) 생명이 살아나는 것이 아니라 예수님의 영(생명)이 오셔서 살아나는 것입니다. 이렇게 예수님께서 죽어있던 그의 제자들 안에서 살아나심으로 말미암아 제자들은 하나님의 생명으로 거듭나서 열두 사도들이 된 것입니다. 이렇게 예수님의 생명이 부활하여 사도들이 되신 제자들은 그때부터 예수님의 뒤를 이어 자신이 소유하고 있는 예수님의 생명(말씀)으로 이웃에 있는 죽은 영혼들을 살린 것입니다. 결국 예수님의 부활체

(復活體)는 곧 예수님의 열두 사도이며 이들이 바로 예수님의 뒤를 이은 구원자들이며 예수들입니다.

하나님께서는 이러한 영원한 생명을 소유한 자들을 천국 혹은 하늘나라라고 말씀하십니다. 예수님께서 제자들에게 주기도문을 통해서 하나님의 뜻이 하늘에서 이루어진 것같이 땅에서도 이루어지게 해 달라고 기도하라고 말씀하고 있습니다. 이 기도문은 영적인 비밀이며 화두(話頭)로서 하나님의 뜻과 예수님의 뜻이 모두 함축되어 있습니다. 주님께서 말씀하신 하나님의 뜻은 땅이 거듭나서 하늘이 되는 것인데 땅은 육에 속한 죄인들을 비유한 것이며 하늘은 예수님과 같이 하나님의 생명으로 거듭난 하나님의 아들들을 비유(比喩)하여 말씀하신 것입니다.

그러므로 하나님의 뜻은 땅에 속한 죄인들이 하나님의 생명으로 거듭나서 하늘에 속한 하나님의 아들이 되는 것입니다. 성경은 이렇게 하나님의 생명으로 거듭난 하나님의 아들들을 하나님의 나라 혹은 천국이라 말하고 있습니다. 이와 같이 하나님의 나라와 천국은 동일한 의미이며 천국은 사람들이 죽어서 들어가는 곳이 아니라 현생에서 사람들 안에 이루어지는 것입니다. 하나님의 생명으로 거듭나 천국이 성취된 자들은 초월적인 존재로 환경이나 조건에 관계없이 어느 곳이나 천국인 것입니다.

하나님께서 예수님을 통해서 주시려는 신령한 복이 바로 영원한 생명이며 천국입니다. 그런데 오늘날 기독교인들은 이러한 하나님의 깊은 뜻을 모르기 때문에 땅의 썩어질 육신의 복만을 추구하면서 사후에 천국을 들어가려 하고 있는 것입니다. 그러므로 오늘날 기독교인들은 지금부터라도 올바른 천국을 알고 이 세상 사는 동안에 천국을 성취하기 위해서 열심히 노력을 해야 합니다.

오늘날 기독교인들이 하나님의 뜻대로 천국을 이루기 위해서는 오늘날 하나님께서 보내주시는 하나님의 아들을 믿고 영접해야 합니다. 그리고 하나님의 아들이 주는 말씀을 날마다 일용할 양식으로 먹으며 일심전력(一心專力)으로 신앙생활을 한다면 반드시 현생에서 천국이 이루어질 것입니다. 지금까지 천국의 실상에 대해서 자세히 말씀드렸습니다. 그러면 천국에 반대되는 지옥은 과연 어떤 곳일까? 그리고 지옥은 어떤 사람들이 들어가는 곳인가? 사람들이 설령 천국은 못 들어간다 해도 피하고 싶은 곳이 바로 지옥입니다.

그러므로 지옥에 대하여 보다 확실하게 알아야 합니다.

2) 지옥의 실체

사람들이 지옥은 불 도가니 속같이 뜨거운 곳, 아니면 끓는 기름가마나 독사들이 들끓는 곳으로 불신 자들이나 악을 행한 자들이 죽어서 형벌을 받는 곳이라고 알고 있습니다. 그런데 지옥(地獄)이 어디 있는지 그리고 그 곳은 과연 어떤 곳인지 확실하게 알고 있는 사람은 별로 없습니다. 왜냐하면 지옥도 천국과 같이 그 곳을 본 사람이나 지옥을 다녀온 사람이 하나도 없기 때문입니다. 기독교에서는 지옥을 구원받지 못한 사람들이나 하나님께 죄를 범한 자들이 형벌을 받는 곳이라 말하고 있으며, 불교에서는 죄업을 지은 중생들이 죽어서 들어가 고통을 받는 지하의 세계라 말합니다. 이렇게 지옥은 세상에서 악을 행한 자들이나 하나님께 범죄한 자들이 들어가는 곳으로 죄인들이 고통을 받는 곳입니다.

그러므로 사람들은 지옥(地獄)을 모두 두려워하며 설령 천국은 못 간다 해도 지옥만은 피해 가려고 합니다. 그런데 신앙생활을 하고 있는 종교인들이 천국에 대해서는 많은 관심을 가지고 있지만 지옥에 대해서는 별 관심이 없는 것입니다. 왜냐하면 종교인들은 모두 천국이나 극락으로 들어간다는 믿음의 착각 때문입니다. 그러면 지옥은 어느 곳에 있으며 그 곳은 과연 어떤 곳입니까? 그런데 만일 지옥이 없다면 천국도 존재할 수 없고 천국이 존재한다면 지옥도 당연히 존재해야 합니다. 문제는 사람들이 아직도 지옥의 실상이나 그 실체에 대해서 모르고 있기 때문에 범죄가 계속 늘어가고 세상은 점점 부패되고 혼탁 해지는 것입니다.

그러므로 천국을 아는 것도 중요하지만 지옥(地獄)에 대하여 보다 더 확실하게 알아야 합니다. 그러면 불경이 말하는 지옥은 어떤 곳이며 성경에서 말하고 있는 지옥은 어떤 곳입니까? 불경에서 말하고 있는 지옥(地獄)은 윤회(輪廻)되는 육도(육계)중 삼악도(지옥, 아귀, 축생)의 하나로 악인들이 죽어서 고통받는 곳을 말하고 있습니다. 그러면 성경은 지옥을 어떻게 말씀하고 있는가?

성경에서는 지옥을 음부라고도 말하고 있는데 성경에서 말하는 지옥도 불경에서 말하는 지옥과 같이 악을 행한 자들, 즉 죄를 지은 자들이 사후에 고통받는 곳이라 말하고 있습니다. 그런데 사람들이 인식하고 있는 사후는 육신이 죽고 난 후의 세계, 즉 혼이 육신의 몸을 벗은 후의 세계로 알고 있습니다. 그러므로 사람이 육신의 몸을 벗으면 혼의 세계, 혼령의 세계, 귀신의 세계라 말합니다. 그런데 사람은 육신이 존재하기 때문에 고통을 받기도 하고 고통을 느끼기도 하는 것인데, 만일 육신이 없다면 무엇이 고통을 받으며 어떻게 고통을 느낀단 말인가?

이렇게 사후의 존재, 즉 육신을 벗은 후 혼령이 되어 구천을 떠돌고 있는 혼들은 몸이 없기 때문에 고통을 받을 수도 없고 느낄 수도 없는 것입니다. 즉 죽은 영혼들은 지옥에 뜨거운 불 도가니가 있고 끓는 기름가마가 있어도 육신이 없기 때문에 뜨거운 것을 느끼지 못할 뿐만 아니라 고통도 받을 수 없다는 것입니다. 그런데도 불구하고 성경이나 불경은 지옥(地獄)을 사후(死後)에 죄를 범한 영혼들이 고통을 받는 곳이라고 말하고 있습니다. 그러면 불경이나 성경이 말하고 있는 지옥을 천국이나 극락과 같이 사람들이 그 실체나 영적인 의미를 모르기 때문에 오해를 하고 있는 것은 아닌지 잘 생각해 보아야 합니다.

지옥은 천국에서 이미 설명한 바와 같이 지옥도 장소적 개념이 아니라 존재적 개념으로 어느 특정한 장소가 아니라 어떤 존재들을 말하고 있습니다. 그러면 지옥은 과연 어떤 존재들을 말하는 것일까? 경이 말하는 지옥은 죄를 범한 인간들이 형벌로 인한 고통을 받는 곳인데 위에서 말씀드린 바와 같이 육신이 없으면 고통도 받을 수 없습니다.

이 말은 육신이 없다면 지옥도 없다는 말입니다. 이렇게 지옥은 육신이 살아있을 때만이 존재하는 것이며 육신이 몸을 벗으면 지옥도 없다는 것입니다. 결국 지옥은 육신이 존재하는 동안 즉 현생에만 있다는 것입니다. 이렇게 성경이나 불경이 말하고 있는 지옥(地獄)은 이생에서 육신의 몸을 벗은 혼령들이 모여있는 세계를 말하는 것이 아니라 혼이 다시 육신의 옷을 입고 태어나는 내생을 말하고 있습니다. 그러면 육신의 몸을 벗은 혼령들이 모여있는 곳은 무엇이라 말하며 혼령들이 육신을 입고 내생에 다시 태어나는 기간은 얼마나 될까?

죽은 영혼이 내생에 인간의 몸을 입고 다시 태어나는 기간은 혼령의 상태에 따라 각기 다르지만 약 삼 천년이 걸린다고 합니다. 그리고 육신의 몸을 다시 입기 전 혼령들의 세계는 구천 혹은 연옥(煉獄)이라 말하고 있습니다. 구천이나 연옥이라는 말은 성경에 기록되어 있지는 않지만 욥기서에 육신의 옷을 입기 전, 즉 연옥(煉獄)의 상태에 대해서 언급을 하고 있습니다.

[욥기서 3장 1절-19절] 그 후 욥이 입을 열어 자기의 생일을 저주하니라 욥이 말을 내어 가로되 나의 난 날이 멸망하였었더

라면 남아를 배었다 하던 그 밤도 그러하였었더라면 그 날이 캄캄하였었더라면 하나님이 위에서 돌아보지 마셨더라면 빛도 그 날을 비취지 말았었더라면 유암과 사망의 그늘이 그 날을 자기 것이라 주장하였었더라면 구름이 그 위에 덮였었더라면 낮을 캄캄하게 하는 것이 그 날을 두렵게 하였었더라면 그 밤이 심한 어두움에 잡혔었더라면 해의 날 수 가운데 기쁨이 되지 말았었더라면 달의 수에 들지 말았었더라면 그 밤이 적막하였었더라면 그 가운데서 즐거운 소리가 일어나지 말았었더라면 날을 저주하는 자 곧 큰 악어를 격동시키기에 익숙한 자가 그 밤을 저주하였었더라면 그 밤에 새벽 별들이 어두웠었더라면 그 밤이 광명을 바랄찌라도 얻지 못하며 동틈을 보지 못하였었더라면 좋았을 것을 이는 내 모태의 문을 닫지 아니하였고 내 눈으로 환난을 보지 않도록 하지 아니하였음이로구나 어찌하여 내가 태에서 죽어 나오지 아니하였었던가 어찌하여 내 어미가 낳을 때에 내가 숨지지 아니하였던가 어찌하여 무릎이 나를 받았던가 어찌하여 유방이 나로 빨게 하였던가 그렇지 아니하였던들 이제는 내가 평안히 누워서 자고 쉬었을 것이니 자기를 위하여 거친 터를 수축한 세상 임금들과 의사들과 함께 있었을 것이요 혹시 금을 가지며 은으로 집에 채운 목백들과 함께 있었을 것이며 또 부지중에 낙태한 아이 같아서 세상에 있지 않았겠고 빛을 보지 못한 아이들 같았었을 것이라 거기서는 악한 자가 소요를 그치며 거기서는 곤비한 자가 평강을 얻으며 거기서는 갇힌 자가 다 함께 평안히 있어 감독 자의 소리를 듣지 아니하며 거기서는 작은 자나 큰 자나 일반으로 있고 종이 상전에게서 놓이느니라

욥은 기독교인들이 인정하는 동방의 의인으로 그의 믿음과 신앙은 지금까지 하나님의 백성들에게 모범이 되고 있습니다. 이렇게 욥은 하나님을 잘 믿고 섬겼기 때문에 하나님으로부터 사랑과 그에 따른 축복을 받아 부귀영화를 누리면서 천국과 같은 삶을 살고 있었습니다. 그런데 욥이 소유하고 있는 하나님의 의가 점차 자신의 의로 변질되면서 욥은 교만(驕慢)하게 되었고 하나님은 사단을 들어 욥을 징계하게 된 것입니다. 욥은 이러한 하나님의 징계를 받으면서도 "내가 모태에서 적신으로 나왔사온 즉 또한 적신이 그리로 돌아 가올지라 주신 자도 여호와시요 취하신 자도 여호와시오니 여호와의 이름이 찬송을 받으실지니이다"하고[욥기 1장 21절] 하나님을 원망하지 않은 것입니다.

그러나 욥도 계속되는 사단의 시험(試驗)과 그에 따른 고통을 견디지 못하고 상기의 말씀처럼 자신의 태어남을

저주(咀呪)하면서 하나님을 원망하기 시작한 것입니다. 욥도 천국과 같은 삶이 갑자기 지옥으로 바뀌니까 욥은 자신의 출생을 원망하며 어미의 태에서 육신의 몸을 입고 나오기 전, 즉 혼령의 세계를 그리워하고 있는 것입니다. 만일 자신의 혼이 육신을 입고 태어나지를 않았거나 태어날 때 바로 자신이 죽었다면 지금 연옥에서 고통없이 편안하게 있었을 것인데, 육신의 몸을 입고 이생에 태어났기 때문에 이런 고통을 받고 있다는 것입니다.

이렇게 연옥은 육신이 없는 혼의 세계로서 몸이 없기 때문에 아무런 고통을 느끼지 못하는 곳입니다. 그런데 오늘날 기독교인들은 사후에 혼령들이 지옥으로 들어가서 고통을 받는 것으로 알고 있는 것입니다. 그러나 상기의 말씀을 보면 혼의 세계는 오히려 고통이 없는 평안한 곳이라는 것을 분명하게 말해주고 있습니다. 그런데 연옥(煉獄)은 죽은 혼령들이 바로 들어가는 것이 아니라 어느 기간 동안 구천을 떠돌면서 사람들에게 귀신노릇을 하다가 때가 되어야 연옥(煉獄)으로 들어가게 됩니다.

이렇게 연옥은 내생에 다시 인간의 몸을 입고 태어나기 위하여 준비를 하는 곳을 말합니다. 그런데 연옥에서 일어나는 일들은 성경에 구체적으로 말씀하고 있지 않기 때문에 자세히 알 수가 없습니다. 그러나 불교에서는 인간들이 죽어서 다시 인간으로 태어나기 위해서는 축생이나 들짐승 혹은 미물과 같은 과정을 수없이 거치면서 죄값을 치러야 환생된다고 말합니다. 이렇게 연옥은 육신의 옷을 입기 전을 말하며 지옥은 혼이 육신의 몸에 갇혀 있는 상태를 말합니다. 그런데 천국이나 극락은 지옥과 연옥으로부터 완전히 벗어난 영원불변의 세계를 말합니다.

이와 같이 인간들의 지옥은 사람들이 살고 있는 현생에만 존재하는 것이며 연옥이나 천국에는 없다는 것입니다. 결국 지옥은 혼이 들어가 살고 있는 육신 곧 육신의 몸 안이라는 것입니다. 즉 인간들의 지옥은 혼이 육신 안에 들어가 육신에 종노릇하고 있는 상태를 말합니다. 혼령들은 이 세상에 육신의 옷을 입고 태어나 인간으로 살다가 죽으면 내생에 다시 육신의 옷을 입고 태어나게 되는데 이러한 과정을 육도 윤회(輪廻)라 말합니다. 그러므로 경이 말하는 해탈이나 부활은 사람의 몸, 즉 육신의 상태에서 영원히 벗어나는 것을 말합니다. 사람들이 육신의 옷을 입고 이 세상을 오고 가며 고통과 번민 속에서 계속 윤회하는 것은 결국 해탈이 되지 못했기 때문입니다.

이렇게 지옥은 사람들이 육신의 옷을 입고 있는 현생을

말하는데 지옥도 모두 같은 지옥이 아니라 사람의 상태에 따라서 각기 다릅니다. 즉 지옥(地獄)은 사람들이 어떤 환경 가운데서 어떤 육신의 옷을 입고 태어나느냐에 따라 결정된다는 것입니다. 이렇게 지옥은 전생에 지은 업의 죄과에 따라 각기 다르게 나타납니다. 즉 죄를 많이 지은 자들은 고통이 심한 지옥으로 들어가 고통을 받고 죄가 적은 자들은 고통이 적은 지옥으로 들어가 경한 고통을 받게 된다는 것입니다. 이렇게 지옥(地獄)에서 받는 고통은 사람들이 입고 태어나는 몸과 그에 따른 환경과 조건에 따라서 다릅니다. 이 세상에 존재하고 있는 사람들은 고통을 어느 누구나 크거나 작게 받고 있지만 어떤 사람은 지옥보다 못한 곳에서 유난히 심한 고통을 받으며 죽지 못해 살아가는 사람들이 있습니다.

예를 들면 태어날 때부터 불구로 태어나 걷지도 기지도 못하는 자, 앞 못보는 소경, 듣지도 못하고 말하지도 못하는 농아, 자폐증 환자, 정신병 환자, 그리고 열악한 환경에서 태어나 먹을 것도 입을 것도 없어 평생을 고통받고 살아가는 사람들, 노예로 태어나 평생을 종노릇하며 살아가는 자들, 지병으로 평생을 병원에서 신음하고 있는 자들, 그리고 순간의 실수로 살인을 하거나 혹은 살인죄의 누명을 쓰고 평생을 감옥에서 보내야 하는 죄수들, 이밖에도 여러 환경 속에서 여러 모양으로 각종 고통을 받고 살아가는 사람들이 있습니다. 이런 자들은 바로 지옥 속에서 온갖 고통을 받으며 죽지 못해 할 수없이 살고 있는 자들입니다. 이들은 전생에 자신이 지은 죄와 쌓은 악업 때문에 지옥과 같은 환경과 여건을 가지고 태어나 고통을 받고 있는 것입니다. 그런데 이들이 만일 이생에 육신을 입고 태어나지 않았다면 이러한 고통도 받지 않고 받을 수도 없는 것입니다.

사람들이 범죄를 하는 것도 육신이 존재하기 때문이며 고통을 받는 것도 육신이 존재하기 때문입니다. 왜냐하면 육신의 존재로 인해서 탐. 진. 치(貪, 瞋, 癡)가 발생되고 탐. 진. 치로 인해서 죄를 짓기 때문입니다. 그러나 모든 죄의 근원과 주체는 육신 안에 들어 있는 혼이기 때문입니다. 모든 죄는 육신의 집착, 즉 욕심 때문에 발생되는 것인데, 육신에 집착하고 육신을 조종하는 실체가 바로 육신 안에 들어 있는 혼입니다. 즉 육신이 범죄 하도록 만드는 존재가 혼이며 육신의 고통을 느끼는 존재도 혼이라는 것입니다.

그러므로 세상을 오고 가며 윤회하는 존재도 혼이며, 지옥에서 고통받는 존재도 혼이며, 혼이 영원한 생명으로 거듭나서 천국이 되는 존재도 혼입니다. 이렇게 경에서 말하고 있는 지옥이나 천국은 모두 인간들의 상태를 비유하여 말씀한 것입니다. 하나님께서 지옥과 천국을 만들어 놓으신 것은 지옥에서 고통받고 있는 중생들을 회개시키고 구원하여 천국을 창조하기 위함입니다. 사람들은 모두 지옥을 두려워하고 싫어하지만 지옥이 없으면 구원이 될 수 없고 하나님의 생명으로 창조될 수도 없습니다.

하나님께서 하나님의 백성들을 불 도가니 속과 같은 광야와 불뱀과 전갈이 들끓는 광야의 길을 걷게 하시며, 불기둥과 구름기둥으로 인도하신 것은 영원한 생명으로 창조하기 위함입니다. 그러므로 애굽의 부귀영화를 모두 버리고 출애굽을 하여 지옥(地獄)과 같은 광야의 길을 통과한 자만이 가나안으로 들어가 하나님의 아들로 거듭나게 되는 것입니다. 그런데 지옥과 같은 광야가 싫다고 회피하고 있는 자들은 지금도 애굽(세상)에서 지옥을 넘나들며 수천 년 혹은 수만 년을 고통하며 윤회하고 있는 것입니다. 이와 같이 이생에서 죄를 지은 자들이 사후에 가서 고통받는 지옥은 특정한 장소나 혼령들의 세계가 아니라 바로 내생에 태어나는 존재들을 말하는 것입니다. 이렇게 현생에서 죄업을 쌓고 있는 사람은 자신이 지은 죄의 값대로 내생에 열악한 환경과 조건에서 태어나 고통을 받게 되는 것입니다. 이렇게 자신이 지은 죄값을 고통으로 받으며 살아가는 자들의 세계를 지옥계(地獄界)라 말하며 지옥계에서 고통을 받고 살아가는 자들을 지옥인 혹은 지옥이라 하는 것입니다. 그러면 지옥에서 고통받는 사람들이 거듭나서 천상으로 들어가려면 어떻게 해야 합니까? 지옥계에 있는 존재들이 천상계로 나오려면 먼저 육바라밀(六波羅蜜)을 통해서 아귀계(餓鬼界)로 나와야 합니다. 지옥에 있는 자들이 아귀계로 나오려면 자비로운 마음으로 보시를 끊임없이 행해야 하는데 그 이유는 그동안 지은 악업은 선행을 통해서 씻어지기 때문입니다.

이렇게 보시행을 통해서 아귀계로 나오면 부처님의 계율을 지켜야 하는데, 이는 출애굽을 한 이스라엘 백성들이 율법을 지키는 것과 같은 것입니다. 이런 과정을 통하여 아귀계로 나온 자들이 부처님의 계율을 열심히 지키고 행하면 축생계(畜生界)로 나오게 되는 것이며, 축생계로 나온 자들은 수행을 통한 모든 고난을 참고 인내할 때 축생의 탈을 벗고 삼악도(三惡道)에서 나와 수라계(修羅界)로 들어가게 되는 것입니다. 그런데 삼악도에서 벗어난 축생들이 천상의 세계로 들어가려면 다시 수라계를 거쳐 인간계(人間界)를 통과해야 비로소 천상(天上)으로 들어가게 되는 것입니다. 이렇게 지옥계에 있는 자들이 천상의 세계로 들어가 부처가 되려면 육바라밀을 통하여 육계의 과정을 열심히 수행정진을 하면서 모두 통과해야 합니다. 이러한 과정은 성경에 하나님께서 모든 만물을 말씀으로 육일 동안 창조하시는 과정과 같습니다.

하나님께서 창조하시는 만물(萬物)은 기독교에서 주장하는 자연 만물이 아니라 존재들로서 흙으로 만든 사람(땅)을 육일동안 말씀으로 창조하여 하나님의 아들(하늘)로 완성시킨다는 뜻입니다. 하나님께서 흙으로 만든 사람이 하나님의 아들로 창조되려면 육일이 걸리는데, 육일은 날이 아니라 창조의 여섯 과정(여섯 단계)을 말하고 있습니다. 하나님은 인간의 존재를 차원에 따라 여섯으로 분류하여 첫째, 미생물 둘째, 기는 짐승 셋째, 들짐승 넷째, 육축 다섯째, 여자 여섯째, 남자로 구분하셨습니다.

하나님께서 말씀으로 창조하시겠다는 만물은 자연 만물이 아니라 상기와 같은 인간의 존재들인 것입니다.

그러므로 하나님께서 말씀하시는 육일은 첫 단계에 있는 미생물(피조물)의 존재를 하나님의 말씀을 통해서 남자, 즉 하나님의 아들로 창조하는 과정과 기간을 말합니다. 이것은 불경에서 지옥계에 있는 존재를 육바라밀을 통해서 천상의 존재로 만드는 것과 동일한 것입니다. 이와 같이 성경이나 불경이 말하는 지옥과 천국은 모두 인간의 존재와 영적 상태를 말하고 있습니다. 즉 지옥은 세상의 하류층에서 고통받고 있는 존재들을 말하며 천국은 육일 창조를 통해서 하나님의 아들로 거듭난 영적 존재들을 말합니다. 이렇게 같은 하늘 아래서 함께 살고 있는 사람이라고 해도 다 같은 사람이 아니며 사람이 살아가는 세계도 모두 같은 세계가 아닙니다. 즉 인간들이 살아가는 세상 안에 지옥도 있고 천국도 있는데 사람들의 상태와 차원에 따라 지옥도 더 깊은 지옥이 있고 천국도 더 높은 천국이 있습니다.

그러므로 사람들은 지금 내가 살고 있는 이 세상이 어떤 세상이며 나는 지금 어떤 차원의 존재인가를 분명하게 알아야 합니다. 왜냐하면 지금 자신이 머물고 있는 위치와 세계를 알아야 그 곳에서 나올 수 있고 천국도 이룰 수 있기 때문입니다. 하나님은 지금도 우리에게 "아담아 네가 지금 어디에 있느냐"고 묻고 계십니다. 그런데 어둠 속에서 살고 있는 인간들은 지옥 속에 있는 자신도 모르고 또한 구원자로 자기 앞에 와 있는 천국도 모르면서 사후에 천국만 가려고 꿈을 꾸고 있는 것입니다.

이 모든 것들은 그동안 신앙생활을 하면서 거짓선지자

와 삯꾼목자들의 거짓증거로 인해서 천국도 지옥도 잘못 알고 있었기 때문입니다.

지금까지 천국과 지옥은 아주 멀리 있고, 죽어서나 가는 곳으로 알고 있었지만 모두 자신 안에서 만들어지는 것입니다. 즉 천국도 자신이 만드는 것이며 지옥도 자신이 만든다는 것입니다. 그런데 지옥은 자신 스스로가 만드는 것이지만 천국은 자신의 힘으로 만들어지는 것이 아니라 하나님의 도움으로 하나님에 의해서 이루어지는 것입니다. 그러므로 인간들이 천국을 소유하려면 하나님께서 보내주시는 오늘날의 구원자를 믿고 따르면서 진실한 마음으로 신앙생활을 해야 합니다. 왜냐하면 하나님께서 보내주시는 구원자만이 길이요 진리요 생명이기 때문입니다.

하나님께서 보내주시는 오늘날의 구원자는 오늘날 하나님의 생명으로 거듭난 하나님의 아들들을 말합니다. 그러므로 지옥에서 벗어나 천국을 이루려면 오늘날 하나님께서 보내주시는 구원자를 찾아서 그 입에서 나오는 말씀을 일용할 양식으로 먹어야 합니다. 이렇게 생명의 말씀을 날마다 일용할 양식으로 먹으면 반드시 지옥에서 벗어나 천국이 이루어질 것입니다.

20
종교적 이단과 성경이 말하고 있는 이단들

이단의 문제는
지금까지 종교와 교파간에
매우 심각한 상태에서
논쟁이 되어오고 있는 일이며
앞으로도 계속될 일들입니다.
이단은 두 부류로 나눌 수 있는데,
하나는 종교적 이단이며
또 하나는 성경적 이단입니다.

종교적 이단과 성경이 말하고 있는 이단들

이단의 문제는 지금까지 종교와 교파간에 매우 심각한 상태에서 논쟁(論爭)이 되어오고 있는 일이며 앞으로도 계속될 일들입니다. 이단은 두 부류로 나눌 수 있는데, 하나는 종교적 이단이며 또 하나는 성경적 이단입니다.

종교적 이단은 신앙의 전통과 교리를 중심으로 하여 지켜오고 있는 기존신앙에서 벗어나 나름대로의 새로운 교리를 주장하며 신앙생활을 하고 있는 신흥종교(新興宗教)를 말하며, 성경적 이단들은 예수님과 사도들과 같이 교리나 교파 없이 오직 하나님의 말씀만을 중심으로 하여 신앙생활을 하고 있는 자들을 말하고 있습니다. 이러한 종교적 입장에서 본다면 천주교회에서 종교개혁을 일으켜 분리되어 나온 개신교도 이단이라 할 수 있는 것입니다. 이러한 이단의 문제들은 오늘이나 어제만 있었던 일이 아니라 예수님 당시로부터 지금까지 계속되어오고 있는 일들입니다.

기존신앙을 지키고 있는 보수신앙(保守信仰)과 성경적 이단들은 모두 하나님과 예수님을 믿고 섬기며 동일한 하나님의 말씀을 보면서도 언제나 원수처럼 서로 대적하는 대립관계(對立關係)에 있는 것입니다. 왜 그럴까?

그것은 보수와 이단들이 하나님의 말씀을 바라보는 시각과 가치관이 다르기 때문입니다. 즉 보수신앙과 이단신앙은 하나님을 믿고 추구하는 목적과 원하는 뜻이 각기 다르다는 것입니다. 왜냐하면 보수신앙(保守信仰)은 지금까지 이어져 내려오는 뿌리 깊은 전통과 교리를 주축으로 지켜가면서 주로 기복을 추구하고 있는 반면에 성경적 이단들은 오직 말씀만을 지키면서 오직 구원과 영생을 목적으로 하고 있기 때문입니다. 그 이유는 보수 신앙인들은 예수를 믿음으로 이미 구원과 영생을 받았기 때문에 오직 축복만 받으면 된다는 주장이며, 성경적 이단(異端)들은 예수를 믿는 것은 구원의 시작일 뿐이며 영생에 이르려면 예수님의 제자들과 같이 주님이 십자가를 지고 가신 고난의 길을 따라가야 한다는 것입니다.

그러므로 보수 신앙인들은 예수를 믿음으로 이미 구원을 받아 하나님의 아들이 되어 있는 반면에 성경적 이단들은 지금도 종의 신분으로 힘들고 어려운 생명의 길을 외롭게 걸어가면서 기존의 신앙인들에게 이단이라는 오명을 쓰고서 온갖 비난(非難)과 핍박(逼迫)을 받고 있는 것입니다. 그러면 보수와 이단의 주장은 어느 쪽이 성경적이며 하나님이 원하시는 뜻은 어느 편에 있을까? 오늘날 예수를 구주로 믿고 있는 기독교인들이 이러한 문제들을 분명하게 규명(糾明)하고 확실하게 아는 것은 매우 중요한 일이라 생각합니다.

오늘날 기독교인들이 예수를 믿으며 신앙생활을 열심히 하고 있는 목적이 무엇입니까? 구원과 영생, 아니면 영원한 천국에 들어가는 것이란 말입니까? 천만의 말씀입니다. 왜냐하면 기독교인들은 예수를 믿는 순간부터 구원과 영생은 이미 받은 것이며 천국에 들어가는 것도 확실히 보장되어 있기 때문입니다. 따라서 예수님을 믿는 목적이나 신앙생활을 하는 목적이 구원과 영생이 아니라 육신의 축복을 많이 받아 이 세상에서 행복하게 잘 살려는 것입니다.

오늘날 기독교회가 너무나 기복신앙에 치우쳐 있다고 사람들이 이구동성(異口同聲)으로 말하고 있는 것은 바로 이러한 이유 때문입니다. 그러므로 오늘날 기독교인들은 세상의 축복을 받기 위해서는 열심히 기도하지만 구원이나 영생을 받기 위해서 기도하는 사람은 단 한 사람도 없습니다. 이렇게 기독교인들이 날마다 기도를 열심히 하며 신앙생활을 하고 있는 목적은 세상에서 남들보다 축복을 더 많이 받기 위함이요 그리고 천국에 들어가서도 하나님으로부터 좀 더 큰 상을 받기 위한 욕심 때문입니다. 그런데 안타깝게도 이렇게 자기 욕심을 채우기 위한 신앙은 죄이며 죄는 곧 사망이라는 것을 잘 모르고 있는 것입니다. 하나님은 성경을 통해서 욕심이 곧 죄이며 죄가 장성하면 사망하게 된다고 분명하게 말씀하고 있습니다. 그럼에도 불구하고 오늘날 기독교인들은 욕심이나 죄와 상관없이 예수를 믿기 때문에 모두 의인이 되어 천국에 들어간다고 큰소리 치고 있는 것입니다. 그러면 오늘날 기독교인들을 어느 누가 이렇게 만들었습니까?

그것은 오늘날 거짓선지자와 삯꾼목자들이 만들어낸 이신칭의 교리 때문입니다. 이신칭의(二信稱義) 교리는 로마서 1장 17절의 "오직 의인은 믿음으로 말미암아 살리라"는 말씀을 근거한 것인데, 사람이 의롭게 되는 것은 행위와 상관없이 오직 믿음으로 된다는 것입니다. 그런데 이 말씀의 시제는 완료(살았다)가 아니라 미래(살리라)이며, 이미 의인이 된 자가 믿음으로 다시 살 수 있다는 뜻이 아니라 진정한 뜻은 죽은 영혼들이 살 수 있는 것은 오직 의인(산자)의 믿음(말씀)으로 살 수 있다는 말씀인 것입니다. 즉 죽은 영혼을 살릴 수 있는 것은 하나님의 아들로 거듭난 의인의 입에서 나오는 말씀이며, 아직 하나님의 아들로 거듭나지 못한 죄인들은 비록 목회를 하고 있는 목사나 신부라 해도 그들의 입에서 나오는 말씀으로는 살릴 수 없다는 것입니다.

이렇게 죽은 영혼을 살리는 것은 산 자(거듭난 자)의 말씀(믿음)이며 죽은 자(아직 거듭나지 못한 자)의 말씀(믿음)으로는 살릴 수 없다는 것입니다. 또한 하나님의 생명을 소유한 의인을 믿으면 살 수 있는 가능성이 있다는 것이지 의인을 믿고 그 말씀을 듣는다 해도 즉시 산다는 뜻이나 살았다는 말이 아닌 것입니다. 그런데도 불구하고 아직 거듭나지도 못한 삯꾼목자들이 이신칭의(二信稱義) 교리를 만들어 놓고 우리는 예수를 믿음으로 말미암아 행위나 죄와 상관없이 이미 살아서 의인이 되었다고 교인들을 속이면서 모든 관심을 기복신앙으로 이끌고 있는 것입니다.

이런 삯꾼목자들 때문에 오늘날 기독교인들이 모두 진리와 생명의 길에서 벗어나 멸망의 길을 가고 있는 것입니다. 이러한 사실을 모르고 삯꾼목자를 따라 멸망의 길을 열심히 가던 자들이 하나님의 말씀을 통해서 구원과 생명의 길이 잘못되었다는 것을 깨닫고 보수신앙(保守信仰)에서 뛰쳐나와 생명의 길을 찾아가는 것인데, 기독교인들은 바로 이런 자들을 이단이라 말하는 것입니다.

성경이 말하고 있는 구원과 생명의 길은 애굽(세상)교

회의 기복과 교리신앙에서 벗어나 광야교회의 율법과 그에 따른 훈련을 마친 후 은혜와 진리가 있는 가나안 교회로 들어가 하나님의 생명으로 거듭나는 길입니다. 예수님께서 말씀하신 생명의 좁은 길이 바로 이런 구원의 과정을 통해 영생을 얻는 길이며 멸망의 넓은 길은 예수를 믿기만 해도 영생을 얻어 천국을 아주 쉽고 간단하게 들어간다는 길입니다.

결국 보수신앙(保守信仰)은 예수를 믿기만 해도 구원과 영생을 얻어 천국을 쉽게 들어가는 것이요 이단 신앙은 예수님의 말씀과 같이 좁고 협착한 생명의 길을 자기 십자가를 지고 힘들고 어렵게 걸어가는 길입니다. 이 길이 바로 믿음의 조상들과 예수님이 걸어가신 길이요 사도들과 그 후예들이 뒤를 이어 따라가고 있는 길입니다. 이렇게 유대교나 오늘날 기독교회가 말하는 이단은 성경적 이단이 아니라 종교적 이단(異端)을 말합니다.

결국 종교적 이단이란 기존의 정통신앙(正統信仰)을 부정하거나 대적하는 세력과 그 단체들을 말하는 것입니다. 이 때문에 오늘날 교회들은 교리가 조금 틀리거나 종파만 달라도 이단으로 취급하는데 심지어 하나님의 생명으로 거듭난 하나님의 아들이라 해도 신학교를 나오지 않았거나 소속된 교회가 없으면 무조건 이단으로 취급하고 있는 것입니다.

예수님이나 사도들이 이단으로 배척 당한 것은 바로 이러한 이유 때문이었는데, 그보다 유대교의 정통신앙을 부정하며 유대인들의 잘못된 신앙을 낱낱이 지적하고 질책했기 때문입니다. 이렇게 예수님과 사도들은 유대인들이 전통이나 교리를 통해서 지키고 있는 구원관이나 신관이나 교회관 등을 전혀 인정하지 않았습니다. 그 뿐만 아니라 이들이 만들어 지키고 있는 교리들은 단지 교인들을 노략하기 위해서 만든 철학과 헛된 속임수로 그리스도를 좇아가는 것이라고 말씀하고 있습니다. [골로새서 2장 8절]

예수님이나 사도들의 이런 말씀 때문에 자신들의 처지가 곤란해진 유대인들은 자신들의 신앙을 지키기 위해 유대교를 비난하고 파괴하는 사도들을 이단으로 몰아 죽이게 된 것입니다. 이렇게 보수(保守)와 이단(異端)은 수 천년이 지난 지금까지 마치 물과 기름같이 하나로 연합되지 못하고 서로 대적하고 있는 것입니다. 그러면 성경에서 말하는 이단은 어떤 뜻이며 성경은 어떤 자들을 이단이라 말할까? 성경에서 말하고 있는 이단이라는 단어는 원문성경에 "하이레시스"로 기록되어 있으며 뜻은 "선택받은 자, 뽑힌 자"

라는 뜻입니다. 즉 하나님의 택함을 받아 어둠과 분리된 자, 혹은 죄 가운데서 구별된 자를 말하는 것입니다.

이 말은 하나님의 선택을 받은 자, 즉 하나님으로부터 택함을 받아 하나님의 아들로 거듭난 자들이 바로 이단이라는 뜻입니다. 이 세상에 하나님으로부터 청함을 받아 신앙생활을 하고 있는 자들은 수도 없이 많이 있습니다. 그러나 하나님께 선택되어 하나님의 아들로 거듭난 자들은 극소수입니다. 그것은 성경에서 잘 보여 주듯이 청함을 받은 하나님의 백성들(유대인들)은 수없이 많았지만 하나님으로부터 택함을 받아 하나님의 생명으로 거듭난 하나님의 아들들은 예수님과 열두 사도들 그리고 디모데, 디도, 오네시모 등 불과 몇 명밖에 없었습니다. 이렇게 청함을 받은 사람들 가운데서 하나님으로부터 택함을 받아 하나님의 아들로 거듭나게 되면 이단이 된다는 것입니다.

결국 사람으로부터 난 자(육)들이 하나님에 의해서 성령(영)으로 거듭나게 되면 육과 영의 세계가 다르기 때문에 이단으로 분리되어 핍박(逼迫) 받게 된다는 것입니다. 그러므로 예수님께서 하나님의 아들로 거듭나서 의를 위하여 핍박 받는 자가 복이 있다고 말씀하신 것이며 나를 인하여 너희를 욕하고 핍박할 때에 기뻐하고 즐거워하라고 말씀하신 것입니다. 왜냐하면 이렇게 의를 위하여 핍박 받는 자들이 바로 하늘에서 큰 상을 받기 때문이라는 것입니다. [마태복음 5장] 이와 같이 오늘날도 하나님의 생명으로 실제 거듭나면 어김없이 이단자가 되어 핍박(逼迫) 받게 되는 것입니다. 문제는 육으로 난 자들은 성령으로 난 자들을 믿고 존경하며 따라야 구원을 받을 수 있는데 오히려 이단으로 취급하고 배척한다는데 있습니다. 그 이유는 육으로 난 자들의 말씀과 영으로 거듭난 자들의 말씀이 다르고 신앙관이 다르기 때문입니다. 유대인들이 예수님이나 사도들이 전하는 말씀을 듣지도 못하고 이해하지도 못하여 이단으로 배척한 것은 바로 이러한 이유 때문인 것입니다. 그러므로 하나님은 성경을 통해서 "육체를 따라 난 자들이 성령을 따라 난 자들을 핍박하리라"고[갈라디아서 4장 29절] 말씀하신 것입니다. 하나님께서 이렇게 말씀하시는 이유는 영(하늘)의 세계와 육(땅)의 세계가 다르고 영으로 난 자와 육으로 난 자들이 근본적으로 다르기 때문입니다.

그러므로 육으로 난 자들은 영으로 거듭난 자들을 이해하지 못하여 배척하고 핍박하고 심지어 죽이기까지 하는 것입니다. 창세기에 가인이 그의 아우 아벨을 핍박하고 죽인 것이나 에서가 그의 동생 야곱을 핍박한 것은 바로 이러한 이유 때문이었습니다. 이렇게 유대인들은 성령으로 나신 예수님이나 사도들을 핍박(逼迫)하고 죽인 것인데 이러한 일들은 지금도 계속되고 있습니다.

오늘날 기독교인들은 하나님의 말씀은 항상 살아있는 말씀으로 성경에 기록된 말씀들이 현실 속에 그대로 나타난다고 말하고 있습니다. 그러면 유대인들이 예수님이나 사도들을 배척하고 핍박한 사건이 오늘날 기독교 안에서도 변함없이 일어나고 있다는 것을 알아야 합니다. 예수님이나 사도들을 믿지 못하고 핍박(逼迫)한 자들이 누구입니까? 불신자들입니까? 아니면 타종교인들입니까?

예수를 배척하고 사도들을 핍박한 자들은 곧 하나님을 믿고 하나님의 말씀대로 신앙생활을 한다고 자부하고 있는 유대인들이 아닙니까? 그렇다면 오늘날 하나님의 아들들을 배척하고 핍박하는 자들은 과연 누구란 말인가? 그들은 바로 예수를 구주로 믿고 하나님의 말씀대로 신앙생활을 하고 있다는 기독교인들이 아닌가? 왜냐하면 불신자들이나 타종교인들은 오늘날 하나님께서 보내주시는 하나님의 아들들을 절대로 배척하거나 핍박을 하지 않기 때문입니다. 이렇게 유대인들이나 오늘날 기독교인들이 성령으로 거듭난 자들을 이단으로 배척하고 핍박을 하는 것은 하나님의 뜻을 망각(忘却)하고 자신들이 지금까지 지켜온 교리나 이권(욕심)을 지키기 위해서입니다. 그러므로 영으로 거듭난 하나님의 아들들은 지금도 기독교회의 잘못된 교리신앙이나 기복신앙을 책망하며 오늘날 교회와 목회자들의 비리를 신랄하게 지적하고 있는 것입니다. 그런데 만일 예수님이나 사도들이 유대교의 신앙이나 교리들을 모두 인정하고 제사장들을 칭찬하였다면 오히려 대접을 받고 존경을 받았을 것입니다.

그러나 예수님은 예루살렘성전 안에 들어가 성전 안에서 비둘기(성령)와 양(예수)과 소(하나님)를 팔며 장사하는 자들(제사장)을 보시고 너희가 하나님의 성전을 도적의 소굴로 만들었다고 진노를 하시며 채찍을 들어 모두 쫓아내신 것입니다. 또한 예수님은 "너희가 이 성전을 헐라 내가 사흘 동안에 일으키리라"고[요한복음 2장 19절] 말씀하신 것입니다. 그 뿐만 아니라 예수님은 이런 자들을 향해서 "독사의 새끼들아 너희가 어떻게 지옥의 판결을 피하겠느냐"고[마태복음 23장 33절] 심히 책망(責望)하시는 것을 볼 수 있습니다. 이렇게 유대교나 제사장들을 대적하는 이단 예수를 유대인들이 어떻게 영접하고 받아들일 수 있단 말입니까? 유대교를 불신하고 제사장들을 저주하는 예수를 이단으로 배척하고 죽이는 것이 유대인들로서는 당연한 일이 아닌가? 이와 같이 성경이 말하는 이단자들은 예수님과 사도들이며, 또한 오늘날 하나님의 생명으로 거듭난 하나님의 아들들인 것입니다.

결국 예수님이나 사도들은 유대인들에게 사탄이나 가시와 같은 존재들로서 이단자로 배척 당할 수밖에 없는 것입니다. 이것은 결국 영의 세계와 육의 세계가 다르고 육과 영의 말씀이 너무나 다르기 때문에 서로 대적을 하게 되는 것입니다. 그러므로 오늘날 세상(애굽) 교회에서 교리와 기복을 중심으로 신앙생활을 하고 있는 자들은 광야 교회에서 율법에 따라 신앙생활을 하고 있는 자들을 이단이라 말하는 것이며 광야 교회에서 신앙생활을 하고 있는 자들은 가나안 교회로 들어가 은혜와 진리로 신앙생활을 하고 있는 자들을 이단(異端)의 괴수(魁首)라 말하는 것입니다.

이것은 신앙의 차원과 그 세계가 각기 다르기 때문에 나타나는 현상입니다. 율법에 따라 신앙생활을 하고 있는 유대인들이 사도바울을 가리켜 이단의 괴수라고 말한 것은 바로 이런 이유 때문입니다.

사도바울이 이단의 괴수라면 사도바울을 사도로 세우신 예수님은 당연히 이단의 총수라는 것입니다. 결국 오늘날 기독교인들이 믿고 섬기고 있는 예수가 바로 이단의 총수라는 것입니다. 그러면 이단의 총수를 믿고 섬기는 기독교인들은 과연 어떤 존재들입니까? 성경대로 말하면 오늘날 기독교인들도 당연히 이단자가 아닙니까? 그런데 만일 기독교인들이 이단이 아니며 기독교인들이 믿고 섬기는 예수도 절대로 이단의 총수가 아니라고 주장한다면 기독교인들이 지금 믿고 있는 예수는 진짜 예수가 아니라 기독교회가 교리로 만들어 낸 다른 예수입니다. 그러므로 사도바울은 고린도후서 11장을 통해서 다른 예수와 다른 영과 다른 복음을 믿고 섬기는 자들을 책망(責望)하고 있는 것이며 하나님은 십계명을 통해서 나 외에 다른 신(하나님)을 섬기지 말라고 명하고 계신 것입니다.

그럼에도 불구하고 오늘날 기독교인들이나 목회자들도 유대인들과 같이 전통적으로 내려오는 신앙과 교리를 중심으로 신앙생활을 하면서 하나님의 생명으로 거듭난 자들이나 교리신앙에서 벗어나 하나님의 뜻에 따라 신앙생활을 하는 자들을 이단으로 매도하고 있는 것입니다. 그러나 이러한 이단자들은 기독교인들로부터 오는 온갖 핍박을 참아가면서 예수님과 사도들이 걸어가신 고난의 길을 자기 십자가를 지고 지금도 묵묵히 걸어가고 있는 것입니다. 그러므로 하나님께서는 로마서 9장을 통해서 "이스라엘에게서 난 자들이 다 이스라엘이 아니요 아브라함의 씨가 다 그의 자녀가 아니라 오직 이삭으로부터 난 자가 하나님의 자녀라" 말씀하고 있습니다.

이렇게 하나님의 부르심이나 청함을 받고 신앙생활을 하고 있는 자들이 모두 하나님의 자녀가 아니라 오직 하나님의 생명으로 거듭난 자가 하나님의 자녀이며 하나님의 아들이라는 것입니다. 즉 하나님으로부터 난 자 곧 하나님의 생명으로 거듭난 자가 하나님의 아들이요 오늘날의 구원자들인 것입니다. 그런데 오늘날 기독교인들은 하나님의 생명으로 거듭난 자들이 구원자라고 하거나 하나님의 아들이라고 말하면 놀라서 경련까지 일으키며 이단이다, 백단이다 하면서 정죄하는 것입니다. 이렇게 하나님의 아들로 실제 거듭나면 사도바울과 같이 기독교인들에게 이단의 괴수가 되는 것입니다.

이와 같이 천국은 보수 신앙인들이 들어가는 곳이 아니라 예수님이나 사도바울과 같은 이단의 괴수들이 들어가는 곳입니다. 왜냐하면 성경적 이단들은 하나님으로부터 선택을 받아 의롭게 된 자이며, 하나님의 아들로 거듭난 자들이기 때문입니다. 결국 천국은 이단이나 이단의 괴수들이 들어가는 곳으로서 오늘날 기독교인들도 이단이 되지 않고는 절대로 천국에 들어갈 수 없다는 것입니다.

그러므로 오늘날 기독교인들이 하나님의 아들로 거듭나서 천국에 들어가려면 이단자가 되어야 하며 철저한 이단이 되기 위하여 노력해야 하는 것입니다. 오늘날 기독교인들이 이러한 사실을 안다면 말씀이 다르다는 이유로 하나님의 아들들을 이단이라고 감히 정죄하거나 돌을 던질 수 없을 것입니다. 유대인들이 예수님과 사도들을 배척하고 핍박하여 죽인 죄가 얼마나 크다는 것을 잘 알고 있으리라 생각합니다. 그런데 이러한 사실을 알고 있는 기독교인들이 다시 하나님의 생명으로 거듭난 하나님의 아들들을 이단이라고 정죄하고 핍박한다면 그 죄를 어떻게 다 받을 것입니까? 오늘날 기독교인들이 성경적인 이단을 모르는 것은 하나님의 말씀을 모르기 때문이라 생각합니다.

그러므로 하나님께서 하나님의 아들을 모르는 죄, 즉 하나님의 말씀을 모르는 무지가 바로 큰 죄라고 말씀하시는 것입니다. 그런데 오늘날 기독교인들이 이단이라고 서로 시비하고 정죄하고 있는 이단들은 성경적인 이단들이 아니라 대부분이 종교적인 이단들입니다. 즉 종교나 교파가 다르고 그에 따른 교리가 다르고 또한 예배의 의식이나 전파하는 말씀이 좀 다르면 이단이라 말하는 것입니다. 종교가 분열되고 종교적 이단들이 생겨나는 것은 목회자들이 주장하는 신앙관이나 교리가 다르기 때문입니다. 그보다 교회가 분열되고 종교적 이단자들이 계속 나타나는 것은 교회와 목회자들이 하나님의 뜻을 올바르게 감당하지 못하고 있다는 증거인 것입니다.

왜냐하면 "중이 염불에는 관심이 없고 젯밥에만 가 있다"는 말과 같이 오늘날 목회자들도 말씀이나 영혼구원에는 별 관심이 없고 교인들의 헌금에만 신경을 쓰고 있기 때문입니다. 이것은 목회자들 안에 욕심과 탐심이 들어있다는 것을 말해주고 있습니다. 그러므로 오늘날 교회들이 대형화되고 기업화되면서 점점 부패해 가고 있는 것입니다. 이렇게 부패된 교회들을 사람들이 바라보고 오늘날 교회는 하나님의 교회가 아니라 종교사업체요 목회자는 사업주라고 말하면 너무 심하다고 하겠지만 사실이 그렇지 않습니까? 이것은 목회자들이 하나님의 축복을 빙자(憑藉)하여 헌금을 강조하며 교회의 자산을 계속 증식(增殖)시켜 가고 있기 때문입니다. 또한 오늘날 거룩한 성회라고 하는 총회나 노회 혹은 교회 안에서 이권(利權)이나 비리(非理) 때문에 언성을 높여가며 욕설을 하고 때로는 목회자가 멱살까지 잡으며 싸우는 것을 보면 알 수 있습니다.

이러한 일들은 목회자들이 실리나 이권을 취하려는 욕심과 탐심 때문에 나타나는 일들입니다. 이런 짓을 자행하고 있는 자들이 어느 누구를 이단이라 정죄할 수 있단 말입니까? 예수님께서 간음한 여인을 돌로 치려는 자들을 향해 죄 없는 자가 먼저 돌을 던지라고 했을 때 그들은 모두 돌을 내려놓고 떠나간 것을 볼 수 있습니다.

오늘날 기독교인 중에 어느 누가 의인이며 어느 누가 죄인이란 말입니까? 하나님은 로마서 3장을 통해서 "의인은 없나니 하나도 없으며 깨닫는 자도 없고 하나님을 찾는 자 조차도 없다"고 말씀하십니다. 이렇게 말씀하시는 이유는 사람들이 다 욕심에 치우쳐 하나같이 무익(無益)하게 되어 선을 행하는 사람조차 없기 때문입니다. 왜냐하면 저희 목구멍이 열린 무덤이기 때문에 그 혀로는 사람들을 속일 수밖에 없고 또한 그들의 입술에는 독사의 독이 있고 그 속에는 저주와 악독이 가득하기 때문에 그 발은 피 흘리는데 빠르다는 것입니다. 이런 자들은 평강과 생명의 길을 알지 못하여 고난과 멸망의 길을 가게 되는 것인데 그 이유는 저희 눈에 하나님을 두려워함이 없기 때문이라는 말씀입니다. 이 말씀은 유대인들은 물론 오늘날 하나님과 예수를 믿고 있는 기독교인들에게 하시는 말씀입니다.

그럼에도 불구하고 유대인들이나 오늘날 기독교인들이 하나님을 두려워하지 않는 것은 모두 의인의 자리에 앉아서 하나님의 아들 노릇을 하고 있기 때문입니다. 주님께서 심판 때에 나는 너희를 도무지 모른다고 말씀하시는 자들이 바로 이런 자들인 것입니다. 그때 이런 자들은 우리가 주의 이름으로 선지자 노릇을 하며 주의 이름으로 귀신을 쫓아내며 주의 이름으로 많은 권능을 행하였다고 말하지만 주님은 "나는 너희를 도무지 모른다"고[마태복음 7장 23절] 말씀하시는 것입니다.

왜냐하면 이들은 주의 일을 하나님의 뜻에 따라 행한 것이 아니라 오직 예수의 이름과 교리만 가지고 자신의 뜻이나 욕심을 채우기 위해서 일을 하다가 온 자들이기 때문입니다. 이들은 대부분이 세상교회에서 목회를 하던 삯꾼목자들로 전통적인 보수신앙(保守信仰)을 지키며 교인들을 기복과 멸망의 길로 이끌던 자들입니다. 이들은 자신이 행한 대로 하나님으로부터 그에 대한 형벌을 받게 되는 것입니다. 그러므로 오늘날 이러한 목회자들이나 교인들은 이단 논쟁만 하고 있을 것이 아니라 이런 사실을 직시하고 니느웨의 백성들이 요나의 말을 듣고 회개한 것같이 모두 회개를 해야 합니다.

또한 동방의 의인이라는 욥도 자신이 하나님 앞에서 행한 일들이 모두 하나님의 의(義)로 행한 것처럼 착각하고 있었지만 욥의 세 친구와 엘리후를 통해서 자기가 행한 일들이 모두 자신의 의(義)와 욕심으로 행하였다는 것을 깨닫고 재 가운데서 회개한 것을 볼 수 있습니다.

그러므로 오늘날 기독교인들도 이단들을 정죄하고 핍박한 모든 죄를 회개하고 참 목자를 찾아가서 올바른 신앙생활을 해야 합니다. 그렇지 않으면 하나님께서 소돔과 고모라 성을 유황불로 멸하신 것과 같이 오늘날 기독교회들도 멸하실 것입니다.

하나님은 기독교인들이 지금까지 잘못된 신앙에서 하루속히 돌이켜 예수님과 사도들이 걸어가신 생명의 길로 돌아오기를 바라고 계십니다.

하나님은 지금도 너희가 구원받고 살 수 있는 것은 오직 의인의 믿음이라고 말씀하시면서 너희도 택함을 받아 천국을 들어가려면 하루속히 이단이 되라고 말씀하십니다.

21
인간 창조와 신앙의 의미

하나님께서 창조한 인간은
혼의 생명으로서
하나님의 영적인 생명으로
재창조 받아야 할 육적인 존재입니다.
그러므로 하나님께서 육적인 인간을
영적인 하나님의 아들로
재창조하시려는 것입니다.

인간 창조와 신앙의 의미

사람들이 인간은 무엇으로 구성되어 있으며 누구에 의해 어떻게 만들어졌을까 하는 의문을 가지고 지금도 살아가고 있습니다. 이러한 의문은 하나님의 말씀이 기록된 성경을 보면 잘 알 수가 있습니다. 하나님의 말씀이 기록된 성경을 보면 창세기 2장 7절 말씀에 여호와 하나님이 흙으로 사람을 지으시고 생기를 그 코에 불어 넣으시니 사람이 생령[원문:네페쉬-혼]이 되었다고 말씀하고 있습니다.

하나님께서 인간을 흙으로 빚어 만드시고 생기를 그 코에 불어 넣어 인간을 창조(創造) 하셨다는 것입니다. 이렇게 하나님께서 창조한 인간은 혼의 생명으로서 하나님의 영적인 생명으로 재창조 받아야 할 육적인 존재입니다. 그러므로 하나님께서 육적인 인간을 영적인 하나님의 아들로 재창조(再創造)하시려는 것입니다.

육적인 존재를 다시 영적인 존재로 창조하려면 창조자 곧 하나님의 아들이 있어야 합니다. 왜냐하면 하나님께서 구원과 심판하는 권세를 모두 하나님의 아들에게 위임하셨기 때문입니다. 그러므로 하나님께서 하나님의 아들인 예수님을 먼저 말씀으로 창조하시고 예수로 하여금 육에 속한 존재들을 구원하고 창조하여 하나님의 아들들로 만들기 위해서 구원자 예수를 이 세상에 보내주신 것입니다.

이렇게 육에 속한 우리도 하나님의 아들이 되기 위해서는 구원자 예수가 있어야 하는데 그 이유는 인간들이 죄와 욕심으로 사단의 권세아래 묶여 인간의 틀 속에 갇혀서 나오지 못하고 지옥에서 고통 받고 신음하며 살고 있기 때문입니다. 그러므로 하나님께서 예수를 통해서 생명의 말씀으로 말미암아 옥에 갇힌 영혼을 해방시키고 자유를 주시려는 것인데 이것이 곧 하나님의 사랑이요 하나님의 뜻인 것입니다.

때문에 예수님께서 말씀 하시기를 자기를 믿는 유대인들에게 이르시되 "너희가 내 말에 거하면 참 내 제자가 되고 진리를 알찌니 진리가 너희를 자유케 하리라"고 [요한복음 8장 31절-32절] 말씀하신 것입니다. 이렇게 예수를 믿음으로 말미암아 그의 말씀에 거하게 되면 예수님의 제자가 될수 있으며 예수님 안에 있는 진리가 자유케 해주신다는 것입니다.

예수님께서 말씀하시기를 "죄를 범하는 자마다 죄의 종이라. 종은 영원히 집에 거하지 못하되 아들은 영원히 거하나니 그러므로 아들이 너희를 자유케 하면 너희가 참으로 자유하리라"고[요한복음 8장 34절-36절] 말씀하신 것입니다.

이와 같이 우리는 반드시 예수님의 입에서 나오는 생명의 말씀을 통해 하나님의 아들로 거듭나서 자유자가 되어야 합니다. 왜냐하면 종은 절대로 하나님나라에 들어갈 수 없고 교리와 의문에 매여 종노릇 하다가 결국은 지옥으로 들어 갈 수밖에 없기 때문인 것입니다.

[고린도전서 15장 44절-49절] 육의 몸으로 심고 신령한 몸으로 다시 사나니 육의 몸이 있은즉 또 신령한 몸이 있느니라. 기록된바 첫 사람 아담은 산영이 되었다 함과 같이 마지막 아담은 살려 주는 영이 되었나니 그러나 먼저는 신령한 자가 아니요 육 있는 자요 그 다음에 신령한 자니라. 첫 사람은 땅에서 났으니 흙에 속한 자이거니와 둘째 사람은 하늘에서 나셨느니라. 무릇 흙에 속한 자는 저 흙에 속한 자들과 같고 무릇 하늘에 속한 자는 저 하늘에 속한 자들과 같으니 우리가 흙에 속한 자의 형상을 입은 것 같이 또한 하늘에 속한 자의 형상을 입으리라.

이와 같이 하나님께서는 인간의 혼적인 생명을 산 영이

라 말씀하시고 혼적인 생명이 영적인 생명으로 거듭날 때만 살려 주는 영이라고 말씀을 하십니다.

때문에 산 영은 흙에 속한 자이기에 혼을 살릴 수 없지만 살려주는 영은 하늘에 속한 자이므로 혼에 속한 존재를 영에 속한 존재로 살릴 수가 있는 것입니다.

육의 몸으로 심고 신령한 몸으로 다시 살려면 육신에 속한 혼의 실체를 발견하고 혼으로 부터 미혹(迷惑)된 자신이 얼마나 의롭고 가증스러운 존재요 거짓과 어둠의 존재인가를 발견해야 합니다. 그리고 하나님의 말씀을 통하여 자신의 존재를 부인하며 자아를 조금씩 깨고 부술 때 강팍한 마음이 부서져 육적인 존재가 조금씩 변하여 신령한 영적 존재로 거듭날 수가 있는 것입니다.

때문에 하나님의 백성들은 산 자, 즉 하나님의 아들의 말씀을 통하여 혼적인 존재가 반드시 영적인 존재로 변화되어야 합니다. 이렇게 구원자 예수님을 통해서 죄사함을 받고 하나님의 아들로 거듭나는 것이 곧 하나님의 뜻이며 구원이 완성 되는 것입니다. 이렇게 인간의 육신은 혼이 주관하고 혼은 하나님의 영이 주관 해야 하는데 반대로 혼을 몸이 주관하고 혼이 영을 주관하며 살아가는 것입니다. 때문에 신앙인들도 혼은 몸에 종노릇하고 혼은 영을 종노릇을 시키며 신앙생활을 하고 있는 것입니다.

인간의 몸 안에는 인간의 생각과 마음으로 구성이 되어 있기 때문에 인간의 몸 안에 있는 생각과 마음이 혼의 실체이며 몸 안에 혼이 있을 때 살아있는 인간이라고 말하는 것입니다. 때문에 인간의 몸에서 혼이 분리되고 떠나있다면 죽은 사람이라고 하는 것입니다. 불신자들은, 즉 육신에 속한 존재들은 몸이 죽으면 혼도 죽는 줄로 알고 있지만 몸은 죽지만 혼은 죽는 존재가 아닙니다. 이렇게 하나님께서는 말씀을 통하여 인간의 실체는 몸이 아닌 혼이며 몸은 혼을 담고 있는 그릇에 불과하다고 말씀하고 있습니다.

그러므로 혼적인 존재는 결국 죄와 욕심으로 말미암아 몸이 죽으면 혼이 지옥(地獄)으로 들어가는 존재라는 것을 알아야 합니다. 때문에 신앙생활은 하나님의 말씀을 통해서 혼적 존재가 죽고 영적인 존재로 거듭나기 위해서 하는 것입니다. 때문에 신앙생활을 통하여 자신의 존재가 죄와 욕심으로 가득찬 악한 존재이며 지옥으로 갈 수밖에 없는 존재라는 것을 깨닫고 혼적인 존재가 영적인 존재로 변화를 받기 위하여 끊임없이 노력해야 하는 것입니다.

기독교에서는 인간의 생각은 혼이고 인간의 마음은 영이라고 말하고 있지만, 인간의 마음도 혼적인 존재로서 하나님의 말씀으로 거듭나야 영적인 존재가 되는 것입니다. 또한 불교에서는 인간이 본래 부처라고 말하고 있습니다. 그러나 그것은 잘못 알고 있는 것이며 인간은 본래 부처가 아닙니다. 때문에 부처가 되기 위해 수행을 하는 것이며 불자들은 부처의 마음으로 변화 되어 부처가 되기 위해 신행생활(信行生活)을 하는 것입니다. 기독교에서도 인간의 마음에 하나님이 있다고 착각하고 있지만 죄와 욕심으로 가득한 인간의 마음에는 하나님은 계실수가 없다는 것을 알아야 합니다. 때문에 기독교인들이 회개를 하고 죄 사함을 받아 정결한 처녀 마리아와 같이 깨끗한 마음이 되어야 하나님의 마음으로 부활(復活)이 되어 하나님의 아들로 거듭나게 되는 것입니다.

그러므로 불자들은 부처님의 말씀을 통해서 무명의 더러운 마음을 깨끗이 닦아 부처님의 마음이 되기 위해서 신행생활을 해야 하며 기독교인들은 죄로 말미암아 더러워진 마음을 하나님의 말씀을 통해서 깨끗이 씻고 하나님의 마음이 되기 위해서 신앙생활을 해야 합니다. 이렇게 올바른 신앙생활을 한다면 불자들은 해탈(解脫)이 되어 부처가 될 것이며 기독교인들은 부활이 되어 예수가 될 것입니다.

진실한 사랑

당신을 바라보고
당신의 이야기를 듣는 것이
당신의 마음을
담는 것인 줄 몰랐습니다

내 마음에
당신의 마음을 담으니
당신의 마음을
알 것 같습니다

당신의 마음을
읽고 아는 것이
진실한 사랑이라는 것을
시간이 흐른 뒤에야 느끼고

내 마음에 당신의 마음을
가득 채워가는 것이
진실한 사랑인 줄
이제야 알았습니다

22
세상의 말세와 주의 임하심

세상의 말세와 주의 임하심은
시대적으로 일어나는 사건이 아니라
개인적으로 일어나는
영적인 말세와
주의 임하심을 말하고 있습니다.

세상의 말세와 주의 임하심

오늘날 기독교인들이 기다리고 있는 세상의 말세(末世)와 주의 임하심은 어제 오늘의 일이 아니라 예수님 당시부터 논란이 되어 오고 있는 일입니다. 과연 성경의 예언대로 세상의 종말(終末)은 도래(到來)되는 것이며 지금 하나님 우편에 앉아 계신 주님은 정말 세상에 다시 오시는 것일까? 얼마 전 신문에 "오늘날 빈번하게 일어나고 있는 자연 대재앙을 종교인들은 어떤 시각으로 바라보는가?"라는 기자의 질문에 각 종교계의 원로들이 그들 나름대로의 생각과 입장을 담은 기사가 실렸었습니다.

이 질문에 불교에서는 인간 삶의 한 축을 이루는 요소라고 답했으며, 개신교는 인류문명에 오만하지 말라는 메시지다. 천주교는 세상의 자율운동이며 하나님의 계시와 무관하다. 원불교는 진통 끝에 새 질서를 만들어내는 것이라고 각기 나름대로의 견해(見解)를 발표한 것을 보았습니다. 이들의 말과 같이 오늘날 일어나고 있는 대재앙의 의미가 과연 그럴까?

오늘날 이 세상은 기상이변(氣象異變)으로 인한 각종 재해(災害)와 지각 변동으로 인한 지진과 해일 그리고 폭설까지 내려 많은 사람이 죽어가고 있습니다. 얼마 전 지진으로 발생된 해일이 태국, 인도네시아, 인도 등으로 밀려와 약 25만명의 사망자와 300만명의 이재민이 발생하여 지금도 수많은 사람이 고통을 받고 있습니다. 그리고 이라크와 미국의 전쟁은 지금도 계속되고 있으며 이스라엘과 팔레스타인의 종교전쟁도 끝없이 계속되고 있습니다.

또한 대기권의 오존층이 파괴되어 가뭄과 홍수가 발생되어 대지가 사막화되고 만년빙하가 녹아 내려 바다의 수위가 점점 높아가고 있으며 곳곳에서 지진과 기근과 질병으로 죽어가는 사람도 계속 늘어가고 있다고 합니다. 그리고 성경에 기록된 예수님의 말씀과 같이 지금 이 세상에는 많은 거짓선지자와 삯꾼목자들이 나타나 예수의 이름으로 많은 사람들을 미혹하고 있습니다. 따라서 종말론 자들이 여기저기 나타나 지금이 바로 주님이 오시는 말세(末世)라고 사람들에게 공포감을 조성하고 있습니다.

이런 종말론 자들 때문에 직장인들은 직장을 버리고 학생들은 학교를 중단하고 가정이 있는 자는 가정까지 버리고 교회에 모여 주님을 영접한다는 자들도 종종 보게 됩니다. 이러한 거짓선지자들의 미혹에 빠져 지금까지 패가망신한 교인들이 얼마나 많습니까? 이러한 현상을 바라보는 사람들은 이구동성으로 모두 말세라 말하고 있습니다.

왜냐하면 예수님께서 이와 같은 현상이 일어나면 세상 끝이라고 성경을 통해서 분명히 말씀하고 있기 때문입니다.

[마태복음 24장 3절-14절] 예수께서 감람산 위에 앉으셨을 때에 제자들이 종용히 와서 가로되 우리에게 이르소서 어느 때에 이런 일이 있겠사오며 또 주의 임하심과 세상 끝에는 무슨 징조가 있사오리이까 예수께서 대답하여 가라사대 너희가 사람의 미혹을 받지 않도록 주의하라 많은 사람이 내 이름으로 와서 이르되 나는 그리스도라 하여 많은 사람을 미혹케 하리라. 난리와 난리 소문을 듣겠으나 너희는 삼가 두려워 말라 이런 일이 있어야 하되 끝은 아직 아니니라 민족이 민족을 나라가 나라를 대적하여 일어나겠고 처처에 기근과 지진이 있으리니 이 모든 것이 재난의 시작이니라 그 때에 사람들이 너희를 환난에 넘겨 주겠으며 너희를 죽이리니 너희가 내 이름을 위하여 모든 민족에게 미움을 받으리라 그 때에 많은 사람이 시험에 빠져 서로 잡아 주고 서로 미워하겠으며 거짓 선지자가 많이 일어나 많은 사람을 미혹하게 하겠으며 불법이 성하므로 많은 사람의 사랑이 식어지리라 그러나 끝까지 견디는 자는 구원을

얻으리라 이 천국 복음이 모든 민족에게 증거되기 위하여 온 세상에 전파되리니 그제야 끝이 오리라

상기의 말씀은 세상 끝, 즉 말세에 대해서 질문하는 예수님의 제자들에게 예수님께서 친히 하신 말씀입니다. 주님이 하신 말씀에 비추어 보면 분명히 지금이 말세라는 것을 알 수 있습니다. 왜냐하면 지금 예수의 이름을 가진 거짓 그리스도들이 나타나 많은 사람들을 미혹하고 있으며, 민족과 종교간의 분쟁과 전쟁은 계속되며, 곳곳에 기근과 지진이 일어나 많은 사람이 죽어가고 있기 때문입니다. 또한 진리를 따라 생명의 좁은 길을 가는 자들을 종교인들은 이단자라 미워하며 불법, 즉 하나님의 말씀보다 각종 교리와 신화들이 왕 노릇을 하고 있기 때문입니다.

또한 말세(末世)의 결정적인 이유는 천국 복음이 이미 온 세상에 전파되었기 때문입니다. 그러므로 오늘날 기독교인들은 이러한 현상을 바라보며 지금이 바로 주님이 오시는 말세이며 이 때문에 재앙들이 나타난다는 것입니다. 하지만 말세의 중요한 요소는 그 무엇보다 예수님이 오신다는 것입니다. 이 말은 아무리 큰 자연재앙이나 많은 전쟁이 일어나도 주님이 오시지 않으면 말세(末世)가 아니라는

것입니다. 문제는 이러한 말세의 현상들은 주님이 떠나가신 후 지금까지 계속되고 있으나 아직도 주님은 오시지 않고 있다는 것입니다.

예수님은 이 세상을 떠날 때 분명히 속히 곧 오시겠다고 굳게 약속하셨습니다. 그런데 도적같이 속히 오신다는 예수님은 이천 년이 지난 지금까지 약속을 어기고 오시지 않고 있는 것입니다. 그러면 주님은 과연 언제 오신단 말입니까? 앞으로 십 년, 혹은 백 년 아니면 천 년을 더 기다려야 한단 말입니까? 그보다 언제 오신다는 확실한 보장도 없는 것입니다.

오늘날 기독교인들이 예수님은 진실하며 조금도 거짓이 없으신 분으로 알고 있습니다. 그런데 이렇게 진실하시고 거짓이 없으신 예수님께서 무엇 때문에 부도를 내고 지금까지 오시지 않는단 말입니까? 그러면 혹시 예수님은 약속대로 이미 와 계신데 유대인들이 그들에게 오신 예수를 몰라본 것 같이 오늘날 기독교인들도 모르고 있는 것은 아닙니까? 이 말은 유대인들이 그들을 구원하기 위해서 오신 예수를 몰라보고 배척(排斥)한 것처럼 오늘날 기독교인들도 예외 없이 구원자로 이미 와 계신 예수를 모르고 배척(排斥)할 수도 있다는 것입니다.

만일 오늘날 기독교인들이 지금 구원자로 와 계신 예수님을 유대인들처럼 몰라보고 말세라 하면서 주님을 기다리고 있다면 얼마나 안타깝고 불행한 일입니까? 오늘날 기독교인들이 유대인들처럼 말세나 오신 주님을 모르고 있는 것은 말씀의 영적인 의미를 모르고 있기 때문입니다. 그러나 오늘날 기독교인들이 예수님이 말씀하신 영적인 말세와 오늘날 하나님께서 보내주시는 구원자의 실체를 말씀을 통해서 확실히 안다면 모든 문제는 해결되리라 생각합니다.

이제 예수님께서 말씀하신 성경적인 말세(末世)와 주의 임하심에 대해서 알아보기로 하겠습니다. 말세는 상기의 말씀과 같이 주님께서 마태복음 24장을 통해서 확실하게 말씀하고 있습니다. 그런데 상기의 말씀을 푸는 열쇠는 마태복음 24장1-2절에 기록되어 있습니다.

[마태복음 24장 1절-2절] 예수께서 성전에서 나와서 가실 때에 제자들이 성전 건물들을 가리켜 보이려고 나아오니 대답하여 가라사대 너희가 이 모든 것을 보지 못하느냐 내가 진실로 너희에게 이르노니 돌 하나도 돌 위에 남지 않고 다 무너뜨리우리라

예수님께서 성전 건물이 돌 하나 남지 않고 모두 무너진다는 말씀 때문에 제자들은 예수님에게 조심스럽게 주의 임하심과 세상 끝에 무슨 징조가 있느냐고 질문을 한 것입니다. 이 말씀은 성전이 무너지는 날이 곧 세상 끝이라는 말이며 성전이 무너질 때 주가 임하신다는 말입니다. 성전은 외적인 건물 성전과 마음속에 건축되는 영적 성전이 있습니다. 예수님께서 상기의 말씀을 통해서 말씀하시는 성전은 외적인 건물 성전이 아니라 내적인 마음의 성전을 말하신 것입니다.

예수님께서 이 땅에 오신 목적은 하나님의 뜻에 따라 영적인 성전, 즉 사람 마음속에 하나님의 말씀으로 하나님의 성전을 건축하기 위해서 오신 것입니다. 그런데 사람들 마음속에 성전을 건축하려면 먼저 지금까지 비 진리로 잘못 건축해 놓은 성전, 즉 교리와 전통으로 지어놓은 마음의 성전을 모두 헐어버려야 하는 것입니다. 예수님은 하나님의 거룩한 성전을 건축하기 위해서 지금까지 비 진리로 잘못 건축해 놓은 성전을 돌(말씀) 하나 남김없이 모두 헐어버려야 한다는 것입니다. 예수님께서 요한복음 2장에 "이 성전을 헐라 내가 사흘 동안에 일으키리라"고 말씀하신 것은 예루살렘 건물 성전을 헐라는 것이 아니라 바로 사람들

마음 안에 지어놓은 잘못된 성전을 헐라는 뜻으로 하신 말씀입니다.

이렇게 사람들 안에 교리와 비 진리로 지어놓은 성전을 헐면 예수님께서 사흘 동안 하나님의 말씀으로 사람 안에 영적인 성전을 건축하겠다는 뜻입니다. 그런데 유대인들은 물론 예수님의 제자들도 이 말씀이 무슨 뜻인지 전혀 몰랐던 것입니다. 예수님의 제자들이 이 말씀을 깨닫게 된 것은 그로부터 삼 년이 지난 후 그들의 마음 속에 하나님의 성전이 건축되었을 때 입니다. 결국 예수님은 제자들의 마음 안에 하나님의 성전을 짓기 위하여 제자들 안에 있던 옛 성전을 삼 년(사흘)동안 모두 헐어버리셨고 헐어버린 제자들의 마음속에 새 예루살렘 성전을 건축하신 것입니다. 이렇게 제자들 안에 지어졌던 옛 성전이 무너질 때 제자들은 세상 끝이 된 것이며 이때 주님은 제자들 안에 성령(말씀)으로 임하시게 된 것입니다.

예수님께서 속히 곧 오시겠다는 약속대로 예수님은 제자들 안에 속히 오신 것입니다. 이렇게 우리 안에 건축되는 성전이 바로 하나님이 원하시는 하나님의 교회인 것입니다. 예수님이 곧 하나님의 성전이며 교회의 머리라고 하신 것은 예수님 안에 하나님이 계시기 때문입니다.

하나님의 성전을 고린도후서 5장을 통해서는 장막 집이라고도 말씀하고 있습니다.

[고린도후서 5장 1절-5절] 만일 땅에 있는 우리의 장막 집이 무너지면 하나님께서 지으신 집 곧 손으로 지은 것이 아니요 하늘에 있는 영원한 집이 우리에게 있는 줄 아나니 과연 우리가 여기 있어 탄식하며 하늘로부터 오는 우리 처소로 덧입기를 간절히 사모하노니 이렇게 입음은 벗은 자들로 발견되지 않으려 함이라 이 장막에 있는 우리가 짐 진것 같이 탄식하는 것은 벗고자 함이 아니요 오직 덧입고자 함이니 죽을 것이 생명에게 삼킨바 되게 하려 함이라 곧 이것을 우리에게 이루게 하시고 보증으로 성령을 우리에게 주신 이는 하나님이시니라

상기의 말씀에 땅에 있는 장막 집은 세상의 집이나 육신의 몸을 말하는 것이 아니라 교리와 비 진리로 지어놓은 마음의 성전을 말하고 있습니다. 이 집이 무너져야 하나님께서 생명의 말씀으로 하늘의 영원한 집을 건축하신다는 말씀입니다. 즉 땅에 있는 장막이 무너지면 하나님께서 하나님의 처소(성전)를 건축하시고 성령으로 임하신다는 말씀입니다.

하나님의 성령이 계신 곳이 바로 하나님의 교회요 성전인 것입니다. 그러므로 솔로몬이 예루살렘 성전을 건축하였지만 하나님은 사람이 손으로 지은 건물에는 계시지 않는다고 말씀하신 것입니다. 이렇게 땅에 있는 성전이 돌 하나 남지 않고 모두 무너지는 날이 바로 세상 끝이라고 말씀하신 것인데 이렇게 무너져야 할 성전은 외적인 건물 성전이 아니라 사람들의 마음과 생각 속에 비 진리로 지어놓은 내적인 마음의 성전인 것입니다.

이와 같이 예수님께서 마태복음 24장을 통해서 말씀하신 말세(末世)나 요한계시록에 기록된 사건들은 시대적이나 세대적인 말세가 아니라 각 개인에게 나타나는 존재적 말세(末世)를 말하고 있습니다. 즉 땅에 속한 육신의 존재가 죽고 거듭나는 과정에서 내, 외적으로 많은 영적인 싸움이 일어나는 것인데, 이 싸움은 진리와 비 진리의 싸움이며 혼적 존재와 영적 존재의 싸움을 말하고 있습니다.

로마서 7장에 사도바울이 자신 안에서 선(성령)과 악(악령)의 두 존재가 싸우는 것을 잘 보여주고 있습니다. 사도바울은 유대인들이 가지고 있는 비 진리와 싸우며 많은 고통을 받았지만 그보다 자신 안에 들어있는 악령(惡靈)과 성령(聖靈)이 서로 싸우는 것을 보고 몹시 괴로워하는 것을 볼 수 있습니다.

사도바울 안에 있는 악령은 사도바울이 예수님을 만나기 전에 유대교에서 받아 가지고 있던 말씀과 교리와 전통적 신앙이며 이것이 곧 바울의 옛 존재인 것입니다. 사도바울 안에 그 동안 자리 잡고 왕 노릇을 하고 있던 악령은 그곳을 계속 지키기 위해 싸우고 성령은 악령을 그곳에서 쫓아내기 위해 싸우는 것입니다. 이 두 존재의 영적 싸움은 한 존재가 죽어야만 끝이 나는 것입니다. 그러므로 사도바울은 이렇게 자신 안에서 일어나고 있는 치열한 싸움을 보고 "이 사망의 몸에서 누가 나를 건져내랴" 하며 몹시 괴로워하는 것을 볼 수 있습니다.

사도바울 안에 자리 잡고 있는 악령은 바로 혼적인 사도바울 자신이며 성령은 예수님의 영(진리)을 말하는 것입니다. 이 싸움은 예수님의 영(말씀)에 의해 바울의 옛 존재가 완전히 죽을 때 끝이 나는 것입니다. 이렇게 사도바울이 죽는 날이 곧 사도바울의 말세요 세상 끝인 것입니다. 또한 예수님께서 말씀하신 지진은 지축이 흔들리고 땅이 갈라지는 외적인 지진이 아니라 사람 안에 있는 혼이 영에 의해서 분리되는 사건을 말하며 기근도 육신의 양식이나 말씀(물)이 없는 기근이 아니라 생명의 말씀(생수)이 없어서 갈급한 기근을 말하는 것입니다. 이러한 영적인 사건들은 하나님의 생명으로 거듭나기 직전까지 일어나는데, 육신의 존재가 죽는 날이 곧 세상 끝이며 이때 주님께서 성령으로 임하시기 때문에 이 날을 주님이 오시는 날이라고 말하는 것입니다.

이와 같이 주님께서 말씀하신 말세(末世)와 주의 임하심은 각 사람이 거듭나는 과정 속에서 일어나는 내적 사건들을 말하며 시대적 천재지변이나 국가간의 전쟁이나 양식의 기근을 말하는 것이 아닌 것입니다. 그런데 이렇게 외적인 재앙들이 자주 일어나는 것은 하나님께서 오늘날 영적으로 부패한 하나님의 교회와 백성들을 깨닫게 하고 회개시키기 위해서 경종을 울리는 것입니다. 그런데 오늘날 기독교인들은 이러한 영적인 비밀을 모르기 때문에 자신들은 회개할 생각도 하지 않으면서 시대적으로 일어나는 천재지변이나 기근이나 전쟁들을 바라보고 이구동성(異口同聲)으로 지금이 말세(末世)라 말하는 것입니다.

그러나 천재지변으로 지구가 반쪽이 나고 핵전쟁으로 인간들이 모두 죽는다 해도 주님이 오시지 않는다면 주님께서 말씀하시는 성경적인 말세가 아니라는 것을 알아야 합니다. 예수님께서 내가 임하는 날이 곧 말세라고 말씀하신 것은 주님이 오셔야 기름 준비를 한 신부들이 주님과 함께 혼인잔치를 할 수 있기 때문입니다.

그런데 문제는 오늘날 기독교인들이 예수님이 다시 오실 때는 반드시 하늘의 구름을 타고 오신다고 믿고 있습니다. 왜냐하면 예수님께서 구름을 타고 오신다고 성경에 분명히 기록되어 있기 때문입니다.

[요한계시록 1장 7절] 볼찌어다 구름을 타고 오시리라 각인의 눈이 그를 보겠고 그를 찌른 자들도 볼터이요 땅에 있는 모든 족속이 그를 인하여 애곡하리니 그러하리라 아멘

상기의 말씀을 보면 두 가지 문제에 봉착하게 됩니다. 첫째는 예수님께서 구름을 타고 오신다는 말씀과 둘째는 예수님이 오시는 것을 당시에 예수님을 찌른 자들도 본다는 말씀입니다. 예수님께서 구름 타고 오신다는 말씀보다 더 문제가 되는 것은 예수님을 찌른 자들도 볼 수 있게 속히 오신다는 말씀입니다.

예수님이 하신 말씀이 사실이라면 예수님은 예수님 당시에 이미 오셨다는 것입니다. 그런데 오늘날 기독교인들은 지금도 예수님이 오시기를 기다리고 있는 것입니다.

문제는 오늘날 기독교인들이 구름 타고 오시는 구름의 영적인 의미와 재림 예수의 모습을 전혀 모르고 있다는 것입니다.

그러므로 오늘날 기독교인들은 다시 오시는 예수님이 구름이 아닌 비행기나 기차 혹은 버스나 전철을 타고 온다면 아무리 진짜 예수님이 오신다 해도 절대로 인정을 하지 않는다는 것입니다. 그런데 성경에 예수님이 구름을 타고 오신다는 말씀은 오시는 교통수단을 말씀하신 것이 아니라 예수님의 영적 실체를 말씀하고 있는 것입니다.

문제는 오늘날 기독교인들이 예수님께서 구름을 타고 오신다는 구름의 영적인 실체를 모르고 있는 것입니다. 구름이 무엇입니까? 물이 변하여 구름이 된 것이 아닙니까? 즉 구름은 물이 증발되어 나타난 것이 바로 구름인 것입니다. 그런데 성경에서 물은 영적으로 모두 말씀을 비유하여 말하고 있습니다. 그러므로 물은 말씀이며 구름은 변화된 말씀, 즉 부활(復活)된 생명의 말씀을 말하는 것입니다.

예수님께서 수가성 우물가의 여인에게 "이 물(말씀)을 먹는 자마다 다시 목마르려니와 내가 주는 물(생명의 말씀)을 먹는 자는 영원히 목마르지 아니하리라"라고 말씀하신 것을 볼 수 있습니다. 이 여인이 야곱의 우물에서 길어 먹는 물은 세상교회에서 받아먹는 말씀을 비유한 것이며 생수는 예수님의 입에서 나오는 생명의 말씀을 비유하여 말씀하고 있는 것입니다. 그러므로 예수님께서 구름을 타고 오신다는 것은 실제 구름을 타고 오신다는 것이 아니라 생명의 말씀을 가지고 오신다는 것을 비사로 하신 말씀입니다. 즉 초림(初臨) 예수나 재림(再臨) 예수는 모두 말씀이 육신 되신 분으로 생명의 말씀을 가지고 오신다는 것입니다. 이 말은 유대교의 제사장들이나 오늘날 기독교회의 목회자들이 소유하고 있는 말씀은 물이며 예수님이 소유하고 있는 말씀은 생수(생명의 말씀)라는 것입니다.

이렇게 예수님께서 구름을 타고 오신다는 말씀은 생명의 말씀을 가지고 영으로 오신다는 말씀입니다. 이 때문에 예수님께서 내가 너희에게 이른 말이 곧 영이요 생명이라고 말씀하신 것입니다. 그런데 오늘날 기독교인들은 말씀 육신이 되어 생명의 말씀을 가지고 오시는 예수님이라 해도 오실 때 구름을 타고 오시지 않거나 또한 오시는 예수님의 모습이 현재 기독교에서 믿고 모시고 있는 서구적인 형상(形象)이 아니라면 절대로 인정하지 않는다는 것입니다.

이 때문에 오늘날 기독교인들에게 예수님이 다시 오신다 해도 아무런 소용이 없는 것입니다. 그러나 오늘날 말씀이 육신이 되어 오시는 예수님은 초림 예수와 외모는 다르지만 사도들과 같이 동일한 생명의 말씀을 가지고 오시며 지금도 존재하고 있다는 사실입니다. 단지 기독교인들이 영적인 말씀의 무지로 말미암아 유대인들과 같이 오늘날 예수를 모르고 있을 뿐입니다. 이와 같이 성경에서 말씀하고 있는 영적인 말세(末世)와 주님의 임하심은 지금까지 항상 변함없이 계속되고 있었지만 유대인들이나 기독교인들은 이러한 사실을 전혀 모르고 있는 것입니다. 이렇게 성경은 예수님께서 이미 와 계시다고 말씀하고 있는 반면에 기독교회들은 예수님이 앞으로 구름을 타고 오실 것이라고 말하는 것입니다.

그러므로 하나님은 요한 1서 4장을 통해서 이천 년 전에 오셨던 예수만 시인하고 오늘날 말씀이 육신 되어 오시는 예수를 부인하는 자들은 적그리스도라고 말씀하고 있습니다. 적그리스도라는 단어는 원문에 "안티 그리스도스"라고 기록되어 있는데 안티라는 뜻은 "반대하다, 대적하다"라는 의미입니다. 즉 적그리스도나 적그리스도에 속한 자들은 과거에 오셨던 예수님이나 앞으로 오실 미래의 예수는 철저히 믿으나 현재 말씀이 육신 되어 오신 예수는 부인하거나 대적하는 자들을 말하고 있습니다.

그런데 오늘날 기독교인들도 이천 년 전에 오셨던 예수님이나 앞으로 구름 타고 오실 예수님은 열심히 믿고 있으나 현재 와서 계신 예수는 전혀 인정을 하지 않고 오히려 적그리스도라고 배척(排斥)을 하고 있는 것입니다. 기독교인들이 오늘날 하나님께서 보내주시는 예수를 부인하는 이유는 그들이 교리와 신화로 만들어놓은 예수, 즉 초림 예수보다 더 위대하고, 더 능력이 많고, 보다 화려한 예수를 바라고 기다리고 있기 때문입니다.

그러나 예수님은 지금도 전에 오셨던 모습 그대로 초라한 마구간이나 떡집(베들레헴)에서 태어나 말씀이 육신이 되어 오십니다. 오늘날 기독교인들의 가장 심각한 문제는 유대인들과 같이 영적인 말씀의 무지로 말미암아 성경적인 예수는 전혀 모르고 교리로 만들어 놓은 다른 예수를 믿고 기다리고 있다는 것입니다. 이런 자들 때문에 사도바울은 "너희를 부르신 이는 그리스도인데 무엇 때문에 다른 복음 다른 예수 다른 영을 좇아가느냐"고 [갈라디아서 1장 6절] 한탄하고 계신 것입니다.

그러므로 이런 자들은 지금도 영적인 말세(末世)나 주의 임하심에 대해서 전혀 모르는 것입니다. 그보다 더 심각한 문제는 이러한 사실들을 올바로 알려주어도 믿지도 않을 뿐만 아니라 오히려 이단자나 적그리스도로 매도를 하고 있다는 것입니다. 예수님께서 유대인들에게 하늘의 영적인 비밀과 천국으로 가는 길을 올바로 알려주어도 믿지를 않고 오히려 배척을 한 것은 예수님의 말씀보다 제사장들이 전하는 말과 유대교의 교리와 전통을 더 믿고 신뢰했기 때문입니다. 이러한 일들은 유대인들뿐만 아니라 오늘날 기독교인들도 동일한 것입니다. 왜냐하면 오늘날 기독교인들도 목회자들이 교리를 주축으로 하여 전하는 말씀과 신화적 예수는 잘 믿고 받아들이나 하나님께서 보내주시는 구원자의 말은 전혀 믿지를 않고 배척(排斥)을 하고 있기 때문입니다.

예수님께서 사람의 미혹을 주의하라고 말씀하신 것은 바로 이러한 이유 때문입니다. 이런 자들 때문에 오늘날 기독교인들은 지금도 시대적 말세를 주시하며 구름 타고 강림하시는 예수님을 기다리고 있는 것입니다. 그러나 실제 구름을 타고 오시는 예수님은 앞으로 천년 혹은 만년을 더 기다려도 절대로 오지 않는다는 것을 알아야 합니다. 왜냐하면 구름 타고 오시는 예수님은 말씀 육신이 되어 이미 우리 가운데 와 계시기 때문입니다.

이렇게 세상의 말세(末世)와 주의 임하심은 시대적으로

모두 동일하게 일어나는 사건이 아니라 각인, 즉 개인적으로 일어나는 영적인 말세(末世)와 주님의 임하심을 말하고 있습니다. 즉 육신적이고 혼적인 존재가 모두 죽는 날이 말세(末世)이며 주의 영이 임하여 하나님의 아들로 거듭나는 날이 곧 주가 오시는 날인 것입니다.

그러므로 오늘날 기독교인들은 거짓선지자와 삯꾼목자들에게 속지를 말고 하루속히 멸망의 길에서 생명의 길로 돌이켜야 합니다.

오늘날 기독교인들을 구원하기 위해서 구름 타고 오신 예수님께서는 지금 이 순간에도 기독교인들이 생명의 길로 돌아오기를 간절히 기다리고 계십니다.

의증서원 도서안내

✣ **반야심경 (반야심경 해설서)**
글/도암 336쪽 /신국판 양장 정가 20.000원

✣ **금강경 (금강경 해설서)**
글/도암 668쪽 /신국판 양장 정가 30.000원

✣ **전생과 윤회(부처님의 전생이야기)**
글/도암 324쪽 /신국판 정가 13.000원

✣ **사랑이 머무는 곳**
글/이명자 195쪽 /4x6(칼라)판 정가 9.000원

✣ **성경에 나타난 전생과 윤회**
글/둘로스 데우.C 305쪽 /신국판 정가 12.000원

✣ **영으로 기록한 답변서(이병철 회장의 24가지 질문)**
글/둘로스 데우.C 364쪽 /신국판 정가 18.000원

✣ **도마복음(도마복음 해설서)**
글/둘로스 데우.C 563쪽 /신국판 정가 30.000원

✣ **사와 생**
글/둘로스 데우.C 304쪽 /신국판 정가 8.000원

현대 불교와 기독교의 허구와 진실

초판 1쇄 2009. 1. 10
재판 1쇄 2009. 4. 20
재개정판 1쇄 2011. 4. 4
재재개정판 1쇄 2013. 4. 2

●

글쓴이 · 도암
펴낸이 · 이용재
발행처 · 의증서원
등록 · 1996. 1. 30 제5-524

●

도서출판 의증서원
서울시 동대문구 답십리 5동 530-11 의증빌딩 4층
대표전화 · 02)2248-3563 . 팩스 · 02)2214-9452

우리은행 812-026002-02-101 • 예금주 이용재
www.ejbooks.com

●

정가 22,000원